U0099113

Seadove

Seadove

Seadove

Seadove

鬼谷子

中國第一詐書

縱橫天下的四十二術

【鬼谷子】一部研究社會、經濟、政治、謀略、權術的智慧之書。

【鬼谷子】一部歷來享有「智慧禁果、曠世奇書」之稱的巨著。

歐陽修謂《鬼谷子》：「因時適變，權事制宜，有足取者。」

長孫無忌謂《鬼谷子》：「便辭利口，傾危變詐。」

柳宗元曰：「險戾峭薄，恐為妄言，亂世難信，學者不宜道之。」

為什麼一本書會有如此極端的毀譽褒貶，因為《鬼谷子》這部書以功利主義思想冷眼靜觀塵世，為了達到自己的目的，一切自認為最合理的手段都可以運用，這在那些思想已泡爛於仁義道德醬缸裡的道學家們看來，不啻於洪水猛獸，必置之死地而後快，乃理所當然之事。

當今時代，商戰之激烈殘酷，甚於兵戰。置身商場，你不用「謀略」，你的對手卻用，所以最後失敗的肯定是你。

孫子曰：「兵不厭詐」，你不詐，你甚至厭詐，你就不能和別人競爭，就要被社會所淘汰。

東方羽【著】

目錄

第一章　捭闔

第一術　捭闔陰陽……26
第二術　剛柔弛張……34
第三術　守司門戶……42
第四術　周密貴微……50
第五術　為人自為……56
第六術　陰極反陽……67

第二章　反應
第七術　張網得實……76
第八術　欲取反與……82
第九術　見微知類……90
第十術　圓方決策……98
第十一術　知之始己……103
第三章　內揵
第十二術　得情制人……110
第十三術　環轉退卻……120
第四章　抵巇
第十四術　抵巇……126
第十五術　深隱待時……133

第五章　飛箝
第十六術　飛箝……142
第十七術　鉤箝……149
第十八術　重累……156
第十九術　立勢制事……160
第二十術　空往實來……165
第六章　忤合
第二十一術　因事為制……170
第二十二術　反忤……177
第二十三術　背向……182
第七章　揣篇
第二十四術　量權揣勢……188

第二十五術　隱己成事……197

第八章　摩篇

第二十六術　操鉤臨淵……204
第二十七術　謀陰成陽……210
第二十八術　燃燥濡濕……214

第九章　權篇

第二十九術　眾口爍金……218
第三十術　取長補短……226
第三十一術　多變不變……234

第十章　謀篇

第三十二術　因性制人……238
第三十三術　三步制君……244

第三十四術　欲除故縱……251
第三十五術　陰道陽取……256
第三十六術　智者貴陰……263
第三十七術　為事貴智……270
第三十八術　積弱為強……279

第十一章　決篇
第三十九術　成事五術……288

第十二章　符言
第四十術　符言……296

第十三章　本經陰符七篇
第四十一術　分威伏熊……302

第四十二術　散勢鷙鳥……308

《鬼谷子》後記

附錄

附錄一：《鬼谷子》原文及譯文……318

附錄二：鬼谷子篇目考……373

導言

《鬼谷子》，是蘇秦以戰國時代的七國為對象，以遊說「合縱」與「連橫」之策的經驗為基礎，對各國外交權術與謀略的秘訣，反省檢討自己的失敗與成功的經驗，整理記述而成的一部外交紀實。

蘇秦（？～前三一七年），出生於洛陽的一個貧窮庶民之家，他自稱曾學於鬼谷子門下而通曉外交謀略，因此他為倡導連橫之策而前往秦國，不料經過十幾次的努力遊說，卻並未得到秦惠王的賞識，最後無功而返。

由於長期的落魄失業，以致使他窮困不堪，不得已他只好離開秦國，經過千辛萬苦才回到故鄉洛陽。當時他因一副狼狽不堪的樣子而受到人們的輕視，甚至連家人妻子都不理他，於是他傷心地歎息說：「妻不以我為夫，嫂不以我為叔，父母不以我為子，是皆秦之罪也。」從此以後他日夜苦讀，頭懸樑、錐刺骨，經過一年多時間對國際外交權謀的研究，終於精通了書中所有的策略，倡導了有名的「合縱之策」，並且發明了能使人信服的獨特遊說術「揣摩」。

之後，他首先試行遊說趙王，結果一舉成功，被趙王封為武安君，同時任命他為宰相。這時蘇秦判斷，秦國必然採取連橫之策，他為了破壞秦國這種連橫外交政策，就向各國君主遊說有立刻實行合縱外交政策的必要。並且徵得趙王的同意，任命自己為特使，率領大批外交官員，坐上一百多輛兵車，載著堆積如山的金銀財寶，出發遊說各國，最後終於破壞了秦國的連橫之策，而使合縱之策順利成功。為此，就連號稱強大之幫的秦國，在蘇秦出任趙國宰相期間，也不敢東出函谷關攻打山東六國。

某日，蘇秦為了遊說楚國而路過洛陽時，他的家鄉父老對他的態度完全改變：「父母聞之，清宮除道，張樂設宴，郊迎三十里。妻側目而視，側耳而聽。嫂蛇行匍伏，四拜自跪而謝。蘇秦曰：『嫂何前倨而後卑也？』嫂曰：『以季之位尊而多金。』蘇秦曰：『嗟乎！貧窮則父母不子，富貴則親戚畏懼。人生世上，勢位富厚，蓋可以忽呼哉？』」

蘇秦最得意的方法就是「揣摩之術」，以自己的心理推測對方，然後利用威脅利誘的手段，巧妙掌握人們心理的弱點進行說服工作。概括《鬼谷子》一書，其中心思想就在「揣摩」二字。蘇秦最初似乎因為不能善於運用「揣摩之術」，才使他的遊說秦王之舉歸於失敗，這項痛苦經驗使他失魂落魄。於是他就檢討自己失敗與成功的經驗，並且把這些經驗深深刻入自己的腦海，加以整理之後就完成了這部《鬼谷子》的著述。由於蘇秦特別明白中國人自古就喜好玩文字遊戲，認為好的文章能產生奇特效果，於是他就把自己的學術加以神秘化，努力建立自己的權威性，並且在書中用了好多難解的詞句。基於這種思想，蘇秦把自己所著的這部書，假託是虛構人物《鬼谷子》的作品，並且就把書名定為《鬼谷子》，而把自己也自稱為是鬼谷先生的門徒。

由於蘇秦過分發揮虛飾文字的才華，不料為此竟產生了相反的效果，以致使後人對他有所誤解。其實所謂揣摩，就是對一般情勢，特別是對方的心理狀態，運用方法進行判斷。所謂權謀，就是以揣摩的結果為基礎，進而選擇一種最適當的合理手段。《鬼谷子》方法也就是一部「治人兵法」，它跟《孫子兵法》

中所說的「知己知彼，勝乃不殆；知天知地，勝乃可全」，具有完全相同的意義。但因其書極富神秘色彩，立論高深幽玄，文字又奇古神妙，為此被歷朝歷代學者對其評價不一，毀譽褒貶有若天壤。

馬聰《意林》引《鬼谷子》曰：「以德養民，猶草術之得時；以仁化人，猶天生劃術以土潤澤之。」

宋人歐陽修謂《鬼谷子》：「因時適變，權事制宜，有足取者。」

唐人長孫無忌謂《鬼谷子》：「便辭利口，傾危變詐。」

唐人柳宗元曰：「鬼谷子為後書，險戾峭薄，恐為妄言，亂世難信，學者不宜道之。」

宋人高似孫曰：「鬼谷子之書，基智謀、基數術、其辭談，蓋出戰國諸人之表，……基亦一代之雄乎？」

明人寧濂曰：「皆蛇鼠之智。」

為什麼會有如此極端的毀譽褒貶，大概是由於《鬼谷子》這部書以功利主義思想冷眼靜觀塵世，為了達到自己的目的，一切自認為最合理的手段都可以運用，這在那些思想已泡爛於仁義道德醬缸裏的道學家們看來，不啻於洪水猛獸，必置之死地而後快，乃理所當然之事。

當今時代，商戰之激烈殘酷，甚於兵戰，置身商場，你不用「謀略」，你的對手卻用，所以，最後失敗的肯定是你。孫子曰：「兵不厭詐」，你不詐，你甚至厭詐，你就不能和別人競爭，就要被社會所淘汰。

《鬼谷子》，其實是一部研究社會政治鬥爭謀略權術的智慧之書，是弱者的智謀寶典。它講述了作為弱者的一無所有的縱橫家們、運用智謀和口才如何進行遊說、進而控制作為強者的、握有一國政治、經濟、軍事大權乃至生殺特權的諸侯國君主，對後代政治活動家產生過深遠的影響。在中國傳統文化中，《鬼谷子》歷來享有「智慧禁果、曠世奇書」之稱，是亂世進取之學術，亂世發跡之哲學。它講求順時應勢、揣情摩意、知微待機、量權善變等實踐理論。這些對於我們現代人小到處理人際關係、經商致富、大到處理國家關係、跨國經營、戰爭摩擦等應該說是具有一定的現實指導意義。

下面我們簡要地介紹一下《鬼谷子》的學說內容：

《鬼谷子》一書，分為上、中、下三卷，符合《隋書・藝文志》的記載。上卷包括「捭闔」、「反應」、「內揵」、「抵巇」四篇，中卷包括「飛箝」、「忤合」、「揣」、「摩」、「權」、「謀」、「決」、「符言」、「轉丸」、（只剩篇名）、「亂」（只剩篇名）十篇，下卷包括「本經陰符七術」、「持樞」、「中經」三篇。

「捭闔」篇探討在談說過程中，如何運用說話（開）或不說話（閉）來促使對方說出心中真情，如何選擇說辭。

「反應篇」探討談說過程中，如何瞭解對方的反應、如何聽言、如何釣出真情。

「內揵篇」探討如何運用策略以取信於人主，或運用關係以親近聽者。

「抵巇篇」探討如何察知幾微之裂隙、破綻和預兆，以便運用，可抵而得之。

「飛箝篇」探討如何以言辭鉤箝真情喜惡欲求，使其受到鉗制。

「忤合篇」探討如何處理向背問題，才能歸之不疑，縱橫自如。

「揣篇」探討如何揣情量權、獲得實情，以供建言獻策前之參考。

「摩篇」探討如何揣摩人意，順應其志意，成事而無患。

「權篇」探討如何判斷對方言行的本意，如何針對其個性，選擇談說言辭。

「謀篇」探討如何獻策。

「決篇」探討協助人主做決策，以及成事的原則。

「符言篇」介紹執政原則及為政箴言。

「本經陰符七術」探討如何正心誠意修身，以充實智慧、明斷事理、決策轉圓、趨吉避凶。包括盛神法五龍、養志法靈龜、實意法螣蛇、分威法伏熊、散勢法鷙鳥、轉圓法猛獸、損兌法靈蓍七種方法。

「持樞篇」探討人主順應自然之道。

「中經篇」探討如何爭取人心。

《鬼谷子》一書的排列順序，已經具備理論體系的大綱。談說進行中要運用「捭闔篇」中的原則。因為有「捭闔」，所以有「反應」。有了反應，可以看出好惡志欲，因而運用「內揵」以固結其心。如發現有裂隙破綻，有機可乘，則可運用「抵巇」，為了使聽者欣然接受，要用「飛箝」。對於聽者的內外反應和相關因素，要「揣情」。揣得其情，要順合其意，所以要注意「摩意」。還要權量才能、形勢、環境、時機、語意，這是「權」的功夫。揣、摩、權之後，已經瞭解狀況，即可獻「謀」。獻謀之後，還要能「決」。事情能否成功，主政者的修養與條件有很大的關係，所以要說者聽者雙方都通曉古人智慧的方論一「符言」。

至於已經遺失的「轉丸」、「胠亂」兩篇，從字義上來看，應是探討事情的轉圓和避禍去患之道。

「本經陰符七術」則是討論說者與主政者的個人修養和成事的法則。「持樞」的主旨是順勢與符合天地自然法則，不宜逆道。「中經」探討的是心的經營法則，也就是爭取人心的方法。

《鬼谷子》一書，從其主要內容來看，是針對談判遊說活動而言的，但由於其中大量涉及謀略問題，與軍事活動觸類旁通，且縱橫術本身又與軍事關係密切，因此這部書也為歷來兵家所重視，被稱為兵書。

後世的兵家都注重國與國、集團與集團之間的關係研究，這都是由於受《鬼谷子》縱橫兵謀影響的緣故。張良、諸葛亮、李靖、魏徵、劉基等老謀深算的軍師們還善於把縱橫術與陰陽術數兼收並用。他們的文化底蘊相當深厚，懂一些聲、磁、天文、氣象、丹藥、數學方面的知識，他們將這些知識與神秘的陰陽學說結合起來，在軍事上往往可以產生安定人心威攝敵手、出奇制勝的作用。由於歷代兵家的潛心研究及靈活運用，鬼谷子學派成了古代兵學中一個重要派別，在軍事學術領域佔有很神秘的一席之地。

《鬼谷子》不僅僅是一部縱橫家之書，一部外交家之書，一部兵書，同時它也是一部極富實用價值的商戰之書。

中國古代有一個最著名的經商原則，即「將欲取之必先與之」，這個原則就來源於《鬼谷子》。《鬼谷子．反應》中說：「欲聞其聲反默，欲張反斂，欲高反下，欲取反與。」其中的「欲取反與」就是「將欲取之，必先與之」之意。《鬼谷子》一書中闡述的捭闔、反應、抵巇、內揵、飛箝、揣摩等方法均適用於經商活動。這方面的研究，取得重大成果的首推日本人大橋武夫。

大橋武夫運用《鬼谷子》的謀略思想，結合個人的工作經驗，寫出了「企業家與人才」、「企業破產的受害者」、「股票老闆的手腕」、「賣書技巧」、「錢與權的關係」、「董事長的素質」、「決斷的十三項原則」等經商活動中的鬼谷術。此書在政界、軍界、企業界都有很大影響。

大橋武夫運用《鬼谷子》智謀闡述了經營管理的十二條法則。

一、開閉

大橋武夫所說的「開閉」，實際上就是《鬼谷子》所闡述的「捭闔」。所謂「開」，就是「捭」，就是打開心扉發言，進而採取積極行動；所謂「閉」，就是「闔」，就是關閉心扉而沈默，退而停頓在消極行動上。此外，把已經得到的東西加以消化變成自己的東西，或者拒絕對方的發言與遊說，也都是屬於「捭闔之術」。每當一開一閉時，都要巧妙劃分陰陽，必須善加策應而進行適當運用。

「開閉」就是發動與閉藏，順應陰陽之理而行。在商業戰場上，假如遇到強硬的對手，自己也要採取高姿態，以勢壓人假如遇到軟弱的對手，自己也要採取低姿態，以德服人。總而言之，對付比自己經濟勢力弱小的採取和平手段；對付比自己經濟勢力強大的採取高壓手段。假如能做到這點，凡是採取的行動，必然都能恰到好處，使弱小的與強大的經濟勢力都能為我所用，我始終處於主動地位，該進則進，該退則退，在商戰中立於不敗之地。

二、反應

先投石問路，看對方的反應如何，以便察悉對方的心思，進而制定戰勝對方的策略。

在商業談判中，可以先說出幾句簡短而恰到好處的話語，然後就默不作聲，傾耳靜聽對方的反應。

萬一對方先發言時最好是靜聽，對方勃然大怒時所提出的反對論調。不論在哪種情況之下，話都不可以太長，因為話一太長，就容易使對方恢復冷靜，而以虛偽的態度陷藏他的本意。

要特別注意的是，在商業談判中，經由雄辯而使對方歸於沈默並不算高明，也不可仰仗議論來嘗試外交權術的成功，更不可不看對方的表情而滔滔不絕地高談闊論，這樣做不但說服不了別人，反而暴露了自己的弱點，給對方有可趁之機。

凡是那些取得重大成就風雲一時的企業家，莫不是本著經商大原則來實行他的經營管理。他們檢討過去的經驗和歷史，然後以歷史的教訓來處理現實問題，首先確定對方的情況，再來決定自己所應採取的行動。這也就是所謂「溫故而知新」，經由合理的狀況判斷再採取行動。假如現在與將來的動靜都發生問題，那就以相反的事實來尋求解決之法，也就是在反覆中尋求解決之道乃是商戰行家們的一慣做法，這是很值得剛入商道的人細細品味。

首先我們來探討「動靜」問題。對方的發言就是「動」，我方的沈默就是「靜」。細聽對方的發言，認真判斷對方所要說的事情，假如對方的發言有不合理之處，自己可進行質問或提出反對意見，這時對方必然有所反應。假如把這些原理和原則對照來看，就會明白對方的意思和對自己有何種的利害關係，這就是以無形無聲之道（原理原則）來處理有形有聲事物的方法。

其次再以張網捕獸為例，進一步說明。當獵人捕獸時，必然選擇野獸經常出沒的地方，然後再張網等待，除了放誘餌之外，還得投石追趕，一旦有落網的野獸，就立刻來獵捕。在商業談判中情況跟這一樣，事先要有充分的準備，先投以相當誘餌的話，目的在刺激對方發言，然後再抓住對方發言的要點，進而以某種尺度進行判斷，如此就可以完全探知對方的意向和企圖，只要作法適當，必然能讓對方顯露出真意。

三、內揵

大橋武夫對「內」的解釋是敘述自己的意見，對「揵」的解釋是陰謀策劃，包括對上司的獻策、對同僚的提案、對部下的指示。

最重要的就是簡明扼要地敘述自己的意見，而要求對方接受你的意見，在事先必須揣摩對方的心理，培養使對方能接受的情況下，要保持一種良好的氣氛，當與對方要說的內容一致時，就要說出適當的話。如果氣氛緊張，那麼就不要討論重要的話題，可以留待以後討論。

如果覺得對方的經營觀念跟自己的距離很遠時，就要想盡方法讓對方的經營觀念跟我方靠近，至少要讓對方瞭解、贊成我方的經營觀念，這樣他便不會感到有大的衝突，有利於商業談判的進行。

在一個商業組織裏，對於「內揵」必須予以最大關心的，應該是推銷員了。一般情況下，推銷員所要面對的是初次見面、特點各不相同的人。這些人對於要求支付的行為拒絕表態那是理所當然的，這是在對對方的心理狀態瞭解不清時，就要求對方做不願做的事的緣故。

所謂「推銷」，原本是指給顧客以利益的意思，理論上講應該為顧客欣然接受才對，根本不會有吃虧上當的顧慮。然而人人都有不願花錢的本能，尤其是當懷疑對方是否欺騙自己的時候，這種不花錢的警戒心更是強烈。所有這些是推銷的大障礙。能否巧妙地攻破這些障礙，是決定一個推銷成敗的關鍵所在。人們常說：「推銷員在推銷商品之前，必須先推銷自己」，這句話就充分顯示了此中道理。

要想處理好顧客的拒絕本能這個問題，先要在顧客的心與自己的心之間搭建一座橋樑，這時最要緊的就是找出一個可以共同談論的話題，投顧客之所好，使他（她）對你逐漸產生好感，下一步就可以向他（她）推銷你的商品了。

說到共同話題，最普通的當然就是先從天氣和國內外重大新聞談起。如果想再進一步掌握頤客的心理，那就有談論趣味問題的必要。比如有關高爾夫、棒球、圍棋、象棋、釣魚、養鳥等趣味的話，由於沒有直接利害關係，任何人都可以不拘年紀、地位侃侃而談，而且絲毫不帶商業氣息。一般人都喜歡吹牛，只要給他們長時間談話的機會，就馬上會從「沈默寡言」的人一變而放鬆警惕心理，彼此談得融洽時，一座心橋就建立起來了。如此「內揵」的工作就算圓滿成功。

四、虛隙

要瞄準敵人的弱點。事物都是按照一定的規律而運動，如果能明白其中道理，在情勢轉變之際，必能發現對手的虛隙。

商戰中，必須偵察這種虛隙——弱點，而且要在虛隙萌芽時偵察。而把握這種虛隙更為重要，不能在沒有虛隙時強行進擊，有虛隙而不果斷與之一搏，將是最大失策。

偵知虛隙的方法千變萬化，要配合現實情況而加以巧妙運用與掌握。

天地運行，變化無已，必然產生虛隙，何況人事！可以用「開閉」之理（第一章）闡明虛隙，以此為基礎很合理地行使虛隙之法。一個成功的個業家總是效法天地，其虛隙之法。一個成功的企業家總是效法天地，其虛隙的用法沒有不適當的。如果對手尚無虛隙可抵，我方就不要輕舉妄動，必須「深隱待時」；相反，一旦對手出現了漏洞，我方必須周密謀劃，出奇制勝。

五、飛箝

讓別人說話，但又控制其說話，這就是「飛箝」。所謂「飛」，即讓其自由發揮；所謂「箝」即鉗制其口。

在商業談判時，不要老是一味駁斥對方，該讚揚對方的名譽和成就時，就必須讚揚，這樣可用話來誘導對方發言。只要引起對方發言的興趣，就可以瞭解對方的意向，這樣才可能真正說服對方。但是也不能任由對方滔滔不絕地講下去，也不可過分恭維對方。要掌握主動，有時讓對方說，有時又要壓制對方的話頭；有時不妨把對方抬舉得高一點，有時卻又把對方貶損得低一點。這樣才能完全瞭解對方的真意，完全按照自己的意志牽著對方的鼻子走。總而言之，方法手段看情況靈活運用，然而切不可忘了我方談判的目的——為我方獲取最大的商業利益。

六、反合

經過反覆試驗，然後再對此進行決定。所謂「反」就是離反，所謂「合」就是合攏，而「反合」就是「去就」的意思。

當人與人之間結合時，不論結合這件事本身是好是壞，或者是否能結合，假如有從各方面進行檢討必要的話，就以事實作實驗之後再做決定。

就以伊尹為例來說，他為了決定在相對立的商湯王與夏桀王之間，究竟應忠於那一位王而慎重檢討，他經過五次忠於湯王，五次背叛湯王；五次忠於桀王，五次背叛桀王之後，才下定決心輔佐湯王。

一些美國的企業家，一旦被其他公司當作人才挖掘去的話，就會成為以前商業勁敵公司的董事長，這雖然說是一種常遭人唾罵的不義行為，但是被挖掘而去的本人卻常以此自誇。甚至就連一般公司職員的為一個公司盡忠職守，也不是為了能在該公司創下可以提高職位的業績，而總是希望有一天能僥倖被其他公司挖掘去拿高薪。一個在企業界有崇高地位的人，似乎等於商人立身出世的常道，這簡直令人有「鬼谷子的反合之術正在這裏上演」之感。

在日本橋一帶的工廠老闆之間，流行一句這樣的話：「要想真正能穩住一個員工，必須經過三進三出。當一個員工認為現在的工作不理想時，為了找一個更好的工作就離開現在的公司；然而，實際上並找不到自己認為理想的工作，因此不久經過一番挫折，就又回到原來的公司，可是不久又對工作發生厭倦而離職。如此進進出出，要三次對老闆表示歉意，最後終於才恍然大悟，認為除了這家公司之外別無謀生之途，於是就靜下心來在這家公司好好工作，這也等於是很自然的在進行「反合之術」。

七、揣情

根據實際情況進行判斷。所謂「揣」就是推測，也就是設身處地站在對方的立場上觀察思考，然後根據種種跡象猜測對方的心態。

在營運中，我們不但要揣競爭對手之情，更要揣市場之情，只有市場之情揣正確了，我們的產品定位、我們的市場運營策略才有可能正確。揣情不能空想，切忌閉門思考，它應是在周密的市場調查基礎上進行的合乎邏輯的推理。

在制定商業計畫時要詳細權衡，在商業談判時要細心揣摩，狀況判斷一定要依據事實，必須按照詳細而又合理的原則進行商業活動。

八、摩意

「摩」，就像是拳擊比賽時所說的「猛碰」。在拳擊比賽時，從四面八方連續刺拳，以便觀察對方的反應，判斷對方的意向和力量，最後才準備進行決戰。

「摩」與「揣」不同。「揣」是直接逼近對方的心，而「摩」卻是衝刺，即刺激對方的身體，以便使對方的心有所反應，可以說是實行揣的前提。「摩」的決竅在於適時刺中要害，用小力量使對方產生強大反應。

需要注意的是，在商戰中，摩並非以我們的行動為主，而是以對方的反應為主。施術的雖然是我方，然而因誘導而採取行動的卻是對方，並且還要讓對方有所行動才有可能取得成功，如果對方沒有反應就不會取得任何效果。

九、量權

以合乎情理的方法確定對方的才幹與思想，以及事物的利害與優劣。進而再根據這些確定對方的優缺點，然後以我們的優勢力量攻擊對方的劣勢，而避其優勢，必能取得商戰的勝利。

俗話說「見人說法」，無論是遊說還是計謀，都要看對方的具體情況而採取不同的方法。任何競爭對手都有缺點，只要針對對手的缺點進行謀劃，就必然能馬到成功完成使命。億萬富翁看重權勢與名譽，手握重權的人看重金錢，好色的人必然難過美人關，辦事認真負責的人難免對部屬苛刻。這都是大多數人的共同心理傾向。總而言之，要準確判斷對方的個性，然後以優勢的力量加以制服。

在商業活動中，臨機應變也是非常重要的。在語言之中有很多種類，在事情之中有很多變化，即使從早到晚說個不停，也不一定能打動對方；所以不能隨便亂說一氣。聽貴聰，知貴明，詞貴奇，要一擊而中，不要無的放矢。

十、謀劃

謀與權有關，因此通常都是「權謀」合用。謀是「計畫、方法、手段」，其宗旨與量權相同，都是在進行談判時採取適當手段瞭解對方情況，就是鬼谷子所說的「得其所因以求其情」的意思。

謀劃必須暗中進行，不能明目張膽。要在洞悉對方心境的情況下制定我方策略，以正惑敵，以奇制勝。

一道牆再堅固，只要有了一點點裂痕，過不多久就會從這個裂痕開始崩毀。木材往往會從瘤節處折斷，其道理也在於此。同樣，無論任何事情都有原因，找出原因，然後據此謀劃，這樣才有成功的可能。

十一、決斷

「準備決心，下定決心，實施決心」，這是兵法和戰略戰術關鍵所在。經營是實施決心的過程，董事長和各級幹部是決心的關鍵。

在下決心時，構成最大障礙的，就是對事物的迷惑。一旦判斷失誤，下錯決心，就會招來慘重災害。往往有這樣的情況；如果往右進，利雖然大，卻有危險；往左進，雖然其利甚小，卻很安全。所以下決心前必須對敵我雙方情況摸準摸透，權衡利弊輕重，一旦下定決心，就要實施，不能輕易改變。危難往往是機會，所以當身處危難環境之中時，不要恐懼，要敢於向危難挑戰！更不要逃避，只要你狀況判斷準確，計畫周密，操作能落到實處，你就能戰勝眼前的危難走向成功。

在下決心時，首先要計算，然後再超越。要把握大的方向和要點。所以遲遲下不了決心，是因為覺得怎麼做都行，或怎麼做都不合適。如果利益差別懸殊，那就不會產生迷惑了。

假如想要制定一個沒有缺點的策略，那是很費時費力的，我們要尋找的是缺點最少的策略。所以最高明策略是取長補短所完成的第二善策，儘管它不完美，卻便於實施。

如果不能壓服對手就要拉攏，要有返回原地的勇氣。當按計劃進行只有失敗時，馬上要迷途知返，另覓善策。另外，下決心還必須考慮到上司的命令，雖然「將在外，君令有所不受」，但大的原則絕對不能違反。

十二、符言

作為一個高明的企業領導人，要努力做到「安徐正靜」，這樣才能徹底掌握組織大權，然後將權力推行到整個組織之中去。

企業領導者為了作出「白就是白，黑就是黑」的正確判斷，要使頭腦像白紙一樣純正，使心情保持平和穩定，切忌先入為主及感情用事。

高明的企業領導人首先要給自己定位準確，給整個公司，下屬也有一個準確的定位；他必須明達，善於聽取忠言，賞罰分明，還要善於提出問題，解決問題；他必須察知事物發生發展的原因，針對原因周密策劃，與部屬仔細參研，這樣他不用求名，名自然反過來會追求他。

綜上所述，可以看出《鬼谷子》一書所揭示的智謀權術的各類表現形式，其歷史意義相當深遠，其實用價值極其重大。當今時代，商戰波詭雲譎，激烈殘酷，雖不能說是絕後，但肯定是空前。在這空前複雜尖銳的競爭中，成敗的關鍵取決於智慧，而不是取決於資金或其他條件。我們今天研讀《鬼谷子》，取其精華，去其糟粕，對於增加我們的智慧，指導我們的商業行為，無疑是大有裨益的。但因本書褒貶懸殊，仍請讀者在使用本書時注意審慎分析。

第一章 捭闔

第一術　捭闔陰陽

【原文】

鬼谷子曰：「捭闔者，天地之道。捭闔者，以變動陰陽，四時開閉以化萬物。」又曰：「故捭者，或捭而出之，或捭而納之；闔者，或闔而取之，或闔而去之。」

【註解】

鬼谷子說，捭闔之術與天地之道相通。天為陽，地為陰，天地之道就是陰陽之道。所以，捭闔之術就是陰陽之術，捭闔陰陽的意思就是變動陰陽四時，即發揮施術者的主觀能動性去變陽為陰，變陰為陽，像改變四時的運行順序那樣去改變事物的發展方向和進程。要想使萬事萬物按施術者的意志變動性質和發展進程，就要使用「開」、「閉」手段。所謂「開」，就是捭，就是公開大出大進，是陽；「閉」，就是闔，就是為達到真正目的而暗中運用的手段。

【踐履】

程嬰救孤

春秋時期，晉國司寇屠岸賈率兵攻殺執政的趙氏，殺掉了趙朔、趙同、趙括、趙嬰齊等，並且將趙氏全族夷滅，只有趙朔的妻子是晉景公的姑母，不好殺掉。趙朔夫人逃到宮中，屠岸賈也不好前去追殺。但是，當屠岸賈聽說趙夫人生下一男嬰時，就下決心一定要殺此男嬰，否則他長大後，定會報仇。

這時，趙氏手下有一門客叫公孫杵臼，也得到了趙氏有了孤兒的消息，便去找趙朔的朋友程嬰商議，決定救這孤兒，議定由公孫杵臼用偷樑換柱術瞞過屠岸賈，由程嬰撫養這孤兒。於是，公孫杵臼假扮醫者入宮看病，用藥箱把孤兒從宮中偷運出來，交給程嬰。程嬰把男嬰抱走，藏到家中。

屠岸賈得知宮中孤兒已被偷出，大怒，派人四處搜查，並懸賞千金，讓人舉報。程嬰便報告屠岸賈，說他原與公孫杵臼合謀保這孤兒，但為千金所動，願帶路去抓這孤兒。屠岸賈大喜，親自帶兵至深山中。公孫杵臼一見程嬰便大罵，罵他不仁不義，出賣朋友。屠岸賈把公孫杵臼和其身邊一假冒之嬰兒一併殺死。程嬰把孤兒撫養成人。

這年，晉景公大病，大臣韓厥說是趙家冤死，在陰曹地府中索命所致。晉景公便想立趙氏後人為君主，但苦於找不到。程嬰便把趙氏孤兒獻出來，並與韓厥一起謀劃，夷滅屠岸賈全族，為趙氏報了仇。程嬰見大任已卸，便自殺，到地府中尋老友公孫杵臼去了。

程嬰告密，是陽手段，暗中保護孤兒是陰手段；公孫杵臼大罵程嬰，是陽手段，引屠岸賈上當，是陰手段。使用「陰陽捭闔」之術時，「陽」手段往往是「佯」手段，是假的，陰手段才是目的所在。陽手段是為了轉移對手的注意力，故需要「捭」，需要公開，需要咋咋呼呼，以吸引敵手的注意力；陰手段是真實目的所在，故需要「闔」，需要暗中進行，需要保密。陰陽相輔相成，捭闔配合而行，故能達到目的。

司馬熹的連環捭闔術

歷史上還有許多使用連環套式「陰陽捭闔」術的例子。

戰國時期，中山國王同時寵愛著兩個妃子陰姬和江姬。兩人都想爭作王后，故明裏暗裏用手段，經常爭鬥。

縱橫策士司馬熹見有利可圖，便暗中派人遊說陰姬說：「做王后的事可要重視。爭到手，一人之下，萬人之上；爭不到手，性命不保，還會禍延九族，早晚被對方收拾掉。要想勝利，最好找司馬熹出主意。」陰姬聞言，便請司馬熹獻策，並許以重金謝禮。司馬熹答應下來，便施展出連環「陰陽捭闔術」。

他先找中山王，說要外出到鄰國走走，刺探對方消息，再回來謀劃強國之策。中山王自然高興，給他備上禮物，讓他先去趙國。司馬熹見過趙王，閒談中說：「原聽說貴國出產美人，但我轉了幾天，沒見過一位超過我國那位陰姬的。」趙王一聽，來了興趣，忙問長得怎樣？司馬熹繪聲繪色地描述道：「眉清目秀，明眸皓齒，眼似秋波戲潭水，腰如楊柳舞輕風。真乃傾國傾城之貌！」趙王一聽，恨不得馬上弄到手裏，忙問司馬熹：「可不可以把她弄到這裏來？」司馬熹故意頓了一下，悄聲說：「她是我們大王的寵妃，我怎敢添言？請千萬別聲張出去是我講了這些，否則，我的腦袋就保不住了！」趙王冷笑一聲，咬了咬牙，下定了非弄到手不可的決心。

司馬熹一見目的達到，忙離開趙國跑回中山國，向國王報告：「趙王昏庸至極，又殘暴無比，只知道殺殺、攻攻，道德極差，沉於酒色，迷於音樂，只知道玩女人。我已得到可靠消息，說趙王看中了陰姬，正想盡方法把她弄去！」。「豈有此理！」中山王一聽，勃然大怒，罵道：「竟敢到我碗裏搶食！」司馬熹故作焦急地說：「冷靜，大王！目前趙國比我們強大，我們能打得過他們嗎？趙王硬來索取，不給吧，我國就亡國，給吧，大王您就會被天下人恥笑，連自己的妃子都保護不了……」「快說怎麼辦吧！」中山王何嘗不明白形勢，也是又氣又急，便急不可耐地打斷司馬熹的話頭，向他求教。司馬熹故意頓了一下，湊進前說：「我看有一個辦法可以打消趙王的這個念頭。大王立刻把陰姬冊封為王后，讓趙王死了心。當今，還沒有哪個人敢索要別人的王后做妻子的。若有此舉動，必引起列國公憤，別國也會出兵幫助我們。」「好！就這麼辦。」中山王如釋重負地笑了笑，馬上傳令封陰姬為王后。趙王聽後，果然也死了心。陰姬對司馬熹千恩萬謝，自然給了他不少好處。

這一「陰陽捭闔」計謀中，司馬熹連用了四個連環成套的「陰陽」手段。司馬熹放風給陰姬，幫她謀王后之位，是「陽」，在他和陰姬的範圍內是公開的：但其真正目的是通過陰姬取得好處，自己謀利，這是「陰」，是最隱秘的。這是第一套。緊接著使出了第二套，他告訴中山王，去鄰國考察以謀興國之策，是「陽」，在他與中山王、陰姬，甚至某些大臣的範圍內是公開的，但其暗中目的卻是為陰姬獲王后位子尋求外在壓力，是「陰」。這第二套之後，見趙王，是第三套。他說陰姬美、漂亮是「陽」，是公開的；其暗中目的卻是逗引趙王意圖霸佔陰姬以造成對中山王的威脅，這是「陰」。第四套是見中山王，把趙王謀奪陰姬的消息報告中山王，是「陽」，是公開的；其暗中目的卻是逼迫中山王立即冊封陰姬為王后，這是「陰」。通過這四套「陰陽」手段，使用「捭闔」之法，大開大合，攪動大浪，憑空製造國外壓力，終究達到自己真正目的，最陰暗、最秘密的目的——通過陰姬，撈取好處。

賀若弼渡江滅陳

隋文帝時，賀若弼預備從京口（今江蘇鎮江）渡江伐陳以統一中國。

賀若弼先派人用軍中退役的馬匹從老百姓手中換來大批船隻，然後嚴密隱藏起來，在江邊只擺下五十餘艘破船。陳國密探前來查看，見只有這五十多艘破船，便估計近期內隋人不會進攻。賀若弼又下令給部下，凡軍事調防，先全部集中廣陵（今江蘇揚州），然後再分赴各防線。屆時，陳兵見江北大兵雲集，嚇得趕忙進入戰備狀態。等知道是在調防，便鬆了一口氣。

經過這樣幾次，凡隋兵結集，陳人再也不驚慌了。於是，賀若弼傳令，結集後渡江進軍。在陳軍毫無防備的情況下，一舉渡過長江天險，然後長驅直入，很快將陳國滅掉。

賀若弼暗中派人換來大批渡船藏了起來，是「陰」，是準備大舉渡江：明裏擺下幾十條破船，是「陽」，是告訴敵人渡江準備還不成熟；他讓人在廣陵結集換防，大張旗鼓，是「捭」；麻痹敵人後暗中結集進軍，是「闔」；經過這一番「陰陽捭闔」，終於取得了成功。

巧轉陰陽，米耶化整為零

一九六三年，米耶—魏奧明公司是一家很有價值的公司，在美國有多處油田、天然氣和牧場，公司設在巴黎，它的市價每股在四十至五十美元之間，光是石油和天然氣就已經值那個股價了，是個超價值的股票。

威爾被米耶指派去進行調查分析，米耶指示：「如果不達到二〇〇%的純利，就不必考慮。」威爾調查後發現，利潤可能達到一九七%，而且可能希望賺到三〇〇%。米耶於是邀請巴黎拉察特公司和高達利公司一起合作收購這家公司的三分之二股權，收購價每股五十五元，比市價高出六．五美元。

經過最後商討，紐約時報和華爾街日報終於在一九六四年四月八日登出了整版的收購廣告。登出更大廣告的是魏奧明公司，標題是「請勿受收購者的打擾而亂了方寸。」廣告指出公司的股票價值遠遠超過了收購價。

由此廣告戰拉開了收購序幕，米耶接著又登出了一個大廣告，說「收購者的目的是為了指出該公司年度報告數字不詳實，與實際的公司資產值相差甚遠，多年來一直如此。」

米耶調查得十分清楚，這家公司的董事會成員持有的股票並不多，大部分股票都是法國人和比利時人所持有。所以，米耶就直接寫信給這些股票持有人，進行收買，而不再打廣告了。

公開收購後的一個月，也就是五月七日，米耶正式宣佈已購買了過半數的魏奧明公司的股權，約值四五〇〇萬美元，這樣，在股東大會上入主新董事會就是必然的了。在開股東大會時，一個拉察特公司的代表奧斯本在主席臺發言指出，這家公司的資產過於分散，油田、地產、牧場等等在各地的管理機構太多，使行政開支太大。

果然，在紐約的米耶已經在進行「拆散」的工作了。他們取得公司，不是為了經營它，而是要拆散它。米耶把各地的油田、天然氣、地產、牧場公開出售，變成現金。把原有公司的人員解散，支付了一筆補償費。結果純利潤達到了結果的三倍，公司自動結束。

米耶巧妙運用化整為零的拆散技術贏得了高額利潤，這並不是偶然的。關鍵在於，他的確掌握了這門看似無中生有的學問。

慢人半步，捭陰為陽

在商戰中，「遲人半步」的方法往往會收到奇妙的效果，其關鍵在於這條妙計將強大的進攻溶入看似平靜的防守之中了。

新產品的開發，國外許多大公司都有自己獨到的手段，但「遲人半步」的方法更受人青睞，使採用者受益頗深，被奉為新產品開發的良策。

日本的日產汽車公司，為了開發生產「SANI」汽車，不惜動用大量的人力物力在全國公開徵求車牌，花大錢搞推銷宣傳，獲得了極大的成功。這一成功也使得豐田公司欣喜若狂。原因何在？因為「SANI」汽車的大宣傳在日本全國激起了人們對汽車的興趣。這對豐田公司來說，不啻為它鋪了一條通向成功的康莊大道，藉著人們對汽車著迷的熱潮，豐田公司充分研究了「SAIN」汽車的優缺點，製造了比這種車更好的「COROLA」車。

「COROLA」一進入市場之後，使豐田公司獲得比日產公司更佳的經濟效益。

日本的松下電器公司，也是採用「遲人半步」方法的得益者。有人稱它是一家模仿公司，對此，松下公司毫不介意，因為它從這種做法中收到了極大的好處。

美國國際商業機器公司（IBM），幾乎從未首先在市場上推出過尖端新技術的產品，它都是從比它領先的公司中得到教訓、吸取經驗。正如有些專家們分析說：國際商業機器公司的新產品經常比其他公司設計得好，都得益於比人慢半步。有有幾位電腦公司也表示：「我們有意在技術上落後二三年，我們讓試用戶，如政府部門，推著我們走，然後，我們研製出一種可靠的商品供最終用戶使用。」

休勒特——派克德公司更有自己的訣竅：凡是別的公司新產品問世，他們公司的工程師在用戶那裏檢查本公司設備時就向用戶探尋那種新產品的優缺點，探尋用戶有什麼具體要求，用不了多久，他們的推銷員就登門來推銷完全符合用戶自己要求公司的新產品了。結果是：用戶滿意，收益大增。

這些公司總是遲人半步，甘居第二，並不是因為他們的技術能力差，而恰恰是在這遲邁的半步上作出了好文章。

第二術　剛柔弛張

【原文】

《鬼谷子．捭闔篇》曰：「聖人之在天下也，自古及今，其道一也。變化無窮，各有所歸。或陰或陽，或柔或剛，或開或閉，或弛或張。」

【註解】

就是說，自古至今，聖人們治理社會，處理事端，雖然運用千萬種方式，變換千百種手法，無論怎樣變化無窮，其宗旨都在於一點：陰陽、柔剛、開閉、弛張。總之一句話：不外軟硬兩手，剛柔兼施。

【踐履】

伍子胥弛張疲敵

春秋時，吳國公子光利用宴會之際，派專諸以獻魚為名，暗藏匕首刺殺了吳王僚，奪得王位，這便是吳王闔閭。

這些計謀都是他的臣僚伍子胥設計的。伍子胥因為父親和哥哥無辜遭楚平王殺害，所以對楚國恨之入骨，逃亡到吳，想借外人之力而報己仇。他助闔閭奪得王位後，便催促他下令伐楚。那時，楚為南方大國，兵多將廣，比吳國強大得多，因而吳王問伍子胥以何計勝楚。伍子胥說：「可用『弛張疲敵術』。請大王派三支軍隊，前去輪番騷擾敵人。我們軍隊去進攻時，楚軍必傾巢而出，想憑藉優勢速戰速勝。我軍見他們出動後，便退回據守，不與他們正面交鋒。等楚軍退回，我們的第二支軍隊再去攻擾。見楚軍迎戰，又退回休息。第三支軍隊亦如此。如此反覆，我們用此『軟』手段，必能將楚兵拖垮，然後使用『硬』手段，三軍齊出，必能大敗楚軍。」吳王聽後叫絕，依計而行，果然拖垮了楚兵，大勝楚軍，而後又攻破楚國。這是主動運用「剛柔弛張」的先軟後硬之術克敵制勝的例子。

田單軟硬兼施

戰國時期，燕國曾一度被齊國滅掉。後來，燕昭王即位，設「黃金之台」，廣招人材，準備報仇。而齊湣王卻蒙在鼓裏，聽從燕王間諜蘇秦之謀，攻佔宋國，引起了諸侯恐慌。燕昭王趁機聯合秦、趙、韓、魏，發大兵攻齊。半年時間，齊國除莒城（今山東莒縣）、即墨（今山東平度）兩城外，其餘七十餘城盡被燕將樂毅率領的聯軍攻佔。

固守即墨的守將是田單，他是個很懂得計謀權術的人，指揮軍民共同固守，使樂毅打了三年，也沒攻下來。等到燕昭王去世，燕惠王即位後，田單派人去燕都施「反間計」，讓燕惠王用武夫騎劫代替了老謀深算的樂毅。田單又施「剛柔弛張計」，派城中老者到城外騎劫大營獻上黃金，說城中糧草將盡，兵員大減，守城者多為老弱婦孺，田單已準備投降。用「軟」的一手麻痹燕軍。田單又派人準備了一千頭牛，給牛畫上怪異花紋，犄角綁上尖刀，尾巴拴上浸了油膏的葦草。又挑選了五千名壯士，讓他們吃飽待命。

夜深了，燕軍聽說齊人準備投降，便放鬆了警惕。田單令人鑿開城牆，放開城門，點起牛尾巴上的油草。牛被燒疼了，瞪圓眼睛，衝出城外，見人就撞。燕軍從睡夢中驚醒，只見一群怪物頭頂尖刀沖來，嚇得扭頭就跑。五千壯士跟在牛後面掩殺過去。燕兵抱頭鼠竄，潰不成軍。田單一口氣收復了齊國丟失的七十餘城，恢復了齊國。

這就是剛柔兼施、軟硬並用的「火牛陣田單復國」的歷史故事。

古人在使用剛柔弛張術時，不但「軟」、「硬」交替使用，也常常「軟」、「硬」同時使用，以「軟」蔽「硬」，以「硬」輔「軟」，兩法兼用，相得益彰。

孫臏以軟克硬

俗話說：「人在屋簷下，不得不低頭。」智者在困厄的環境中，往往使用「軟」手段，先保存自己，為後邊的「硬」手段制敵、勝敵打下基礎。

戰國時期孫臏、龐涓鬥智的故事已為大家所熟悉。

孫臏、龐涓曾同師學軍事兵法。龐涓入世心切，早早下山去了魏國，被拜為軍師，指揮魏軍東征西殺，屢戰屢勝，威震諸侯，魏王十分倚重他。但龐涓心裏總是有點不安。他知道，自他走後，孫臏又跟師傅學了三年，又聽說孫臏還有祖傳的兵法（其祖孫武的《兵法》十三篇），若他有一天下山來，依附某地國君，便會成為自己的勁敵。思謀良久，忽然心生一計。第二天，他入宮去見魏王，大吹了一通師弟孫臏之能，並自願修書召他來為魏國出力。魏王大喜，忙命使者持書帶重金前去相聘。

孫臏見師兄不忘舊好，果然欣喜而來，想助師兄成立大業。到魏之後，魏王忙請進宮裏面談，果然見其才學在龐涓之上，故欲委以重任，便與龐涓商議。龐涓假意高興，但又說師弟剛來，沒立半點功勞，不如等有功時再委以重任，以服眾心。魏王見說得有理，只好依此而行。龐涓第一步陰謀得逞，便加緊第二步措施，模仿孫臏筆跡，寫了一封情報信，讓一商人帶到齊國，而讓邊防將士扣住，送到魏王面前。魏王大驚，召孫臏來問。商人已被龐涓收買，一口咬定是孫臏所托。魏王欲斬孫臏，龐涓百般求情，最後孫臏被處以臏刑（砍去膝蓋骨），成了殘廢。龐涓假意同情，精心調護，使孫臏大感其恩，欲將自己所學盡傳師兄，便日寫百簡，著兵書傳龐涓。後來，龐涓一僕人看不慣，氣不過，將實情告訴了孫臏。孫臏大驚，苦思半天，決定以「軟」制「硬」裝瘋離魏，再報此仇。

晚飯時，下人送飯來，孫臏起身，突然撲倒在地。眾人救起，只見他口冒白沫，半日方醒。一睜開眼便大哭三聲，又大笑三聲，手舞足蹈，胡言亂語，將所寫的竹書盡數投入煙火之中。等下人稟告，龐涓趕來，所寫之書盡數化為灰燼，孫臏在龐涓面前仍瘋瘋顛顛，言笑失常。龐涓認為他有詐，命人將他拖入豬圈。孫臏便與豬爭食，又撿起豬糞，吃得津津有味。龐涓命人端來酒飯，孫臏摔在地上，又去搶豬食吃。龐涓長歎一聲，只有任他去。此後，孫臏仍舊瘋顛，以豬圈為家。或外出遊蕩，胡言亂語；或與豬同眠，撿豬屎吃。日子一久，人們都說他是真的瘋了，龐涓也放鬆了警惕。

某日，孫臏瘋遊街上，遇齊國使者，便在避人處講出真情。齊使者將他偷偷載回齊國，拜為軍師，終於在馬陵道戰役中大敗魏軍，生擒龐涓，報了大仇。

龐涓以「軟」中藏「硬」的詐術殘害孫臏，妄圖奪其才學而害之。孫臏以「軟」手段——詐瘋避開龐涓的硬招，終於報了仇。若孫臏知情後，以「硬」對「硬」，是不會有此結果的。

奧里弗以柔克剛

在澳洲，奧里弗買下了西海岸一家歷史頗為悠久的農場，接管農場之後，奧里弗知道，他需要進行改革才能在這塊陌生的大陸站住腳，然而，面臨的實際困難是異常艱巨的，相近的幾家農場主人正在以觀望的態度審視著他的舉動，他們並且很快走向了聯合，使奧里弗陷入孤立，使得他所生產的奶和肉幾乎失去銷路；農場的內部經營和管理都很成功，然而賣不出去的東西已經積壓太多，並且保鮮的問題已經達到飽和，問題已非常嚴重了，聯合公司派人來勸告他希望他參與聯合，這時候，奧里弗幾乎沒有一點遲疑就爽快答應了。

在積壓品拋售完畢之後，奧里弗打電話到加州給他侄子經營的奶業公司，瞭解到那兒的情況良好，然後，他跑遍了西海岸幾個城市調查各類奶品的銷售情況，作了全面的市場調查，最後，加州奶業公司的訂貨單飛到了奧里弗本人手中，價格比本地的高出了一．八美元，很快，聯合農場實體的牛奶銷路增大，而這一切全由奧里弗主辦，從北美大陸運來的各類奶加工品在西部的銷售量非常良好，這個良性運轉使奧里弗很快掌握了聯合農場的奶業實權，到一九八二年九月，即奧里弗進駐澳洲大陸剛剛三年，他不但控制了原來五家合併的聯合農場，並且吞併了另外三家，成為一個龐大的集團，在西海岸名聲大躁。

用一句古話，奧里弗的技術在於他「善假於物」而達到了以柔克剛的良好後果，賺錢的始終是他自己，現在，他儼然一個農場主人模樣生活在那塊被大洋包圍的金色大陸上，事業在蓬勃發展當中。

哈默柔招創品牌

第二次世界大戰期間，為了節約糧食，美國政府禁止釀酒。極具經營頭腦的哈默已算計到：威士忌必定成為搶手貨。行情看準後，他急忙買下了美國釀酒廠的股票六千股，此時每股的價格幾十美元。他向酒廠提出，用酒作股息付給他。酒廠老闆自然應允，這等於給酒廠擴大了業務，哪有不答應之理？二個月後，股票的價格已經跳到每股一五〇元，威士忌酒價格猛漲。按股息，哈默得到了六〇〇〇桶酒。他把這些酒統統裝進特製的酒瓶裏，貼上商標，拋到市場。市場上威士忌已很難買到，所以哈默把酒一送上櫃檯，立即就銷售光了。店鋪門口還能常常看到人們為買酒而排了長隊。很快，作股息付給他的酒銷出去了一半。

酒廠的老闆們看到哈默用他們酒廠生產的酒發財，心中很不情願，於是聯合起來對付哈默。他們想通過傾銷低價的混合威士忌酒把哈默擠出酒市場。他們先把每瓶酒降到八美元，哈默跟著把每瓶酒降到七·四九美元，這個價格雖然賺不了錢，但也不會虧本，哈默利用薄利多銷的辦法，還是有利可圖的。可是酒廠老闆們見這個價壓不倒哈默時，他們就在酒裏摻了三五％的穀物酒精，以此來降低成本，每瓶酒標價只有四·四九美元。哈默得知訊息後，立即將所有的威士忌降價成每瓶四·四五美元出售。

有人不解地說：「酒廠賣的是混合酒，成本本來就不高，現在你將真的威士忌價賣得這麼低，是在做無利的買賣，值得嗎？」

哈默很有把握地說：「訣竅就在這裏。顧客自然會對兩種酒作比較用四·四九美元買的是假酒，用四·四五美元買的是真正的威士忌酒，那人們當然都願意買我們的酒，這樣我們的酒牌子就打響了。今天我雖然少賺點錢，但花錢創品牌也是值得的。從長遠看，我們的酒能奪得市場。」

果然如哈默預料的一樣，他的企業出售的丹特牌威士忌酒不久便成為名酒，價格雖重新以名酒標價，但銷量一直不衰，每年銷售達一〇〇萬箱。哈默又一次獲得成功。

喬治·約翰以柔附剛

企業在激烈的市場競爭中必須考慮利與害，得與失。世界上沒有絕對的最優方案。諾貝爾經濟學獎得主西蒙認為：製造滿意的決策，必然有得也有失。要攻下堡壘，就要付出犧牲，這說明了一個觀點：只要有利可圖，即使做出一點犧牲也在所不惜。

五〇年代，美國黑人化妝品市場被佛雷化妝品公司獨佔。當時，這個公司的一名供銷員喬治·約翰自立門戶創了只有五〇〇元資產、三名員工的詹森黑人化妝品公司。他清楚地知道，他當時無力把佛雷公司打垮，就集中力量生產一種粉質化妝膏。經過認真思考，他決定靠「襯托法」推銷自己的產品。他在廣告宣傳中說：「當你用過佛雷公司的產品化妝之後，再擦上一層詹森的粉質膏，將會收到意想不到的效果。」

同事們對這種「依附式」宣傳很不滿意，說他替佛雷公司吹捧。詹森笑著說：「就因為他們名氣大，我們才這樣說，打個比方，現在幾乎很少有人知道我叫詹森，可是如果我想辦法站在美國總統身邊的話，我會馬上家喻戶曉，人人皆知了。推銷化妝品的道理也一樣，在黑人社會裏，佛雷公司享有盛名，如果我們的產品能和它的名字一同出現，明著捧佛雷公司，實際上抬高了我們的身價。」這一招確實很靈，消費者很自然地接受了他的產品，經過強化宣傳，短短幾年便戰勝了老牌的佛雷公司化妝品，美國黑人化妝品市場成了詹森的獨家天下了。

第三術　守司門戶

【原文】

《鬼谷子．捭闔篇》講到聖智之人處理事情時說：「籌策萬類之終始，達人心之理，見變化之朕焉，而守司其門產。」又說：「聖人守司其門戶，審察其先後，度權量能，校其技巧短長。」

【註解】

就是說，聖智之人處理事情時，不但要考察事件發生、發展的歷史，不但要考察民心民情，不但要觀察事物的發展變化，更重要的是要善於抓住其關鍵環節，在這個關鍵環節上用功夫。抓住了關鍵環節，再去考察與此環節相關的前因後果，權衡其輕重緩急，分析其優劣短長，便可順利地控制事態，處理事件了。

【踐履】

去掉對方關鍵的人物

在抓關鍵處理事件中，最關鍵者莫過於人。

春秋前期，齊國出了位大政治家管仲，他輔佐齊桓公，九合諸侯，一匡天下，成為五霸之首，魯國也得聽令於齊。可是，自管仲死後，齊國卻一蹶不振。直到春秋後期齊景公時，齊國又出了一位賢相晏嬰，國勢才又出現上升的趨勢，才又呈現出壓倒魯國之勢。

但在這時，魯國卻也出現了一位思想家孔丘，並逐漸得到魯定公的任用。在齊魯峽谷之會上，魯國因有孔丘輔佐相禮，齊國就沒討到便宜。為此，齊景公很是憂愁，便對大夫黎彌說：「魯國日見強盛，有壓倒我國之勢，如何是好？」黎彌說：「這個容易。擒賊擒王，把關鍵人物制住，就不怕魯國壓倒我國了。只要把孔丘擠走，魯國就強盛不起來。」齊景公說：「這道理我也知道。但孔丘如今正得寵，怎能把他擠走呢？」黎彌說：「這好辦。俗話說：飽暖思淫欲，飢寒起盜心。魯君本是好色之徒，其手下臣僚中亦不乏好色之輩。孔丘卻是講『政者正也』，強調國君要做表率的。我們送一隊女樂給魯君，讓他沉迷其間。孔丘見國君如此，必定生氣，覺得前途暗淡，就會自動離開。」景公說：「好！」便依計而行，令黎彌去挑選了八十名美女，教以歌舞，授以媚術。訓練成熟之後，又選出一二〇匹好馬，特別修飾，配以雕鞍，連同美女，一起送到魯國，暫時被安排到魯都城南門外驛館中。

魯國重臣季斯本是好色之輩，搶先得到這一消息，心中樂不可支，便偷換便服，乘車去南門外偷看，以探虛實。只見齊國美女正在輕歌曼舞，妖聲遏雲，舞態弄風，直把季斯看得目瞪口呆，意亂神迷。自此之後，他天天微服去南門外欣賞，連朝見君主的事也忘了。直到定公三番五次宣召，才把他召進殿裏。定公把齊國贈送美女、名馬的信交與他看，商量定奪之策。他一口答應，並添油加醋地描述起齊女之美態，直把定公說得按捺不住，立刻換上便服，與季斯前去偷看。其實，齊使是認識這位定公的，見他偷偷來看，便知事情成了一半，於是暗中傳令，讓舞女使足媚勁，賣力表演。舞女得令，擺臀搖胸，揚手亮腿，巧笑媚視，手引眼勾，直把定公看得神蕩魂飄，齒酸涎流，立即回宮，傳見齊使，接受美女名馬。自此，「芙蓉帳裏暖春宵，君王從此不早朝。」魯定公一心只在美女身上，早把國家大事拋在九霄雲外。

孔丘聞說，連連歎氣，子路便勸他離魯周遊，以求明君。孔丘並不甘心，說：「不幾日便是郊祭大典了，看國君的表現再說吧！」哪知郊祭那天，定公心不在焉，草草祭完，連祭肉都沒顧上分割發送，便急急忙忙回宮享樂去了。孔丘長歎一聲，終於下定了決心，離開魯國，開始了他那長達十四年的周遊。自此之後，魯國一蹶不振，成了齊國的附屬國。

燒毀對方糧草

東漢末年，曹操與袁紹在官渡（今河南中牟東北）對陣。

當時，袁紹兵多將廣，糧草充足。但曹軍卻缺少糧草，只求速戰。曹操知道，糧草是戰爭關鍵的保證，於是派人破壞袁軍的糧草供應，燒毀了袁紹的運糧車。但袁軍離根據地近，不久又運來了大批糧草，屯積在烏巢（今河南延津東南），並派一員大將淳于瓊領兵一萬人守護。

袁紹手下有一謀士名許攸，給袁紹出謀襲擊曹操本營，截斷曹軍糧草供應。袁紹不聽，他便投奔了曹操。曹操也正在打烏巢糧草的主意，感到這批糧草對袁軍是一顆定心丸，對曹軍卻是莫大的威脅。許攸便出主意：「淳于瓊是一個酒鬼，仗著有一萬兵馬守護糧草，覺得把敵人嚇也能嚇退，故十分大意。您若派幾千騎兵偷襲，定可取勝。燒掉這批糧草，卡住袁軍的關鍵，袁軍便會軍心大亂，不亂自敗。」曹操大喜，親率五千輕騎，換上袁紹旗號，躲過袁軍盤查，夜襲烏巢，燒了袁軍屯糧。袁軍將士聽說烏巢被襲，糧草燒盡，果然軍心浮動，被曹操一鼓作氣，打得大敗。曹操抓住關鍵，「守司門戶」，終於取得了官渡之戰的勝利。

制敵取勝，除了消滅對方的關鍵人物外，最常用的還有毀掉對方的糧草等手段。糧食是行軍作戰的關鍵，人無糧不能戰，馬無草不能馳，卡掉對方的糧草，便可不戰而勝了。

利用水、火助攻

秦末項劉爭霸之時，劉邦派韓信率兵攻下齊國，齊王田廣狼狽逃竄，退至高密（今山東高密西）固守，並飛騎向項羽求救。項羽派大將龍且支援。龍且急於交戰邀功，不聽別人勸阻。於是，與齊楚聯軍在濰河兩岸擺開了陣勢。

頭天晚上，韓信派人先到上游，用一萬隻泥袋將濰河主流堵住，洶湧的河水頓時減緩了許多。第二天，韓信率領一半人馬涉過濰河攻擊龍且，龍且親率兵馬迎戰。交手不久，韓信佯裝不敵，撤回河西岸。龍且一見大喜，立即揮兵涉河，追殺韓信。韓信命人扒開堵住的泥袋，積蓄了半夜的河水捲著波濤，洶湧而下，一下子把涉河的龍且兵馬截成兩半。河中的兵士被沖走。過了河的兵馬一看後無援軍，也無心戀戰，被韓信返回頭來殺得抱頭鼠竄，龍且也被殺死。沒過河的兵士失去了指揮，也像無頭蒼蠅般亂撞。河中水頭過後，又恢復了平日的流量。韓信帶兵渡過濰河，乘勝追殺，大獲全勝。

火亦是戰爭中的關鍵憑藉物。火燒赤壁，大挫曹操大軍的故事已為大家熟知。幾十年後，東吳陸遜又用此計大破劉備。

劉備大將關羽目中無人，被東吳殺掉。劉備為替義弟報仇，不顧聯吳大局，率二十餘萬大軍殺奔東吳。東吳求和不成，派鎮西將軍陸遜率五萬人馬迎戰。兩軍相持了半年，未分勝負。時值盛夏，天氣炎熱，劉備便命大軍沿江紮營，四十餘座大營相連，綿延七百餘里。陸遜見狀，命人帶上火種，順風放火，隔一營燒一營，一霎時，四十餘營皆被引燃，成了一條七百餘里長的大火龍。蜀軍損兵折將，劉備也險些被俘，自此元氣大傷。

水也好，火也罷，作為戰爭中的關鍵之物，在於人去運用。兩軍相爭，智者取勝。你能根據天、地、時等具體情況，巧妙地運用它，你就可能取勝制敵；否則，被敵人運用，你便會慘敗。關鍵在於你能否利用，會不會「守司」。

白花油—守司品牌門戶

白花油企業的創業者顏玉瑩原是做糖果、麵包等小生意的。結婚後妻子劉氏從娘家帶來一則祖傳秘方白花油，這種藥油由薄荷腦、冬季綠油、桉葉油、薰衣草和樟腦等天然草藥配製而成。主治肚痛、感冒鼻塞、防治蚊蟲叮咬等小毛病。原本這自製藥只是家用，因藥效很好，親朋好友紛紛來討用。有鑒於此，顏玉瑩突發靈感，決定試銷白花油。

為了打開白花油銷路，使白花油家喻戶曉，顏玉瑩用出奇制勝的手法大肆進行宣傳。他親自和夥伴們一起，到港九新界每個角落、張貼街頭廣告，或釘上鑄有白花油字樣的鐵皮商標以廣招顧客。後來他又想法子把鐵皮商標釘在流動船隻上，以吸引市民注意，而每月付給船主的廣告費僅一元或幾角就夠了。這種廣告費用少，收效大。他最成功的一次宣傳，也許要算一九五三年在香港的義賣救災運動中，因捐錢最多而摘取慈善桂冠，因此，白花油銷路直線上升。為了長期吸引人們使用白花油，他還在香港開設了白花油慈善基金會。

凡報名成為會員的，只要每月購買一瓶白花油，此人去世後，其遺產繼承人便可以領取一筆可觀的撫恤金。這種做法很吸引人，該基金會吸收會員最多時達一萬人。白花油的聲譽也隨之興起，變得家喻戶曉。

白花油所以能夠長銷不衰，除效果好、宣傳有力外，以不變應萬變的策略也是很重要的一個原因。該企業從開創至今，六十年來它的配方成分始終沒變，就連它的玻璃瓶子的設計和外包裝也一成不變。顏玉瑩認為，一種為消費者歡迎的商品形象，是經過長年累月的經營才建立起來的，它的包裝形象已深入用戶腦中，不應輕易改動。一種藥能夠風行幾十年，是經過了用戶的考驗，認為確實有效才能生存下來。既然它已被用戶所接受，貿然更改成分肯定是不明智的。

沒有特色，就要創造特色——以特色為門戶

氣候進入秋季，家電產品中的洗衣機，即進入銷售的旺季。當時，聲寶牌愛情洗衣機在市場上屈居國際、三洋、大同三家之後，排名第四，若不力求突破，在生產、銷售、服務均不符合經濟效益的情況下，勢必淪為邊際產品而慘遭淘汰。

站在廣告公司的立場來看商品，如果商品有特色，廣告策劃就比較容易，效果也較好，商品如果缺乏特點，廣告影響力就弱。因此，廣告公司最怕的就是商品沒有特殊性，而洗衣機又偏偏是所有家電產品中，差異性最少的一種商品，很不容易找到具有說服力的特色。

當時聯廣公司的工作人員，首先從事了三項市場調查，分別抽樣訪問了經銷商、曾用過洗衣機的家庭主婦、以及未曾使用過洗衣機的家庭主婦。目的在於瞭解他們對洗衣機的看法及使用經驗。

這次的市場調查，得到一個很有價值的結論：洗衣機是無法把衣服洗乾淨的機器。

至於為什麼洗衣機無法把衣服洗乾淨的問題，尚無定論。除了袖口、領口的部分本來就無法洗淨之外，大家的看法是衣服在洗衣槽內，因水流的關係而打結，絞成一團，衣服沒有充分和水及洗潔劑完全接觸，當然無法把衣服洗乾淨。

廣告公司人員瞭解到了消費者的「心聲」，等於找到了問題的結論。如果能針對衣服打結的問題作強有力的說服，或許就可以突破困境，也就是說只要能提出具體有力的證據，證明聲寶牌洗衣機洗衣服不打結，那不就可將「愛情」定位於洗淨力最強的洗衣機了嗎？

然而，困難就在於「具體且有說服力的證據」難找。於是，一場「無中生有」的腦力戰於此展開了。

大家都知道，洗衣機帶動水流是靠「回轉盤」的轉動。但是，各種品牌的廣告，卻從未以「回轉盤」作介紹重點。主要原因是，大家的回轉盤從外表看起來都一樣，因此沒什麼好說的。

不過，聯廣公司的策劃人員卻在仔細觀察比對、瞭解各種品牌的回轉盤之後，有一個小小的發現，那就是，聲寶牌的回轉盤除了四瓣花紋之外，還有四個很小的小瓣。

他們以此小差異去請教設計開發部的人，看看有什麼意義或作用。回答是為了「美觀」，除此之外，毫無用途。雖說，根據流體力學原理，它會對水流產生若干阻力，但對整體水流，儘管是強反轉、弱反轉、強漩渦、弱漩渦，影響都是「微乎其微」。

儘管專家們認為小瓣對水流的阻力是「微乎其微」。但這小差異，已足夠廣告人員創造一個偉大的廣告方案了。

聲寶牌洗衣機的回轉盤和其他回轉盤有些微的不同，即它多了四個小瓣，這四個小瓣在理論上是可以干擾主要水流的轉動。於是，「複合式回轉盤」——一個無中生有的名字在大家的醞釀中形成。它的功能是在洗衣服的時候，大的水流中尚會產生小的水流，因此，衣服和水、清潔劑接觸的機會就增加，衣服當然就洗得乾淨。

就這樣，以「衣服不會絞在一起」為介紹重點的廣告方案就完成了。不論是報紙或是電視，廣告內容都只強調一句話：「衣服不會絞在一起。」這個廣告推出之後，不到一個星期，市場上產生了極大的震撼。聲寶的銷售量節節上升，達到供不應求的地步。

第四術　周密貴微

【原文】

《鬼谷子．捭闔篇》曰：「即欲捭之貴周，即欲闔之貴密，周密之貴，微而與道相追。」

【註解】

就是說，好的計謀在實施中能夠成功，能夠讓敵人受騙上當，保密保得好不好，不能不算是關鍵之一。否則，被敵人看破，讓敵人得到消息，他哪裡還會再上你的當？

【踐履】

王允巧施美人計

東漢末年，董卓擅權，挾天子以令諸侯，恨得那些忠臣咬牙切齒，想要除掉此賊。

董卓知道群臣不滿，便收養了一義子名曰呂布。那呂布有萬夫不當之勇，手使方天畫戟，左右不離董卓。司徒王允見無計可施，退朝後只有長籲短歎而已。

某日，又在後花園歎氣。忽聞牡丹池畔亦有歎息聲。叫來一看，原是府中歌妓貂蟬。因其腰細如貂身，歌喉如蟬鳴，故喚以貂蟬。那貂蟬自幼進王府，王允以親女兒對待，派專人教以歌舞書畫。如今年已十六，出落得亭亭玉立，如荷花仙子一般。王允問她歎氣的原因。貂蟬說只為老大人心情不好，頻頻歎氣而發，並說：「若用妾之處，萬死不辭。」王允對視良久，心生一計。於是將她領至密室，摒退他人，請貂蟬上坐，叩頭便拜。貂蟬見狀，忙跪身對禮，急問何故。王允便將自己設計的美人計離間董卓和呂布的打算低聲相告，問貂蟬能否獻身。貂蟬滿口應允。王允千叮萬囑，務必保守機密，務必不露聲色，否則，不但計畫難成，而且你我及王府上下人等性命一個也難保。貂蟬記在心裏。

第二天，王允便照計行事，先約呂布來家中吃酒，喚出貂蟬勸酒，把呂布迷上，王允順勢將貂蟬許配於他。第三天，又請董卓來吃酒，也讓貂蟬出面把盞，勾得董卓直流口水。王允又順勢將貂蟬送與董卓，讓他帶回董府。然後，王允又告訴呂布，董卓已帶回貂蟬，準備與你完婚，讓呂布空盼。空盼不著，便入府探聽，知太師已納其作小妾，無名火大起。貂蟬又使出手腕，一邊激呂布救出自己，一邊告訴董卓說呂布調戲自己。終於加深了呂布、董卓的衝突，恨得呂布以戟刺殺了董卓。

在這美人離間計實施的前後過程中，知道其中底細的始終只有王允和貂蟬兩人。兩個人都把生命賭在這上頭，所以十分注意保守機密，達到了預期目的。

李允則三招固雄州

在軍事鬥爭中，保密就更重要了。因保密而勝利、因失密而失敗的例子多得是，我們暫且不提，先講一個保守機密、暗中設防的例子。

雄州（今河北雄縣）地處宋遼邊界，宋遼講和之後，宋國派李允則來任刺史。李允則見城北門外面對遼境的甕城（城門外保護城門的半圓狀小城）低矮，不利於防守，就想擴建加高，但兩方已議和，不能公開修築。

一天，李允則又到這裏巡視，見甕城中有座東嶽廟，便命人打造了一隻銀香爐，派人吹吹打打地送去，並故意不加防守措施。不幾日，那銀香爐便被人竊去。李允則於是大張旗鼓地訪賊查盜，又告諭對面的遼國守官，說要加高甕城以防小偷。不幾天，城池便加固起來了。原來，城北有座嘹望台，兩國講和之後，按規定拆除了，但這十分不利於防備遼軍騎兵的突然襲擊。李允則又派人將城中寺院建在城北高地上，並建了比嘹望台還高的佛塔。每日登塔禮佛的人絡繹不絕，成了義務嘹望員。他又讓老百姓在城外種菜，每戶一片菜園地，菜園與菜園間植荊棘隔開，成了防守遼方騎兵的天然屏障。經過這三招，便把雄州建成了邊防重鎮。

這三招的真正用意，恐怕只有施術者李允則自己知道。由於保密保得好，達到了防守目的，也沒引起遼方的不滿與追究。

留意細微之事

明朝時，周忱以工部右侍郎巡撫江南。

周忱有個習慣，隨身帶一個小本，將每日之事細細記下，連天氣、地勢、人情、風物都不遺漏。

某日，某縣鄉民來報，說送糧船遭風沉江，要求免除糧稅。周忱問他是哪日哪時，刮的是何風。船民隨口應答。周忱翻開日記本一看，驚堂木一拍，大喝：「撒謊！」說出那天那時是刮北風，順風駛船，怎能翻船？且風又不大。直把那船民嚇得叩頭求饒，道出撒謊原因。

「周密貴微」除了加強保密之外，還應該在「微」字上下功夫。看似微小細瑣之事，你若留心，說不定會派上大用場。

宋高宗建炎年間，金國粘沒喝率軍南進，宋軍潰敗，駐在揚州（今江蘇揚州）的宋高宗倉皇南逃。過長江時，皇室侍衛眼見就要遠離家鄉，很多人不願走。於是謠言四起，軍心動搖。大臣呂頤浩見狀，忙以君臣大禮曉喻侍衛，又許下好處：「凡護駕上船的人，一律晉升五級。屆時在大家簽名上蓋官印為憑，到江南後兌現。」大家聽後，慢慢安靜下來，相繼護衛宋高宗上船南渡。呂頤浩讓大家各自簽名，他往上蓋官印。蓋印時，呂頤浩將那些帶頭鬧事的人倒過來蓋印，協從者正過來蓋印。到達建都臨安（今浙江杭州），眾人前去領賞時，呂頤浩根據印的倒、正一一或賞或罰，或升官或查辦，一個人也沒有冤屈。

控制別人，也要注意在微密處用手腳，做得既秘密不被人覺察，自己又十分明白，胸中有數。

自揭其短揚名立萬

阿加拉斯在加拿大溫哥華建立起了一家食品公司，由於類似企業在該地區不勝枚舉，他很難打開有限的銷售市場。在對市場作了全面調查並進行專家分析之後，阿加拉斯對市場上同類的其他產品有了全面的瞭解，他一方面加強企業內部的管理，

一方面通過新科技來開發新產品，這一切似乎都在悄無聲息中進行，阿加拉斯馬上以最快的速度在市場各地建立銷售網，但效果依然平平。

按照慣例，溫哥華的食品品質監察司對各個廠商的產品都要進行嚴格的抽樣檢查，並將檢查結果公之於眾。阿加拉斯的產品經過了這一關，一切都在平平淡淡中進行著。這時候，阿加拉斯開始召回他各點上的負責人回公司，並召開了緊急會議。

事隔沒幾天，一個分佈在市中心的經銷點的小經理，在報上刊登了一則極含不滿情緒的文章，大意是聲稱他們從阿加拉斯食品公司所進的夾心蛋糕與麵包及部分巧克力餅乾含有一種對人體有害的激素，大有要求食品衛生部門必須進行檢查的願望。

可想而知，一般人會對此有多大的反應，他們的各個經銷商在這幾天內都直線下降。這時候，阿加拉斯指派人在報紙上做出強詞奪理、極力爭辯的樣子，終於，上了法庭，報紙上大小長短的消息，東一篇西一篇地刊登，法庭上的審訊在還沒有結果的時候，經銷點的經理突然撤回控訴，聲稱他們自己搞錯了商品，有問題的並不是這家產品，他們願支付一切訴訟費。

阿加拉斯立即在報紙上刊登整版廣告，某日將在郊外某處當場銷毀該類全部產品。並邀請各類知名人士到場監督，趁此機會，阿加拉斯將倉庫全部積壓商品銷毀，並成功地推出了最新產品。新的市場便由這一場「一家人的內哄」而打開了。這便是阿加拉斯建立自己地位的第一步，如今，他已躋身於溫哥華的名人之列了。

第五術　為人自為

【原文】

《鬼谷子・捭闔篇》曰：「見其權衡輕重，乃為之度數，聖人因而為之慮。其不中權衡度數，聖人因而自為之慮。」

【註解】

就是說，在處理事件時，分析了形勢，權衡了利弊，明白了對方的決策打算之後，自己先定一個「度數」。這個「度數」，就是制定一個讓對方怎樣做才對你有利的準則和規劃。若對方的計畫合於你的「度數」，即表面上對他有利而實際上、最終卻對你有利，你便「為之慮」，即幫助他完善這一計畫，幫助他實現這一計畫；若對方的計畫打算不合你的「度數」，即確定對他有利而對你無利，你就要「自為之慮」，說動對方放棄他原來的打算，拋開他原先的計畫，而讓他按你的計畫行事。當然，要對方這麼做，必須費一番心思，做一番手腳，制定出的計畫必須暗中對你有利而表面上對他有利，讓他覺得你不是為自己打算而是在為他打算，這樣才能使他接受你的計畫而實際上落入你的圈套中。

【踐履】

蘇代陽為人劃陰為己謀

戰國後期，楚國謀劃出兵攻韓，韓國十分緊張，忙向已附屬於自己的東周徵調兵丁、糧草、武器。但東周此時自顧不暇，哪有多餘的人力、物力支援韓國？再說，又怕這樣一來，激怒了鄰國楚國，楚國一怒之下會把自己滅掉。故而，東周王接連好幾日憂心忡忡。蘇代見狀，忙問原因。聽東周王講了前因後果之後，他笑了笑說：「不必擔憂。我到韓國走一趟，不但可使他們不再向我們徵兵征糧，還可讓他們白送我們一塊地盤。」東周王半信半疑地把蘇代送走了。

蘇代到了韓國，對韓相國公仲侈說：「我來之前，曾聽說楚國的大臣向楚王說：『韓國久戰，已十分疲憊，國空民乏，糧食奇缺，無力持久堅守。我們出兵，不出一個月，定能攻下韓國都城。』但楚王沒抓到真憑實據，對這些話將信將疑，沒敢發令攻打。但在這樣的緊要關頭，您卻向東周徵兵征糧，不是正把自己的弊端暴露給敵人，讓楚王下決心猛攻韓國嗎？」公仲侈說：「哎呀！我怎麼沒想到這一點！您說該怎麼辦？」蘇代說：「我為您打算，倒不如這麼辦：馬上停止向東周徵調兵丁糧餉，再把米川高都送給東周，以顯示自己的實力強大。」公仲侈說：「我不徵調東周人、糧，已夠仁義了，豈能白白將高都奉送給東周？」蘇代說：「將高都送給東周，東周必然死心塌地跟隨韓國。楚國一看，必與東周斷交。以高都作代價，取得一個死心塌地的鄰國，為什麼不辦呢？」公仲侈一聽，連聲叫好，依計而行。楚王見了，以為韓國國力強盛，難以攻下，也沒敢發兵。但是，其中最為得利的是東周。

蘇代表面上是在為韓國（為人）謀劃，實際卻是在為東周（為己）效力。

歇一下再戰——曹瑋的疲敵術

宋太宗時，年方十七歲的渭州（今甘肅平涼）刺史曹瑋也曾憑藉自己的廣博知識成功地使用「為人自為術」打敗過敵人。

一次，曹瑋率軍與西夏兵作戰，小獲勝利，便嚇得西夏將領引軍撤退。曹瑋偵知西夏軍撤去不遠，便將繳獲的牛馬、輜重盡數收集，慢慢驅趕，緩緩返歸。西夏將領聽到曹瑋如此行為，便以為他是貪小利不會用兵之徒，便揮軍加速追趕過來。眼見得西夏兵就要追上，曹瑋回過頭來列下陣勢，派人對西夏將領說：「你軍遠路趕來，一定十分疲勞，我們現在就交戰，我方有乘人之危的嫌疑。不如你們休息一會兒，咱們再決戰不遲。」西夏兵連退卻帶回頭追趕，已跑了上百里地，正感到十分疲乏，聞聽此言，十分高興，便答應了。休息了片刻，曹瑋又派人告訴西夏兵：「相必你們已歇得差不多了，咱們開戰吧！」於是便指揮宋軍衝殺過來。那些昔日強悍的西夏兵這次卻變得不堪一擊，交手不久便大敗。

打完勝仗，部將們請曹瑋解釋原因。曹瑋說：「走遠路的人，剛到目的地時，並不十分疲乏，在稍做休息，全身放鬆之後，才更覺疲倦。西夏兵遠路追來，心裏憋著一股勁兒，這時與他們交手，還要費些氣力才能戰勝他。若讓他們歇一下，全身鬆弛下來，他們覺得更疲憊了，就容易對付多了。」大家聽了，都佩服他的知識廣博。

爾朱敞換裝出逃

南北朝時，北魏權臣爾朱榮死後，其侄子爾朱兆佔據晉陽（今山西太原），擁兵自重，逼殺北魏孝莊帝，自都十州軍事。

爾朱榮舊部高歡看不慣，起兵造反，與爾朱兆大戰於韓陵山（今河南安陽東北），大敗爾朱兆。隨後，傳令將爾朱氏全族夷滅。

爾朱榮族侄爾朱敞從小隨母親養於宮中，這年才十二歲，聽說高歡大殺爾朱氏，便從宮牆牆洞爬出宮外。但城門已封鎖，嚴密盤查。爾朱敞看看自己的裝束，十分犯愁。突然，他看到一群破衣爛衫的小孩在一起抓泥玩，便湊了過去，脫下自身的華貴衣服與小孩交換。小孩們平生沒見過這樣的好衣服，於是十分高興，搶著與他換裝。

爾朱敞換上破衣，抓起泥巴塗在臉上手上，順利地混出城門，逃得了性命。那穿華貴衣服的小孩被高歡的武士抓去，問了半天，才知原委，只好把他放了。

新星點燈——方便別人的賺錢術

在商業競爭中，企業主往往採取許多新招式，攻擊對手虛弱的方面，以達到穩固自己的目的，其中，眾多企業主都喜歡鑽市場的空隙，著手經營許多新行業，在美國，許多目光敏銳的人就是如此，由於新行業崛起，人們得到了許多方便，同時為別人行方便的企業或個人也獲得了利潤。

·送到床邊的早飯·

它是最新冒出來的服務行業。這是由美國舊金山的家庭主婦蘇珊首創的。在一個星期天的早晨，蘇珊和她的丈夫都睡在床上不想起來，好不容易一個休息日，她們倆誰都想好好睡個痛快，蘇珊幻想地說：「要是能像電影裏那樣，有人將早飯送到床邊就好了。」丈夫說：「早飯免了，算了。」蘇珊若有所思地說：「一定有很多人一樣，休息日都睡個懶覺。」丈夫回答道：「那當然哪。」蘇珊突然像發現了一個什麼寶貝似地突然從床上跳起來，大聲說：「我有一個生財的好主意了，將口味獨特的早飯送到人們的床邊，一定會大受歡迎的。對！我就做這生意。」

說做就做，蘇珊立即開始學習烹飪技術，並廣泛瞭解顧客口味。接著她買來一輛小貨車，白色的車身上印著紅色的「送到床邊的早餐」的字樣。裏面裝的是多種式樣的早點和免洗餐具、保溫設備，每份早餐還附一瓶高級香檳酒或其他高級飲料。

這種形式的服務，果然很受人們的歡迎，在附近地區試賣了一段時間後，生意很好。為了擴大經營範圍，她又設法將自己新奇獨特的營業方式寫成新聞稿請報刊電臺予以報導。立即引起眾人興趣，訂貨電話一個接一個，應接不暇，經營前景無量。

·清潔服務業·

十年前，奧雷拉在一家工廠做工，丈夫在另一家工廠做工，兒子在小學讀書，每天一大早，全家都出發，一直到華燈初上時三人才陸續回家。作為家庭主婦的奧雷拉，雖然一天的工作和路途奔波已疲憊不堪，但洗菜做飯、洗衣服、清潔打掃，一個家庭的各種雜務都必須她去做。她感到體力不支，很想雇個女傭。但到處找不到人。農村婦女寧可去農村當臨時工，也不願去幫傭。可是和奧雷拉有相同需求的人卻很多，這些情況使她萌發了一個奇妙的念頭成立一間專門替各個家庭料理家務的清潔公司，也許能創出一條新路來。

為了制訂「清理公司」的經營方式，需要體驗女傭人的心理變化，奧雷拉親自去做了一段時間的女傭人，通過親自體驗之後，她發現女傭人的工作並不繁重，人們都不願意去做的原因是一個人做事太孤獨。於是她組成了「清潔服務公司」，不同於單個受雇的女傭。公司的婦女並不是女傭人的身份，她們是以打工或做副業的名義出去幫傭的，並且工作形式也不同，員工們以三四人為一組，穿著清爽的服裝，以「清潔服務公司」的名義外出。幾個人一起做事就消除了孤獨感，還能提高工作效率。一個小組三四人，一天可為七—十家服務，收入很可觀，事情也做得輕鬆愉快。公司成立不久，吸引了許多婦女前來就業，同時，公司的業務範圍不斷擴大。十年後，這家公司已在美國十八個州發展了五十六家分公司。

・玩具出租店・

隨著科技的發展、社會的繁榮，兒童玩具的種類增多。父母花了很多錢買的玩具，孩子們玩不了幾天就又吵著換新鮮的了。父母們幾乎為孩子的玩具傷透了腦筋。美國加州有一對夫妻也為此深感其憂。他們給孩子買的玩具玩不了幾天就要被拋棄，但不買又不行，孩子會糾纏不休的。他們總覺得這樣做太浪費了，苦心思索解決的辦法。一天，兒子要看連環畫，他們從圖書館借來給他看。過不了幾天，兒子又要換一種書看，父母又去圖書館換書。這事給他們一個啟示，既然書可以借，那麼玩具為什麼不可以借呢？創辦一個玩具出租店，也許能成為一個前景很好的行業。不過顧客如果只限於本地，市場就很有限。於是他們就採用會員制的方式解決了這個問題，他們投資七萬美元，買了一〇〇〇個玩具，創立了美國第一家玩具出租店，並在全國各地發展會員，會員費每年六十美元，剛開張，就有四〇〇多人申請入會。可見，新行業，必有其興旺的前景。

・明星婚禮公司・

這是美國新崛起的行業之一。這種公司實際上是一種婚禮承辦公司，以前的美國人婚禮很簡樸，可是隨著生活富裕程度的提高。新一代的年輕人對婚禮的要求愈來愈高。獨具慧眼的「明星婚禮」公司創始人，揣測了大多數人愛做明星夢的心態，特為公司取下了這個誘人的名稱。

讓「明星婚禮公司」來承包你的婚禮，確實能讓你過一次當明星的癮。公司選定的婚禮場地為電影或電視畫面中常常出現的紐約著名宅第，內有漂亮舞臺、管弦樂隊、大型合唱樂團等，也邀請影視紅星列席，並將全部婚禮過程攝錄下來。夜晚，大廳門口的大型霓虹燈上，會出現新婚夫婦的名字。特殊的明星式禮車載著新郎新娘在市街上行駛，車內設備完善，豪華富麗。這一切會使新人品嘗到當明星的風光，進而如願以償。這種個性化婚禮很受美國青年的歡迎，每次承辦費為一・二萬美元至十萬美元，雖然價錢很高，但結婚是終身大事，只要負擔得起，都要竭盡財力來風光一下。品嘗當明星的滋味。因此，這家公司生意興隆，利潤特別高。

・復古行業・

大眾汽車公司在美國創立，生意是早已被淘汰的金龜車。出乎意料的是，這種復古式汽車在一開始時便生意興隆。營業不久，業務就擴大到十二個經銷店，一年出售五〇〇輛。他們的經營並不奇特，關鍵在於他們能夠把握時機，別出心裁，利用人們的懷舊心理，重新發掘舊事物的價值，所以取得了成功。同樣，當現代人穿膩了西裝和夾克時，又懷念起旗袍的美感，近年來，這種清朝和民國初年的女性服裝，又成了時髦的東西，這些現象啟發我們的經營者，去發現舊事物的新價值，只要能找到新意，過去的東西並不見得沒用。

既為經銷商更為自己

日本新力公司的彩色電視機早已享譽全球。但是，七〇年代中期，它還是一種名不見經傳、無人問津的「雜牌貨」。

當卯木肇先生風塵僕僕來到美國芝加哥市擔任新力公司國外部部長時，新力的彩色電視機在國外尚無人問津。

在日本市場暢銷的產品在美國為什麼就落得如此冷落的下場呢？

公司前任國外部部長曾多次在芝加哥市報紙上刊登廣告，削價銷售新力電視機。然而，即使一再削價，銷路仍然不暢。而削價更使商品變得醜陋、低賤，愈加無人問津。面對如此局面，卯木肇幾乎一籌莫展。

一天，他偶然經過一處牧場。當時夕陽西下，飛鳥歸林。一位稚氣的牧童牽著一條健壯的大公牛進牛欄。公牛的脖上緊著一個鈴鐺，叮鐺叮鐺地響著，一群牛跟在這頭公牛屁股後面，溫馴地魚貫而入。卯木肇看著看著，忽然大叫一聲：「有了。」

原來，他突然靈感一現，悟出了一種推銷彩色電視機的辦法，眼前這一群龐然大物規規矩矩地被一個不滿三尺的牧童馴服，是因為牧童牽著一隻「帶頭牛」。新力彩色電視機要能找到一家「帶頭牛」商店率先銷售，不是很快就會打開銷路嗎？

經過研究，卯木肇選定當地最大的電器銷售商馬希利爾為主攻對象。第二天上班時，他興沖沖地趕到馬希利爾公司求見公司經理。名片經傳達人員遞進去很久才退回來，回答是「經理不在」。

卯木肇想，剛剛上班，經理肯定在辦公室，也許是他太忙，不願接見，明天再來吧。第二天，他選了一個經理可能較閒的時候去求見，這次仍沒見到。

第四次才見到經理，「我們不賣新力產品」，沒等卯木肇先生開口，經理劈頭就是一句，接著大發一通議論。大意是，你們的產品降價拍賣，像一隻過氣的皮球，踢來踢去無人要。為了事業，卯木肇忍氣吞聲，堆著笑臉唯唯喏諾，表示不再搞削價出售，立即著手改變商品形象。

見面後，卯木肇立即從寄賣店取回新力彩色電視機，取消削價銷售，並在當地報刊上重新刊登廣告，再造形象。卯木肇帶著刊登廣告的報紙，再次去求見公司經理。而他們卻以「新力彩色電視機的品質太差」為由拒絕銷售。

卯木肇二話沒說，回駐地後立即設置新力彩色電視機特約維修部，負責產品的售後服務工作，並重新刊登廣告，公佈維修部地址及電話號碼，保證顧客隨叫隨到。

誰知馬希利爾經理再次以「新力的知名度不夠，不受消費者歡迎」為由而拒絕。

雖然仍遭拒絕，但卯木肇沒有灰心，反而覺得充滿信心，他回駐地後，立即召集三十多位工作人員，規定每人每天撥五次電話，向馬希利爾公司詢購新力彩色電視機。連續不斷的求購電話搞得馬希利爾公司職員暈頭轉向，誤將新力彩色電視機列入「待交貨名單」。

卯木肇再一次見到經理時，經理大為惱火，「你搞什麼鬼，製造輿論，干擾本公司正常工作，太不像話了！」

卯木肇待經理氣消之後，大談新力彩色電視機的優點，並告訴他還是國內最暢銷的產品之一。他誠懇地說：「我三番五次求見你，一方面是為本公司利益，但同時也考慮到貴公司利益，在日本十分暢銷的新力彩色電視機，一定會成為馬希利爾的搖錢樹。」

卯木肇先生滿懷信心，回駐地後立即選派兩名年輕人送兩台彩色電視機去馬希利爾公司，並告訴他們：這兩台彩色電視機是百萬美元訂貨的開始，要他們送貨後留在櫃檯上，與馬希利爾公司的店員一起推銷。

臨走時，卯木肇要求他們與店員搞好關係，休息時輪流請店員喝咖啡。如果一周之內這兩台彩色電視機賣不出去，他倆就不要再返回公司了……

當天下午四點，兩位年輕人回來，報告兩台彩電已經售出，馬希利爾公司又訂了兩台，卯木肇非常高興。

至此，新力彩色電視機終於擠進了芝加哥市的「帶牛頭」商店。當時正值十二月，是美國市場家用電器銷售的旺季，經過一個耶誕節，一個月竟賣出了七百台。

馬希利爾公司大獲利潤，那位經理立即刮目相看，親自登門拜訪卯木肇，並當即決定新力彩色電視機為該公司下年度主力產品，聯盟在芝加哥各大報刊登巨幅廣告，提高商品的知名度。有馬希利爾這條「帶頭牛」開路，芝加哥地區一百多家商店跟在後面紛紛要求經銷新力的彩色電視機。

就這樣，卯木肇先生擒賊先擒王的計策成功了，此後，一切問題迎刃而解，新力彩色電視機佔領了美國市場，進而進軍全美市場。

第六術　陰極反陽

【原文】

《鬼谷子．捭闔篇》曰：「陽動而行，陰止而藏；陽動而出，陰隨而入；陽還終始，陰極反陽。」

【註解】

就是說，從對事物性質作靜態考察的角度來說，「陽」和「陰」具有不同的表現形態。「陽」的特點是「動」，形態是「行」；「陰」的特點是「止」，形態是「藏」。但是，若從對事物的運動作動態考察的角度來說，「陰」和「陽」又是相連相接、相隨而「行」而「動」的「陽動而出」，使事物發展產生變化，由弱到強，強極而後衰弱，再返回到「陰」的狀態，「止」、「藏」起來。但這種「止」、「藏」並非是消極等待，坐以待斃，而是積蓄勢能，滋養生力，為下一步「動」、「出」作準備。等「勢能」、「生力」積蓄、發展到一定程度，便又會「動」、會「出」，又呈現出「陽」的特徵了。由此說來，「陰」與「陽」不僅僅是對立的，也是相輔相補、相須相待，互為勢態，互相依靠的，它們不僅是事物形態的兩個對立面，也是事物運動發展中相連相接、缺一不可的環節。施術者明白了這一道理，就應使用「陰極返陽術」，充分發揮人性的主觀能動性，促進事物由「陰」向「陽」轉化，以成其事。

狄青的待客之道

北宋年間，陝西安撫使韓琦統兵在西北邊疆抵禦西夏。韓琦效法「戰國四公子」，廣招賢士，廣結天下豪傑，有才有智者造訪，必被待作上賓。

陝西豪傑劉易常在邊疆一帶活動，對那裏的風土人情、地理形勢甚至西夏情勢都甚為瞭解，故在與韓琦交談中大得韓琦賞識，被韓琦以重禮相待。這時，狄青在韓琦手下做一偏將，也仰慕劉易的為人和豪氣，常設宴招待他。劉易愛吃苦馬菜，但西北邊疆卻很難弄到這種菜，可是一旦宴席上少了此菜，劉易便會大嚷大叫，十分無禮。

狄青記起了古人的「陰極返陽術」，命人從內地購來大批苦馬菜，專門用來招待劉易。凡是劉易來做客，只做苦馬菜，不上別的菜。劉易頓頓吃苦馬菜，終於受不了了，狄青才又為他擺上別的菜餚。自此之後，劉易再也不敢大叫大嚷，要吃苦馬菜了。

狄青用此術，使之達到「至陰」，「陰極」而後自能「返陽」。

御史斷句判家產

從前，有位姓張的富商膝下無子，只有一女，故選一女婿入贅張家。女婿為得這份家產，低眉順氣，刻意奉承，很得張府上下歡心，後來富商又納一妾，且生下一白胖兒子。女婿卻自覺根基已深，對姨娘和這一小妻弟惡眼相看，面露殺機。

富翁看在眼裏，但木已成舟，自己也無可奈何，心想：只要盼到小兒長大成人就好說了。哪知老天不遂人願，沒等小兒過五歲，這富商卻體染沉屙，一病不起，眼見將命歸黃泉，於是把女婿喚到床前，說：「小兒一非是小妾所生，我不能將家產留給他。你入贅我家這麼多年，前前後後出了不少力，家產自然是你的。至於一非母子，你只要給口飯吃便成，不致使他們凍餓而死，就是你積了陰德啦！」女婿懸了多年的心終於落了地，自然喜不自禁，但又怕空口無憑，說；「那……」富商明白其意，說：「我留一字據便是。」女婿飛快取來筆墨硯紙。富商寫道：「張一非吾子也，家財盡與吾婿，外人不得爭奪。」女婿揣走遺囑，從此自然對姨娘和妻弟和善了不少。

這位小妾看著未成年的孩子，只有流淚歎氣的份。富商瞅準近前無旁人時，告訴小妾：「等一非成人後，聽到有聰明善斷案的官員，前去告狀便是。聰明的老大爺自會公斷。」不久，富商便撒手歸西了。張一非成人後，便按母親囑咐，到縣衙告狀。縣令傳來他的姐夫詢問，姐夫拿出遺囑。縣令看了，也覺得沒辦法。一非當然不死心，聽說有位巡察御史路過本縣，便去攔轎告狀。巡察御史傳來那位女婿，接過遺囑，看了一會兒，判道：「就按遺囑辦！」一非心急：「老爺……」女婿面露喜色。巡察御史一拍驚堂木，念道：「張一非，吾子也，家財盡與。吾婿外人，不得爭奪。」（古人不用標點，故可隨意停頓來讀。）女婿當頭被澆了一瓢涼水，連忙分辯。巡察御史喝問：「你岳父寫著『外人』，女婿不是外人，難道親生兒子是外人？真是利令智昏。」便當下把家產全部斷給張一非。全縣人聽了，都拍手稱快（古人看不起入贅的女婿，秦漢時即立法視贅婿低人一等）。

張一非善於等待，經過幾十年漫長的歲月，待自己有能力自立時，終於使「陰」（不得遺產）轉化為「陽」（獲得遺產）。

在事物由「陰」到「陽」的轉化中，要善於耐心等待時機到來，等待形勢允許。

項羽的破釜沉舟計

秦末，陳勝、吳廣首舉義旗，各地抗秦大軍風起雲湧。陳勝大軍失敗後，項梁採用謀士范增之計，擁立楚懷王，形成了新的抗秦中心。

秦將章邯大敗項梁楚軍，殺死項梁後，又揮軍渡河，攻擊另一股起義軍——趙王歇和陳余、張耳率領的趙軍。趙軍向懷王求救，懷王派上將軍宋義前去救援。宋義觀望，被項梁的侄子項羽斬殺奪得兵權後，率兩萬大軍渡過漳河，前去救趙。大軍過河後，項羽傳令將所有渡船全部鑿沉，又令將士們只帶三天口糧，將其餘輜重焚掉，軍鍋砸爛，然後衝向秦軍。手下將士一看沒了退路，絕了生路，個個奮勇當先，全力拚殺，把二十萬秦軍打得大敗。自此，項羽威名遠揚，做了天下霸主。

故司馬遷寫《史記》時，將他與天子同等看待，並為其立「本紀」。項羽所用，也是「陰極返陽」之術。

某些軍事家懂得了「陰極返陽」的道理，故在某些形勢下不讓局勢達到「陰極」。俗話說：「狗急跳牆。」又說：「困獸猶鬥。」把對手逼急了，他會拚上血本，與你拚命，就難制服了。這時，就要虛設一條生路，讓對手拚死相鬥的積極性調動不起來，分散他的注意力，再伺機制服之，殲滅之。

西元前五〇六年，吳王闔閭舉兵攻楚，在柏舉（今湖北麻城東），大破楚軍。楚兵潰逃，吳軍追擊，在清發河（今湖北安陸內）又追上了楚軍。吳王準備揮軍殺過去，其弟夫概諫道：「困獸猶鬥，逼它急了，也會與人拚命，何況是手持武器的人呢！若我們把楚軍逼急了，他們看到絕無逃生之路，必定返回頭來拚命死戰。這樣，就難對付了。我們不如給他們留下一線希望，讓他們一部分人先渡河，人人知道渡過河去便能逃生，誰也會拚命搶著渡河，誰還有心思與我們拚殺？這時，我們再掩殺過去，必能殲敵之大部。」闔閭依計而行，果然殲滅了楚軍的有生力量，得以順利攻入楚之郢都。

在不使形勢達到「陰極」時，也要掌握一種「度」。若吳軍出擊過早，楚軍過河沒幾個人，大部分還是覺得沒有生路，還會「困獸猶鬥」；但渡河的人太多，又殲滅不了楚軍的有生力量，達不到戰鬥目的。其恰當的「度」，是在敵軍有一部分人已過河足以引動全軍爭相過河而又未及渡過之時，這時軍心大亂，人人注意力都集中在渡河求生上，便能一舉殲敵之有生力量。

聰明人做事，善於把握「陰」「陽」的度數，及時轉化方向和發展進程，既要讓己方「置之死地而後生」，製造一種局勢，充分激發己方的各種積極因素，使之達到「極限」，又防止敵方「困獸猶鬥」而把他們的積極因素激發起來，把他們逼到「極限」。能夠做到這些，達到了如此層次，你就掌握了「陰極返陽術」，就會無往而不勝了。

葛蘭素反陰為陽

美國是世界上最大的西藥市場。多家百年以上的或勢力雄厚的藥廠，已把美國的藥品市場分割得差不多，要再躋身進去，並非易事。

然而，英國葛蘭素藥廠卻以獨特的經營方式，在短短的時間裏，不僅站穩了腳跟，而且還以「善得胃」佔領了美國幾乎全部的腸胃藥市場。目前，「善得胃」在美國營業額達十億美元，為全球營業額的三分之一。

葛蘭素藥廠躋身美國市場是一九七九年開始的。當時，它兼併了美國一家小型藥廠，藉以徹底瞭解當地的市場情況。為了讓這家企業成為地道的美國公司，使之與美國的文化完全融合，它首先授予該藥廠美方負責人充分的權力，因而使其激情變快，經營靈活。

葛蘭素藥廠在美國站穩腳跟後，又迅速拓展市場。一九八一年，美國葛蘭素與當地排名前十名的瑞士羅式藥廠合作，運用羅式藥廠的業務代理和行銷網點銷售其藥品。

當時，不少廠家的做法是把自己的藥品商標權借給經銷商，並由其銷售，簽訂十年或幾年的合約分享利潤。而葛蘭素廠卻採取垂直組合的經營狀態，從原料生產、研究開發、成品製造到發貨行銷全都負責到底：不包給經銷商銷售，以保證產品的品質和及時反饋資訊。「善得胃」藥品就是這樣成為了美國的「明星藥品」。

「不入虎穴，焉得虎子。」英國葛蘭素藥廠在將其產品打入美國市場時，採用了「兼併」工廠這一絕招，就像將一探測器安在美國市場上。這樣，美國藥品市場幾乎一下被葛蘭素藥廠所把握，為其產品佔領美國藥品市場提供了確切的情報基礎。

英國「葛蘭素」注重進行市場預測調查，進而掌握了美國市場需要，然後循序漸進，一舉奪占了鼇頭。其「反客為主」的戰略為我們留下有益的啟示。

別人的「極陰」我方的「極陽」

旅館業鉅子康拉德．希爾頓曾成立了「希爾頓旅館公司」和「希爾頓國際公司」，他擔任董事長和總裁，在他的名下有近百家旅館，從天涯到海角，都掛著希爾頓的旗子，他現有在海外的旅館比在美國本土的還多。希爾頓喜歡收購一些經營不善甚至破產的旅館，也就是處於「極陰」之中的旅館，因為他相信「陰極」必「反陽」，相信自己有能力讓破產的旅館起死回生。

擁有華爾道夫旅館是希爾頓多年來的夢想，他把它看成世界上最偉大的旅館。那些優雅的大房間，曾經住過許多皇族。當別人打電話過來找「國王」，華爾道夫的電話接線生必須問「請問哪一個國王？」。但是這家旅館卻破產了。他一九四二年購買華爾道夫股票時，每股才四．二五美分，糟糕到如此境地。但希爾頓真正注意要買華爾道夫是一九四九年的事。然而，希爾頓的理事會的那些理事，不能分享他的狂熱，大表反對。身為希爾頓旅館公司的董事長，沒有理事的同意，他也不能以公司的名義買下。

希爾頓卻沒有因此退卻，因為他知道擁有這樣一家旅館，將會為他帶來多大的價值和地位。他想：「我可以像三十年前在德克薩斯州西斯柯那樣做，我可以自己買下來，把我的看法推銷給那些能夠有我這種想法的人。」

因此希爾頓開始以過去的那種熟悉的老方式著手去做，他打電話給在華爾街那群擁有華爾道夫股票的一群人中的老大。

「我今天就能開個價錢，」希爾頓說，「我什麼時候過來呢？」

當天下午，他走進那位老大的辦公室，要以十二元一股買下二四萬九〇四二股——這是控制股的數目。

「這個價格二十四小時之內有效。」希爾頓說。然後，他給了一張十萬美元的支票當押金。那人大聲說：「給四十八小時吧？！」希爾頓答應了。

那人接受了希爾頓的價格。而希爾頓要買下華爾道夫，還差了三〇〇萬美元！

他便去找人籌錢。他對他們說：「你要投下二十四萬美元，跟我一起買下華爾道夫嗎？我不想讓給你，實在沒有辦法的話也可能會讓給你。」

那些人都說：「好的。」

希爾頓本想一如平時遵守他的生活方式，下午六點停止工作，晚上跳舞、打高爾夫球。但是為了籌足餘下的最後款項，他不得不打斷他的娛樂。

正在籌錢的當兒，希爾頓的理事們說：「你這樣做是不應該的。既然你已做到這種地步了，這個旅館必須屬於希爾頓旅館公司才行。」於是公司便籌出餘下的錢，了卻了希爾頓的心願。

第二章　反應

第七術　張網得實

【原文】

《鬼谷子．反應篇》曰：「釣語合事，得人實也。其猶張網而取獸也，多張其會而司之。道合其事，彼自出之，此釣人之網也。」

【註解】

就是說，就像設餌釣魚、張網捕獸一樣，你要摸到別人的底牌，偵得敵人的情況，就要使用手段，投其所好而引誘之，進而達到目的。

【踐履】

假借神靈撒網破案

北宋時，陳襄任蒲城（今陝西城蒲）縣令。

某日，一店鋪失盜。捕快根據線索，抓了幾個嫌疑犯。可是，無論怎樣審訊，他們就是沒人招認。陳襄心生一計，告訴他們：「城隍廟裏的大鐘最靈，如果有誰犯了罪不能判明，它就可以幫人判案。你若沒犯罪，去摸它，它不響。你若犯了罪，去摸它，它就會響。我先去祈禱神靈降臨，你們都去摸一下。」於是，他先趕到那廟中，命人用墨汁將那大鐘塗黑，然後遮上門窗，設香案祈禱。待香火燃盡，廟內一片漆黑時，把那夥嫌疑犯逐個放進去，讓他們去摸大鐘，待賊人出來，逐個檢查他們的手。眾人滿手通黑，唯有一個人手上是乾淨的。陳襄命人將其餘的人放掉，帶回那乾淨手的人回去審問、用刑。那人終於招出了偷盜實情。

這裏，陳襄先設下一張「網」，利用人們信奉「神靈無所不知」的心理，假說讓他們聽憑神靈判決。做壞事的人做賊心虛，不敢讓神靈檢驗，結果落入陳襄的「網」，露出了真象。

吳復欲擒故縱

吳復任溧水縣（今江蘇溧水）縣令時，碰上了一樁案件：本縣人陳德娶妻林氏。陳德外出經商，妻子在家耐不住寂寞，與鄰居張奴勾搭成奸。三年後，陳德將所賺來的錢換成十兩金子，拿了往家趕。未到家，天已大黑，陳德怕碰上強盜搶去金子，便把金子藏在一座橋下，隻身回家敲門。林氏正與張奴胡鬧，一聽陳德回來，張奴馬上翻牆逃回家中。林氏開門，兩人進屋，自然說不完的別後情。陳德為在妻子面前炫耀，把自己攢了十兩金子的事告訴妻子。妻子一聽，眼睛發亮，忙伸手來討，聽丈夫說藏在某橋下，便催丈夫早睡，明早天一亮快去取。

第二天天亮，陳德趕到橋下，一找，金子卻沒有了。十分懊喪，回家告訴妻子。妻子一聽，大哭大鬧，說保準是丈夫在外胡作非為，把錢抖落光了，來家說謊。哭著吵著，兩人動起手來，打到衙門，正被縣令吳復撞見。吳復詢問原因，陳德講出經過，林氏卻一口咬定是丈夫在外宿花眠柳，把錢花光了回家說謊。吳復見這女人一臉輕浮相，而陳德卻顯得老實，覺得其中有詐，便假意以攪亂秩序罪欲綁兩人入獄。陳德心疼妻子，聽妻子要入獄，忙說：「本無金子，請大人寬容，放了我們。」吳復假意大怒，訓斥陳德：「大膽刁民，竟敢詐稱失金，戲弄本官，押走！」偷眼看那林氏，卻見她面露喜色。吳復心中明白了幾分，讓手下假扮乞丐，盯那女人的梢，便查出姦情。抓來姦夫審問，原來張奴翻牆回家後，心中不甘，又翻牆回來，想偷聽林氏對丈夫怎樣，正巧聽到藏金之事，便連夜去取回據為己有。

吳復懷疑那婦人有鬼，卻故意放她走，設下了「網」，「網」出了真情。

敬請明日光臨

這是一家經營了五十年之久的老店，誰也不會想到其維持聲譽不墜的方法，竟然是——每天只提供有限產品，如果有顧客上門來買不到東西時，就告訴他，請他明日及早光臨。

那麼，為何不多提供貨品來方便顧客的需求呢？

原來「寧缺毋濫」是美味香食品行的經營原則。

雖然這不是一間門面堂皇的店鋪，可是，為了維護它的聲譽，倒也需要花費相當的心血，小自選購採買，大至接待顧客，在老闆、師傅與售貨員的通力合作之下，已使得客人們能放心地進入這家食品行，而不會有受騙的顧慮。

美味香食品行每天有三百條左右的火腿出爐，除非你搶先了一步，否則，總會失望而歸的。因為那些貨品，早就被前一天受「冷落」的顧客們訂購了。

「敬請明日光臨」這一招十分奏效，一來該行食品以品質精良名聞遐邇，贏得了顧客信任，老主顧也特別多，二來，「吊」人胃口的效果極佳。許多顧客聞香而來，垂涎欲滴地等侯，一旦買不到便「耿耿於懷」，第二天非早來不可。

美味香食品行別有用心不使所有的顧客都得到滿足，張限量質精之網，放走了今日未能如願的顧客，卻守住了明日勢在必得的顧客和每天穩定的消費群。

張稀新之網收利潤之實

法國的福雄食品雜貨店可算是當前世界上最大的食品雜質店，在巴黎本部營業面積是四七〇平方公尺，分成六個部門，供應以全球各地搜羅來的一六五〇〇百餘種稀有食品。在全國，它還有八〇〇多家代銷店，全世界有二十五個國家的一〇〇餘個高級商店為它代理經銷。

現任老闆波里於三十多年前，從該店創始人福雄手裏買下了這家瀕臨倒閉的店。波里接手後，完全改變了原來的經營思想和方式。他認為傳統的食品雜貨經營思想是小商品經營意識。他決定要為食品雜貨經營開創一個新紀元。

波里將破舊的店鋪門面裝修一番，然後到全國各地去採集引人注目和稀有的貨物，如冰桶、五顏六色的大型胡桃磨子、香料瓶架子等等，很快地，食品雜貨店吸引了大量消費者。波里對自己的經營方式更有了信心，他進一步放開了步伐、放眼世界。他組織了一批精練的採購隊伍，向世界各地採購各國的特殊食品和雜貨，力求迎合生活富裕了的歐洲人。於是，在巴黎一二月能吃到日本的冬草莓、智利的櫻桃、夏威夷的鳳梨。「福雄」國際食品部還可以買到加拿大的野稻米、槭糖漿和罐頭大哈馬魚；埃及的無花果漿、巴西的木薯麵，馬來西亞的牛奶……真是琳琅滿目，集世界各地精華食品一萬餘種。

「福雄」不僅商品的花色品種繁多，而且品質又都是上乘的，再加上優質服務，店員們對有錢人和一般顧客都同樣對待，於是各階層顧客都湧向「福雄」，還吸引了世界各地的消費者，通過郵購來「福雄」訂貨。更有一些尊貴的有錢人坐飛機千里迢迢來購貨。如摩洛哥的公主來這裏購買玉米片，以美式玉米片當早餐；希臘船王每週都用私人飛機來裝載各類稀有食品。

經過十幾年的努力，「福雄」終於成為了一家國際性的大企業。

張品牌之網立不敗之地

在馬獅百貨公司裏，所有的商品，無論是服裝、鞋類、日用品或是食品、酒類，都是一個牌子：「聖米高」。這是馬獅公司經營中的最大特色之一。

單一的牌子，顧客沒有選擇餘地，那麼為什麼還能吸引眾多的消費者呢？關鍵在於「聖米高」這個牌子本身就是高品質的象徵，是價廉質優的代名詞，因此，對顧客有強大的吸引力。在其他商店裏，顧客面對不同牌子的商品，要作出正確的選擇並不是一件輕鬆的事，他們需要靠過去的經驗或是從廣告中得到的印象去挑選，但這些並不一定可靠，有時牌子越多，越使顧客無所適從。但是，馬獅的「聖米高」商標卻是一分錢一分貨，如果同是聖米高牌子而貨品標價不同，那麼，價格高的那種商品肯定比價格低的品質高。顧客可以根據自己的經濟情況選擇商品，決不會上當。於是，許多工作繁忙的職業婦女都願到馬獅購物。

馬獅的經營思想是：讓工人也買得起以前只有富貴人家才能享用的、甚至品質更好的貨品。這種經營思想和相應的經營方法，爭取到了大多數的勞工階層消費者。

為了實現這一經營思想，以盡可能低廉的價格出售最優質的商品，他們在設計一項產品時，首先考慮的是售價是否在大眾消費能力之內，一般的勞工階層是否負擔得起，因此，他們總是先定價格，然後再估算成本。在既定價格下，設計師和製造商一起去探尋既能保證品質又能保證一定利潤的條件，盡可能為廣大平民大眾提供他們有能力購買的高品質產品。如果按一般的商品生產那樣，先算出成本，然後是售價，往往會使商品的價格高出消費者的購買欲望，進而影響銷售。而馬獅的貨品不一定是市場上最優質的商品，但在同樣價格下，聖米高牌子的產品必定是市場上最好的產品。

它由原來兩人合夥經營，只有數百英磅資本的百貨店。經過激烈的世界市場競爭已成為英國第一大百貨公司，擁有二六〇家商店，員工四六〇〇多人。被世界經濟學家稱為「世界上最經營有術的企業」。

第八術　欲取反與

【原文】

《鬼谷子・反應篇》曰：「欲高反下，欲取反與。」

【註解】

就是說，你想要從對方那裏得到點什麼，就要先給他點什麼。就像種莊稼一樣，要想從地裏收穫糧食，你就要先給地裏施肥。做事也是一樣，你要從某人那裏得到點什麼，必定要給予人家點什麼，人家才能答應你。不過，智者所給予別人的和從別人那裏得到的，其價值（特指對自己的價值來說）是不一樣的，這樣才不是「虧本買賣」。就像捕雀一樣，你撒上幾粒米給它，卻得到了雀。但對方也是精明的，他是否同意與你做此「不等價的交易」這就全看你的智謀、手段如何了。

【踐履】

嚴訥巧買酒腐坊

明朝，翰林學士嚴訥官居吏部尚書、武英殿大學士。

某年，嚴訥想在城中建造新府邸，地基已籌畫好了，只是有座酒腐坊插在中間。工程主持人幾次去與那作坊主商量，但作坊主人覺得這是祖上傳下的家產，高低不賣。工程主持人無奈，氣憤地來告訴嚴訥，請他採取強硬的措施。嚴訥聽後，淡然一笑，說：「何必如此！你們先去造那三面的房子，到時候自會有辦法。」

開工後，嚴訥命人將工程中每天所需的酒腐，全部從這些作坊購買，而且預先訂購、交款。那夫婦倆因此生意越做越大，請了不少幫工，添置了不少生產工具，覺得那作坊越來越小，不合使用了。又感激嚴訥扶助之恩，於是十分後悔當初與嚴訥的抵觸。想來想去，便把房契給了嚴訥。嚴訥在附近購買了一間稍大點的房子送他，自己的府邸也就按原計劃建造了。

此問題的解決雖有點儒家道德情味，實質上卻是「欲取反與」的鬼谷權謀術的應用。嚴訥為了撈到這塊地皮，先給與對方好處、甜頭，以此感化（實是收買）他，讓他最終自動使嚴訥「取」到盼望的東西，達到了目的。

魏國虛與實取

戰國時七國混戰，時而合縱，時而連橫。

這年，秦國聯合趙國打魏國，許以勝利之後，以魏之鄴城作為謝禮送給趙國。魏王怕受到趙、秦東西夾擊，十分驚慌，忙召集大臣商議對策。芒卯說：「秦趙原本不和，今日聯合，不過是為了利益，想瓜分我國，各討好處。他們都各有各的算盤，只要略施權術，他們的聯盟就會解散。」並獻上一計。魏王同意了他的計謀，讓張倚依計去遊說趙王。

張倚見了趙王，說：「鄴城這地方，照目前的形勢看，我們是保不住了。大王與秦國聯合攻打我國，無非為爭奪土地。為了避免戰爭，我們大王有意把鄴城獻給大王，不知大王意下如何？」

趙王聽後自然十分高興，但又怕魏國玩弄什麼花招，便問：「兩軍還未交戰，魏王就主動獻地，到底是為了什麼？」

張倚解釋說：「兩軍交戰，兵凶戰危。大軍過後，荊棘遍地。戰爭之後，必有荒年。屍骨遍地，百姓遭殃。我們大王從仁慈出發，不願生靈塗炭，故有此舉。」

趙王問：「那麼魏王對我有什麼要求嗎？」

張倚說：這自然。我們是來談判，並不是來投降。趙魏兩國曾多次結盟，是友邦。與其將土地淪落於夷狄秦國之手，不如交給朋友管理。也希望大王從友邦利益出發，與秦斷交，與我國恢復友邦關係，我們奉上鄴城作為報答。如若不允，我國只有全國動員，拚死一戰了。請大王仔細考慮斟酌。

趙王想了一番，說：「我好好考慮一下，明天定然給你答覆。」張倚走後，他找來大臣們商議。相國說：「與秦聯合攻魏，勝利了也不過得到一個鄴城。現在不用動手就可以達到目的，何樂而不為呢？再說，秦本虎狼之國，其目的絕非僅僅滅一魏國，一旦攻滅魏國，其勢力更為強大，下一個目標就是我們趙國了。不如答應魏國，讓他們在兩邊抵禦強秦，這才是長久之計。」於是，趙王答應了魏國，宣佈與秦斷交。

秦王一聽大怒，趕忙撤兵，謀劃報趙背盟之仇。趙王見秦撤兵，忙歡天喜地地派兵前去接管鄴城，正碰上芒卯在邊境上陳兵等候。趙將說明來意。芒卯一聽大怒：「我們的土地，為什麼好端端送人？」趙將忙說這是張倚早許諾下的。

芒卯仍在發脾氣：「張倚是什麼東西！我們大王親口答應過此事嗎？我只接到大王讓我陣守此地的命令，沒接到交出此地的命令。你想硬奪，問問我的將士們同意否。」趙將一見魏軍列陣以待，自料不是他們的對手，忙回兵報告趙王。趙王一聽上了當，又氣又惱，準備發兵攻魏。但這時已傳來消息，說秦為報背盟之仇，正運動魏王聯合攻趙。趙王聞聽大驚，忙割了五個城給魏，以收買魏國與自己聯合抗秦。這樣，魏先以虛假的「與」答應趙國，不但從趙那裏「取」到了不與秦合兵攻魏的結果，還「取」到了五個城池。

所以，是否能成功地運用此「欲取反與術」，關鍵在於你的智慧是否高超，計謀是否巧妙。看似「與」而實不「與」或少「與」，而終有所「取」，是使用此計的目的。

漢武帝推恩集權

漢武帝曾聽從主父偃之計，成功地運用此術，取得過良好的效果。

漢朝初年，劉邦為藩衛王室，曾大封同姓子弟，諸侯藩國的土地幾乎占去了三分之二，大大影響了中央財政收入，且那些藩王也都擁兵自重，對中央王朝形成威脅。

漢景帝時，曾想解決這一問題，聽從晁錯之計，推行削藩政策，結果激起了「七國叛亂」，只得草草收場。漢武帝上臺後，勵精圖治，想幹一番大事業，自然先要鞏固內部，消除隱患。如何消滅諸侯權力，分散其國力、兵力呢？中大夫主父偃獻上一計：「皇上推行恩典，命各諸侯把自己的地分給自己的子弟，再由皇上賜給封號。這樣一來，那些諸侯國內眾多的諸王子弟當然高興，各侯王見朝廷讓自己把土地分給自己的骨肉，覺得也無為不可。」於是，這種「推恩法」（皇帝把自己的土地分給自己的骨肉，是施恩惠。各諸侯王將此法推而廣之，也把自己所得的封地再分給自己的骨肉，故曰「推恩」。）得以迅速順利實施。結果，齊國分為七，趙國分為六，梁國分為五，淮南國分為三，其他各王國亦越分越小，對中央王朝再也形不成威脅了。

這樣，漢武帝將自己的「恩惠」虛施給各諸侯國子弟，自己不但取得推恩施惠的美名，還消除了隱患，鞏固了內部，為對四方用兵打下了基礎。

巧妙的推銷商

加斯加與邁克同是加州不同兩地的味精老闆，他們在夏威夷都開闢了新市場，競爭要勢不兩立地持續下去，長期保持的和氣也被這事給破壞了，但非常明顯，加斯加的銷路很不好，分析其原因，即在於邁克的各種準備工作要充分得多，他通過廣告將自己的產品打入了各大商場和超市，生意在短時間內做得非常好，直到兩個月後，他才發現加斯加的各類產品已在那兒消失了，這使他有了一種沾沾自喜的榮耀感，這次競爭邁克似乎得出了「加斯加」不堪一擊的結論；因此，在夏威夷他竭盡全力與其他同類產品進行強取豪奪，果然不錯，那塊肥腴的市場被他強佔了。

然而天有不測風雲，一年後，當邁克正放心地輸送自己的產品到夏威夷的時候，他才發現，在各種居民聚居的地方，已出現了若干家掛有加斯加門牌的味精專賣店，他還沒有作出反應，電臺、報刊、招牌種種形式的商業性質廣告像雪花一樣飛來，全都是加斯加的宣傳品，這且不說，加斯加還施出了一條毒計；他的零售店同時向顧客免費贈送一萬袋自己的產品和邁克的味精，他讓顧客自己來作充分的選擇，想好了後再買，一周後，全部送完，不同的是他的產品比邁克的東西包裝更好，而且味道似乎更帶有傳統的美國牛排味，這一招果然無比靈驗，再加上加斯加的東西除了在大商場及超市可以見到，還可以在居民的家門口買到，大大便利了顧客，一個月中，邁克的產品銷售呈現全面的直線下降，兩個月後，幾乎失去了整個原來的市場，他辛辛苦苦開拓出來的市場在短短時間內即被「程咬金」搶走了。自個兒只得收拾「行李」打道回府，另創天地了。

加斯加成功便在於最初他爭而不爭，使邁克產生了勝利的錯覺，而當他費了九牛二虎之力趕走別人時，加斯加卻似如約而至，這時候對加斯加來說，競爭對手僅此一家，壓力明顯減小，再加之他認真選擇了零售地點，人們也願意因為這點「恩惠」而改變一下自己的口味，但加斯加本人的形象卻帶著味精走進了千家萬戶。

欲擒故縱即為此，使對方放鬆警惕，而自己暗地發展，最後再一個火爆的反撲。

捨得鉅資做廣告敢叫「五大」變「六大」

二次大戰後，日本百廢待興，樣樣都離不開電，因此到處都接連不斷地開發電源，開山鋪路，建造水壩，修造電廠。當時日本公認的五大建設公司是鹿島、大成、清水、大林、竹中等五家公司。

間組建設公司是一家專營隧道、大壩等土木工程的公司。神部滿助董事長在外面進行業務活動時碰了軟釘子，他深深感到，不被看成一流的大公司，不僅自己不夠體面，同時也不利於自己公司的業務擴大。

神部是個雄心勃勃、鬥志旺盛的企業家，當他的公司進入城市建設領域，期望進一步發展時，遇到了這樣的障礙，他自然沒有就此甘休，而是採取了一般人沒想到、也不敢做的策略。

日本各大報社都收到了間組公司一筆大額的廣告費，其要求新奇而簡單，以後日本五大建設公司刊登廣告時，落款加上間組；間組公司刊登廣告時，也在落款時並列五大建設公司之名；在新聞、報導、評論等一切見報文章中，凡提及建設業的大公司時，把以前的「五大建設公司」習慣用語改成「六大建設公司」。

收別人的錢，順便做無損於自己的事，各報社哪有不同意的？

廣告登出後，神部參加社交活動時，常常遭人明嘲暗諷，他一概置若罔聞、視而不見。對於「這就是『六大建設公司』之一的間組建設公司的老闆神部先生」之類的話，他慷然應之。

公司的部下卻憂慮不安，因為畢竟間組公司與五大公司還有一段差距，而且在間組之上的建設公司還多的是，像那樣的廣告既會被別人恥笑，還會被人誤以為是「騙子公司」呢！

神部理解他的部下，然而他自有他的如意算盤。

神部沒有失算，儘管知情者嘲諷、厭惡他，建設業的輿論卻被他攪亂了，不知情者慕名而來，間組公司當然也沒有讓他們失望而去，間組公司的業務扶搖直上，規模也越來越大，逐漸把一些規模比他們大的公司一個個拋在後面。

三年後，神部的願望實現了，間組公司終於名符其實地成了日本第六大建設公司。

如果日本建設業輿論一泓清水，沒有被神部借報社之力攪得渾渾噩噩，很難設想間組公司能登上第六位的寶座。

第九術　見微知類

【原文】

《鬼谷子．反應篇》曰：「雖非其事，見微知類。」

【註解】

就是說，世間事物由於處在類似的社會環境中，故那些同類事物，雖然在表面形態上有著千差萬別的不同和差異點，但在實質上，在主要內容部分，卻有著相似的東西。聰明的處世者明白了這個道理，往往善於利用「見微知類」的推理技術，去預見事物的發展趨勢和事物未來的形態變化，料其機先，先人一著地預先設置計謀，預先安排措施，故能遇事不慌，穩坐釣舟，制事取勝。

【踐履】

鄧艾智敗蜀軍

三國魏齊王曹芳嘉平元年（西元二九四年），蜀將姜維攻打魏國的雍州（今陝西西安），依曲山（今甘肅岷由縣內）修築了兩座兵城。曹魏派征西將軍郭淮迎擊蜀軍。郭淮派陳泰和鄧艾包圍兩座兵城；自己率兵截斷蜀軍援軍的道路。姜維無奈引兵退走。郭淮想藉此機會進擊兩城中的敵軍，以除後患。鄧艾勸諫道：「以往蜀軍作戰慣使回馬槍，今日說不準他們還會再打回來，我們還是預先提防為好。」於是，郭淮分出一撥兵馬，讓鄧艾率領駐在蜀軍來路上的白水（在川陝甘交界處）北岸。

三天之後，姜維果然派將軍廖化並率兵殺回，遇到阻擊，便在白水南岸與鄧艾隔河結營。當時，鄧艾兵少，廖化兵多，但廖化並不急於進擊。鄧艾見狀，對部將說：「蜀軍殺回來去救被我們困在兩兵城中的同夥兒，敵眾我寡，理當架橋急攻我們，但他們並不急於架橋進攻，可見是另有所圖。白水附近有一洮城，是軍事重鎮，說不定姜維會偷偷率重兵去襲擊。於是他分出一撥人馬，當夜去六十里外的洮城（今甘肅臨潭）增援。

天亮，姜維果然率大軍渡河來搶洮城，由於鄧艾早作了準備，沒有得手，被鄧艾阻在白水以南。兩城中的蜀軍久盼不到援軍到來，糧草：用盡，只好開城門投降了曹魏。

這裏，鄧艾善於用以往蜀軍的作為來推知他今日所用的戰術，能夠從對手一反常規不急於架橋攻擊以援救被圍困的自己人的細微動作中推知對手另有所謀，因而審勢度形地預先作了防範，料敵機先，堪稱得「見微知類術」之精髓。傑出的軍事家最善於運用此術，去預計戰爭發展的形態，去預算對方部署的戰術，然後因勢為制，因招為制，戰勝對手。

老鼠屎的乾與濕

「見微知類術」不但可以用於軍事攻守，還可用於偵破案件。

三國時，吳大帝孫權的小兒子孫亮在父親死後，繼承皇位。

某年，梅子熟時，孫亮想起蜜醃梅子好吃，便派身邊一位宦官去倉庫取蜂蜜。宦官取回蜂蜜。孫亮發覺蜜中有老鼠屎，勃然發怒，喚來主管倉庫的官吏察問此事，欲治他失職之罪。倉庫官吏說：「剛才他確實向我索要過蜂蜜，但他空口無憑，故我沒給他蜜。」孫亮問那位宦官是怎麼回事，宦官說是從宮中倉庫取的蜜。兩人爭執不休。孫亮說：「此事易斷。」當即命人撈起鼠屎掰開看，鼠屎是乾的。孫亮說：「如果蜜是倉庫中的，那麼倉庫之蜜封存已久，屎必被浸透了。現在屎中卻是乾的，必是宦官所為。」拷問宦官，宦官見孫亮有這類察微知暗技術。再也不敢狡賴，供出自己平日裏謊稱皇上領用物品，被那倉庫官吏識破了幾次。因而懷恨在心，今日欲嫁禍於那個官吏，故偷偷從外面買來蜂蜜，撒上鼠屎。

聰明人斷案，善於從別人容易忽略的微細之處入手，以此微細之處為觀察，深入案情之中，推求案件真相，因而能料事如神，公正明斷。

蒼蠅與鐮刀上的血腥味

唐代中外知名的宰相狄仁傑在做縣官時，以善於神斷案件出名。某日，鄉中一男子被砍死在田間。狄仁傑聽到報案，帶人前去驗屍，只見死者脖子上中了一刀。驗屍結果，證明是鐮刀所致，但兇器已不在現場。狄仁傑於是召集了全村能用鐮刀的青年男女，讓他們把家中所有鐮刀都帶到曬糞場上，擺在地上檢驗，若有隱匿鐮刀不帶去的，以兇手論治。

兇手作案後，洗淨了鐮刀上的血跡，已把鐮刀藏在家裏，有心不帶去吧，鄰里鄉親住久了，誰家有什麼器具都互相知道，被人供出來反而壞事。於是把心一橫，想到鐮刀血跡已無，任你天大本領，也難以認出來，於是帶鐮刀去了糞場。村民將廉刀帶到曬糞場後，狄仁傑令手下人平擺在地上，讓人遠遠站在圈外觀看。不一會兒，只見一柄鐮刀上聚滿了蒼蠅。狄仁傑問明鐮刀主人，喝令手下綁起來，綁的正是那名殺人兇手。鐮刀上的血跡雖然洗乾了，但腥味猶存，故而對血肉腐敗之物嗅覺靈敏的蒼蠅能夠分辨得出來。

要用「見微知類術」，也得靠一個「智」字，有超人的智慧，才能夠用此推理技術來破案。

溫成同的應變競爭

一個身無分文、一貧如洗的難民，在短短的八年之間幡然成為占整個香港鋁業工程界產量的四分之三、工人的三分之一的「同記鋁業工程有限公司」總經理，這一成就著實令企業家們驚歎和世人所矚目。它的創造者就是溫成同先生。

在一次搬運建築材料時，溫成同不小心摔壞了一扇鋁合金窗戶。在好奇心的支使下，他把摔壞的窗戶反覆拆裝了好多次，仔細琢磨它的製做程序和構造，他對鋁合金能代替木材非常感興趣。接著，他就利用工地的邊腳廢料和一些簡單的工具學著做了起來，「世上無難事，只要有心人」，一邊鑽研，一邊有意識接近技術工人，偷看圖紙和暗學技術。皇天不負有心人，經過半年的摸索與學習，他終於弄清了製做鋁合金門窗的一套完整工序。

他的第一筆交易是四扇窗戶、兩扇門，這是為一個私人住宅定做的。由於做工精細，選料考究，加工價格便宜、供貨及時，得到了房主的讚譽。這筆交易周轉環節少，直接服務到家，免去了許多費用，使他獲得了五五〇〇港元的收入，除去成本淨賺三五〇〇港元，相當於他一個月的收入。意外的成功使一個想法在他心中萌生——用鋁合金代替木材製做門窗。鋁是地殼中含量最多的金屬，貨源充足，加工方便，價格便宜，不但在木材奇缺的香港極為需要，即使在整個亞洲也會頗受歡迎的。於是，他辭去了先前的工作，開始獨自經營鋁門窗的生意。由於他的產品質優價廉，服務周到，加之他樂於助人、廣交朋友，很快他便贏得了很多客戶。他用存下來的資金搭了一個小工棚。找了兩個幫手，買了幾件簡單的工具，他的「同記鋁業工程有限公司」就這樣誕生了。

溫成同善於揣摩顧客的心理，凡經他接待的顧客，沒有一個告吹的。他總是區別對待不同的客戶，靈活多變，懂得如何投顧客之所好，討其歡心。有時為了獲得某項高額交易，他會把客人的日程安排得滿滿的，以避免客戶有時間與其他公司接觸。當你和他談生意時，你會產生一種不與他成交就感到欠他人情的心理。溫先生善於調動企業技術人員和工人的積極性，善於喚起他們對企業的同情和支持。一次，剛到的門鋁材料要馬上卸貨，但正巧趕在快要下班時。溫先生便迅速趕到工廠，如實地向工人們說明了困難，工人們把企業的難處看成是自己的事，情願加班卸貨，他也和工人一起工作。兩個小時鋁材就全部進倉，省了一天的壓艙費。緊接著，他在海鮮酒家定了兩桌酒席，犒勞加班的工人，宴席後又給大家發了加班費，工人們盡歡而散。他花去的這點開銷，與壓艙費相比真是小巫見大巫。他常說：「抽煙有煙錢，喝酒有酒錢，企業家不要把每分錢看得太死。」這也是他的經驗之談。

溫成同的事業取得了如此輝煌的成就，這當中不排除有一些偶然的因素，但他在企業外部重資訊，重信譽；在企業內部重人才，重效率，二者相輔相成，核心是提高企業的應變能力，這難道不是他成功的「秘訣」嗎？

「尿布大王」尼西奇

你相信嗎？日本尼西奇股份公司居然以小小的尿布而與松下電器、豐田汽車等世界名牌產品一樣著名。

尼西奇股份有限公司在四〇年代末期，僅是個生產雨衣、防雨斗篷、游泳帽、衛生棉、尿布等橡膠製品的綜合性小企業，只有三十多個人，訂貨不足，經營不穩，隨時都有破產的危險。一次，他們從日本政府發表的人口普查資料中得到啟發，日本每年大約有二五〇萬個嬰兒出生，尿布是不可缺少的，如果每個嬰兒用兩條，全國一年就需要五〇〇萬條，這是一個多麼廣闊的市場啊！像尿布這樣的小商品，大企業根本不屑一顧，而小企業的人力、物力和技術儘管有限，如果能獨闢蹊徑，必定有所作為。商品不在於大小，只要市場上需要，同樣能成為暢銷貨，做成大生意。基於這樣的考慮，尼西奇公司當即作出了決策：

專門生產小孩用的尿布。然而，尼西奇公司首先遇到了打不開銷路的困難。雖然尿布的市場十分廣闊，消費者也很需要，但就是賣不出去，這是什麼原因呢？原來，日本各地的服裝批發商以經營四季時裝為主，根本不把尿布放在眼裏，造成了尼西奇公司的產銷脫節。為了解決這一問題，尼西奇公司決心花大力氣建立自己的銷售網路，他們在東京、橫濱等大城市建立了分公司和流通中心，在一些中小城市則建立了營業所，尼西奇總公司通過這些分支機構，與日本全國的三三二個大百貨公司、一〇六個零售團體、一〇四個批發公司、三一三五個超級市場、三四三〇個特約專業零售商店直接往來，建立起龐大的銷售網，並通過這種銷售網使尼西奇公司與每個家庭連結在一起。為了促銷，他們還在銷售中心和營業所聘請一些三十來歲有嬰兒的婦女擔任銷售宣傳指導，為用戶提供可靠的技術諮詢。與此同時，公司也從她們那裏定期收集用戶對產品品質、性能、規格的意見，不斷改進產品，進一步打開市場。

為了增強尼西奇尿布的競爭實力，尼西奇公司不斷地創新，對產品精益求精，以擴大銷售市場。尼西奇尿布經歷了三代。第一代產品用一層布料做成，適應性差；第二代產品在外觀上作了一些改進，除了一層布料的尿布外，還將外面一層做成一條小短褲，有鬆緊帶，有尺寸，還可以從顏色上分辨男女；第三代產品把尿布改為三層，最裏層是棉、毛、尼龍的混合織物，外層是一條漂亮的小短褲，進而解決了吸水、透氣問題。如今，這種尿布已經發展到近百個型式，為了改進產品，他們十分注重博採眾家之長。

就這樣，經過幾十年的努力，尼西奇公司依靠獨特的銷售方式和不斷創新的精神，終於使小小的尿布成為與豐田汽車、東芝彩電、夏普音響一樣有名的商品，在日本嬰兒所使用的尿布中，每三條中有兩條是尼西奇公司所生產的，使該公司成為名副其實的「尿布大王」。

福里斯特城的漢森

美國愛荷華州的福里斯特城是一個寧靜、不起眼的小城，在第二次世界大戰以後，由於種田已不如從前那樣有利可圖，年輕一點的居民紛紛背離故土，外出謀生。福里斯特城的一群商人擔心這樣下去，他們的城市總有一天會變成一座鬼城。於是，他們都把目光投向了本地的名人約翰．K．漢森身上，期望他出來擔當起領導者的角色。創造出拯救福里斯特城所需要的任何奇蹟。

一天，漢森看了刊登在《時代週刊》上的一篇關於加利福尼亞興起拖掛車和野營熱的文章後。他又親自跑到西部去親眼驗證了這種情況，回來時已是熱血沸騰。他說服了二〇九名本城的同胞，集資五萬美元組建了一家公司，為加利福尼亞州加登納的一家製造廠生產旅行拖車。

漢森製造了二十種型號的拖車、輕型野營車和汽車房，車上都裝備了諸如浴缸、男女衣櫃等高級生活設施。儘管娛樂車工業本身的發展在以每年二五％的爆炸性速度向前發展，但漢森的公司的發展速度是它的四倍。

經過十年的奮鬥漢森沒有辜負他的父老鄉親們的厚望。使這個日趨萎縮的艾奧瓦社區經歷了一場巨變，以至於一位本地的婦女發出驚歎：「要是我住在美國的另一邊，我將會認為這是我所聽到過的最為荒誕不過的故事。」這期間，該城的人口增加了一倍，達到近五〇〇〇人，成百上千的福里斯特城居民親眼目睹他們淨收入的增加，少則以數萬美元計算，多則以數十萬美元甚至更多來計算。約翰．K．漢森本人則被列為全美四百富豪中的一個，全國最大的娛樂車輛製造商——「溫尼貝戈工業公司」的創始人和大股東。

第十術　圓方決策

【原文】

《鬼谷子・反應篇》曰：「未見形，圓以導既見形，方以事之。進退左右，以是司之。」

【註解】

就是說，當剛接觸一事物或人，不知底細，掌握不起全部情況時，要用「圓」的決策來對付，來引導，使之漸漸露出真相，現出本來面目。「圓」的決策即包容性大、資訊通道寬，有著多種發展方向和廣闊發展空間的決策。等到事物或某人的底細、情況被我們全部掌握之後，我們就用「方」的決策去對付、去處理，使它（他）按照我們的意圖，按照我們設計的程式去解決問題、去發展，以出現我們滿意的結果，達到我們的預期目的。「方」的決策，即具有具體規定性的、切實可行的、有著明確引導方向的決策。

【踐履】

文彥博處變不驚

宋仁宗時，文彥博任益州（今四川成都）矢州。

一次，文彥博大會賓客，飲酒歌舞，興致大發。但這時天降大雪，天氣寒冷，外邊的隨從等到深夜，天寒地凍，再也按奈不住，便有一火爆脾氣的隨從帶頭嚷起來，大發牢騷，並拆了水井邊的木亭欄杆，生火烤火。他這一帶頭，別的隨從也都動起手來，到處拆木頭烤火。一時火光四起，吵嚷喧鬧，沸沸揚揚。一名軍校看事不好，連忙進屋報告文彥博。在座的賓客一聽，都大驚失色，生怕外邊人鬧起事來。文彥博聽後，神情自若，慢條斯理地說：「天也實在太冷了，就讓他們烤火吧！」又勸大家繼續飲酒。外邊的人本來憋了一肚子氣，要找碴兒鬧事的。一看沒了鬧事的藉口，也洩了氣，慢慢平息下來。

第二天，文彥博細細訪察，查出了最先帶頭鬧事的人，打了一頓，把他遣發回鄉了。

這就是「圓方決策術」：情況不明時，不要貿然動手，而是用軟手段防止事態擴大。待情況明瞭後，再用硬手段，以公開處理措施。

殷雲霽智斷殺人案

明武宗正德年間，殷雲霽任清江（今江西清江）知縣。

某日，有人來報案，說縣民朱鎧被殺死在孔廟西側小屋中，兇手下落不明。當場驗屍調查，由於罪犯作案手段高明，也未查出線索。過了不久，殷知縣忽然接到一封匿名信，信上寫道：「殺死朱鎧者，必為×××。」這位「×××」是朱鎧平日的仇人。大家一聽，都說極有可能。唯有殷知縣心有疑問，便查問縣衙中誰與朱鎧親密。大家都說是小吏姚明。

第二天，殷縣令傳來所有吏員，告訴他們：「我打算選一批人抄寫文書，各位把名字寫來讓我看。」大家呈上字條。殷知縣逐個翻看，見姚明的字體與匿名信一致，便冷不防的問他：「你為何殺死朱鎧？」姚明大吃一驚，也不知怎麼露了底細，便交待：朱鎧要去蘇州販貨，身上帶了不少錢，為貪財而殺。

處理問題用「圓」手段時，即在情況未明階段，並非消極等待。待事體自明，就要運用積極手段搞明事情真相，促使事物向「明」轉化，以儘快制定「方」的處理措施。

向敏中冷靜除敵奸

宋真宗景德年間，北遼舉兵犯邊，直逼澶州（今河南濮陽南），宋真宗御駕親征。那時，西夏也欲反叛。為防西夏借機動手，宋真宗出征前，密詔安撫使向敏中可見機行事，獨自處理抵禦西夏事務。不久，臘月來臨，將要舉行大儺（古人在臘月中舉行的一種旨在驅趕疫鬼的民間活動）。突然接到密報，驅鬼隊伍中有西夏奸細，想藉此混亂機會造反起事。向敏中不露聲色，像往年一樣積極準備這一活動，並召集眾賓客幕僚及軍隊將領前來一同觀看。等驅鬼隊伍到來後，他像往常一樣，先讓他們在衙門前舞蹈驅馳，然後召他們到堂前。等驅鬼隊伍來到堂前，向敏中一聲令下，預先埋伏的甲兵一擁而上，把驅鬼隊伍包圍。一搜，果然搜出不少短刀匕首。由於向敏中不露聲色，故使這「方」措施得以順利執行。

在「圓」的階段向「方」的階段過渡時，亦即在「圓」階段摸清了情況，有了處理措施，處理之前要不露聲色，注意保密，讓對手覺得你還在「圓」中，以便突發制人，使「方」措施實施起來更有利。

日本佳能的共生術

「共生」現象使得生物界能夠生存發展。日本佳能公司則以「與人類共生」為宗旨，實現了超穩健的發展。一九八七年，在佳能成立五十周年慶典上，佳能老闆莊嚴宣佈，將「共生」作為公司的基本宗旨。「共生」被解釋為「利益均等」和「為人類做出貢獻」。「共生」微妙而又概括地反映了佳能在參與社會事務，提供有益技術，以至關心環境等方面做出的卓越貢獻。

經過半個多世紀的努力，佳能已成為全球性的跨國企業，佳能商標已在一四〇多個國家註冊，佳能的產品已深入到世界各個角落。佳能集團現有六二〇〇〇名員工，分佈於世界各地，兢兢業業地致力於高科技領域的開發和突破，在照相機、辦公與通信系統、精密光學及精細化工等領域不斷創新，向人們提供了一系列優質服務。一九九一年，佳能公司的銷售額為一四九．五一億美元，利潤額為四．一七億美元。在世界五〇〇家最大的工業公司中排名第八十三位。

佳能是鐳射列印技術的先驅，對該領域的研究開發遙遙領先。佳能從電腦領域的早期發展中，就意識到工商界及個人，需要一種雜訊低、速度快、品質高的印表機。然而，點陣印表機卻做不到這一點。雷射印表機則完全填補了這些方面的不足。開發出輕便、高效的佳能雷射印表機，代表了佳能在生產技術方面的突破。其中之一是鐳射掃描器的研製，同時，佳能的照相機、攝錄機、傳真機以及化學製品、光學產品、電腦與資訊系統、醫療系統等也都代表了世界先進的水準。

佳能與世界「共生」的產品足以其與現代科技共生的研究開發為基礎的——「技術為人類服務」的這句名言，正深刻地說明佳能是如何發展成為世界領先的跨國集團公司。

對任何一家國際性的公司來說，最嚴峻的考驗莫過於與當地社會的交流，為當地提供適於當地客戶的創新產品。佳能在世界各主要國際市場建立了研究與開發中心，進而保證了佳能履行其所應承擔的責任及貫徹佳能的行動綱領。例如，設於倫敦的佳能歐洲研究中心（CRE），側重於電腦語言和音頻產品的研究。設於加州的佳能美國研究中心則是電腦技術的研究基地。設在加州的佳能資訊系統公司，正在開發電腦軟、硬體和辦公室系統。設在法國雷納的佳能歐洲研究發展中心專門從事數位電信的研究。設在雪梨的佳能澳大利亞資訊系統公司，則集中於資訊軟體的開發。

佳能作為一家國際性跨國公司，十分注意與世界的共融共存。佳能在世界各地設立工廠，依靠當地的力量，使各地的工廠逐漸走上了專業化的道路。儘管它們各有所長，但都採用了佳能全球生產系統，進而嚴格保證了產品品質符合佳能的——永不妥協的品質標準。

與當地居民融合，與當地經濟融合，與當地企業融合。佳能的海外、機構儘管肩負著本身的特定工作，但它們也義不容辭地擔當起了向所在地居民提供服務的職責。這正是「共生」精神與「為人類貢獻」的實際表現。

第十一術　知之始己

【原文】

《鬼谷子．反應篇》曰：「知之始己，自知而後知人也。其相知也，若比目之魚；其見形也，若光之與影。」

【註解】

就是說，人是有共通性的，由於處在相同的社會環境中，受到相同的文化薰陶，故有著共同的欲望，有著相似的追求，有著模式大致相近的想法和計謀。所以，智者瞭解別人，先從瞭解自己開始，以己度人，由己推人。由己欲而知對方在相似情況下的欲望，由自己的作法而推求別人在相似環境下的措施。這樣去推知，去瞭解別人，就像古人傳說的比目魚相併而行那樣不差絲毫，又像光一亮影子就出現那樣一察即得。人在世上，欲要做事，必須和人打交道，要利用人、拉攏人、打擊人、說服人，都要先知人，瞭解他的心性脾氣、品格能力大小。瞭解別人，可以從明察自己開始，所以，「知人始己術」是一條重要的處世之道。你掌握了別人的實情，才會有目的、有針對性地下手去制定計謀，戰勝對手。

【踐履】

小白推己及人終繼君位

春秋初年，齊襄公昏庸無道，淫行亂倫，搞得天怒人怨，被手下的人殺死。消息傳到國外，在莒國政治避難的公子小白和在魯國政治避難的公子糾都爭著回國繼承君位。冤家路窄，倆人在齊國邊境上撞個正著。雙方都明白對方在幹什麼，雙方都明白除掉對手自己就可以從容即位。保護公子糾的管仲心狠手快，搭弓上箭，向對面的公子小白射去，正射中小白的帶鉤。小白心想：「我回國爭位，與公子糾競爭，一定要搶到他前面，先入為主。對方肯定也這麼想，想把我除掉，便沒了競爭對手，那他必會慢慢的行進。我何不順勢來個欺瞞手段？」想到這裏，假意大叫一聲，咬破舌頭，口吐血沫，一仰身倒在車中。管仲一見，哈哈大笑，回頭對公子糾說：「公子可以放心了！小白已被射死，無人與您爭位了。」於是他們便心中不急，慢慢行進。為公子小白駕車的是鮑叔牙，他知道小白是詐死，便將計就計，裝出十分悲痛的樣子，大哭起來，同時抄小路快馬加鞭，急急向臨淄（今山西臨淄）趕去，搶在公子糾之前進了國都，繼承了君位。公子小白善於用己欲推人欲，用己心比人心，因對方之情而隨機設謀，使事成功遂。

劉邦列土封韓彭一統天下

秦末漢初，楚漢相爭，連年大戰。項羽英勇無比，又有八千江東子弟兵作主力，故劉邦是輸多贏少。

後來，項羽後方不穩，便放棄了與劉邦對陣，商定以鴻溝（古時一條北起滎陽，東經中牟、開封，南流入穎水的運河）為界，東為楚王項羽地盤，西為漢王劉邦地盤，就此罷兵。但劉邦並不就此甘休，而反覆無常，撕毀了約定，傳令給天下諸侯和韓信、彭越，讓他們前來合兵擊楚，想就此統一天下。誰知劉邦進兵後，韓信、彭越卻沒有踐約屆時出兵。楚軍回殺過來，把劉邦這支孤軍打得大敗，嚇得劉邦龜縮起來，深溝高壘，不敢出戰。

劉邦與謀士張良討論調動韓信、彭越出兵的計謀。張良反問道：「大王起兵反秦，在外征戰，顛沛流離十幾年，為了什麼？」劉邦想了想答道：「為了佔領地盤，以取得榮華富貴，對妻蔭子，永享萬年。」張良說：「對了。那麼當今亂世，各路諸侯起兵反秦，帶兵征戰，又是為了什麼？」劉邦大悟，忙派使者傳令，把陳地以東至東海（今山東全部和河南東部，江蘇、安徽北部一帶）封給韓信，把淮陽以北至谷城（今河南北部和山西南部一帶）封給彭越。兩人一聽大喜，忙起兵援助劉邦，與項羽在垓下（今安徽靈壁內）大戰，遂打敗了強悍的項羽，得天下，建立了漢王朝。

倘若劉邦不以張良的「由己推人術」，不去裂土封韓信和彭越，這兩員驍將不出兵助戰的話，那就不知「鹿死誰手」了。

大凡出色的政治家，都會使用此術，去瞭解別人，依此去引誘別人賣命。

設身處世方能知己知彼

《莊子．秋水篇》寫了一則寓言故事，用來說明這個道理。

初秋時節，接連下了幾場大雨，使黃河的水暴漲起來。於是河神看著那滾滾翻騰的波濤，心中洋洋得意，以為天下最為雄偉壯觀的景象都集中在自己這兒了。

他歡天喜地地逐著波濤嬉戲玩耍，順流來到東海邊一望，只見大海天水相接，廣闊無垠，無際無涯，才知道自己太渺小、太自傲了，於是感慨萬千地對海神說：「俗話說，剛有了一點點學問，就以為天下人誰也比不上自己，說的就是我這樣的一種人啊！今天見您這樣廣闊無窮，才知道我從前的認識多麼可笑！」海神對他說：「人們無法跟井底之蛙談論大海，因為它受居住環境所限，怎麼也理解不了大海的壯觀；人們也無法跟夏蟲談論冰雪，因為它們受生存時間的限制，無法相信它們沒見過的東西。」

埃克森併購美孚

一九九八年十二月一日，美國最大的石油公司埃克森公司和位居其次的美孚公司在紐約宣佈達成合併協定，成立規模超過英荷殼牌公司的世界上最大的石油公司。

兩家如此寵大上市公司，經營風格又大相徑庭，卻在這麼短的時間內完成了如此精妙絕倫的合併。華爾街人士說，在這宗巨型併購案的背後，是一個取得了巨大成功的投資銀行家運作的結果。

羅德．皮科克是J．P．摩根公司一個沈默寡言但衝勁十足的銀行家。他跨越大西洋就像大多數人過馬路那樣頻繁。這位四十七歲的英國人酷愛跑步，曾在牛津大學的馬格達倫學院獲得工程學和經濟學學位。

在兩家公司合併之前，皮科克對世界石油工業的現狀進行了深刻的分析。他認為，儘管兩家公司經營狀況一直不錯，但一九九八年以來亞洲國家受金融危機影響石油需求減少，西方主要石油消費國庫存充足，世界石油市場供大於求的嚴重狀況導致油價持續低落。而石油輸出國組織也未能就限產問題達成任何新的協定以刺激油價回升。在這種情況下，即使像埃克森和美孚這樣實力雄厚的石油公司也面臨著嚴重的挑戰。

皮科克分析，在亞洲金融危機的衝擊下，埃克森公司一九九八年的收益將下降三二%，美孚降幅可能更大。面對這種形勢，石油公司只得通過降低成本來擺脫困境，而併購通常被視為重要途徑之一。根據皮科克的預測，合併後的新公司每年將可節省二十八億美元的開支；員工將減少九〇〇〇名，約占其員工總數的七%；合併後的第一年，公司的利潤將維持原來水平，第二年公司的經營狀況將會得到很大改善。

在皮科克的幫助下，埃克森公司制定了詳細的併購計畫，包括併購的時間、方式、出資額及併購後的消化吸收工作。此外，在法規、稅務、現金流量管理等方面，他也進行了精妙設計。

合併價格的確定是合併能否成功的關鍵。以皮科克為首的顧問團對兩家公司的價值評估讓所有人心服口服。合併結構分兩步實施。第一步，兩家公司被註銷，成立埃克森—美孚公司；第二步，新公司向美孚公司股東發出換股要約。合併後的新公司將由兩邊原來的管理層共同管理。雷蒙德執掌新公司的董事長和首席執行官的大印，美孚公司董事長盧喬・諾托出任新公司副董事長。這種管理職位的精心安排，同樣又是皮科克的主意。難怪這起交易如此容易地獲得了所有方面的批准。

和巨人的較量

泰克諾公司位於渥斯堡，它是一家醫用面罩供應商。嶄露頭角時，泰克諾所面對的不僅僅是一個巨人，而是兩個：強生公司和三M公司。

選擇合適的市場是泰克諾成功的關鍵。公司創始人哈巴德說：「我們知道如何選定突破戰術。」泰克諾公司開始銷售口罩時，強生公司和三M公司據統治地位，但是由於對巨人的影響很小，這種小商品受到忽略。當時口罩是廉價商品。然而，泰克諾抓住了人們與日俱增的對愛滋病毒和其他疾病的恐懼心理，把普通產品改造成能保護醫療工作人員的一系列「特殊」口罩，形成有利可圖的產品系列。

這一策略使泰克諾財源滾滾。外科手術口罩現在占公司收入的五三％，其中一半的銷售額來自特殊口罩，特殊口罩的毛利可達六五％，而廉價的普通口罩的毛利只有四〇％。一九八九年以來，公司利潤和銷售額以每年三四％和二三％的速度增長。

在泰克諾的節節勝利中，其高超的生產技術也發揮了作用，以往口罩生產靠手工縫製，所以口罩生產一直是勞動密集型的產業。而泰克諾建成了自己的高速自動化生產設備。這不但使泰克諾生產速度比對手快，而且使它成為低成本的供應商。這還幫助泰克諾贏得了像私立醫院和第一衛生聯盟這樣的大主顧。一九九三年第一生產聯盟中止了和強生公司的一項長期合約，轉而跟泰克諾達成一筆一千萬美元的交易。

為保持持續成長，泰克諾正在向歐洲擴展。另外，通過兼併，泰克諾已進入醫院服裝和矯正裝備兩個行業，而且它每年開發十至十二種新產品，使自己保持領先地位。公司創始人哈巴德正警惕地注視著市場。因為哈巴德比任何人部清楚地瞭解，一點微小的創新對一個公司所能發揮的作用都是天可比擬的。

第三章　內揵

第十二術　得情制人

【原文】

《鬼谷子・內揵篇》曰：「不見其類而為之者見逆，不得其情而說之者見非。必得其情，乃制其術。此用可出可入，可揵可開。故聖人立事，以先知而揵萬物。」

【註解】

就是說，在處理問題時，首先要摸到真實情況，要抓住第一手資料，這是處理事情的關鍵。你想制服敵人，就必須瞭解這個人的性情、隱情、言行、素質等，然後才能夠說服他、控制他，抑或打倒他、利用他；你要處理好一件事情，就必須掌握這件事情的前因後果、發展變化過程及與此相關的內外部條件等，才能因勢利導，按你的意圖控制事態，處理此事件。

【踐履】

英雄難過美人關

明崇禎十四年（西元一六四一年），清兵大敗明師於錦州（今遼寧錦州），俘獲明帥洪承疇。

洪承疇乃中原才士，文武全才，對中原軍事、政治、風土、人情了若指掌。清太宗（皇太極）久懷吞併中原之心，於是想到用洪承疇作開路先鋒，以取中原而霸之。但洪某性情耿直，深知大義，軟硬不吃，一味拒絕，且絕食求死盡忠。太宗派了多少能言善勸之士，都無濟於事。

消息傳到後宮，博爾濟吉特欲處理此事，於是召來洪氏親隨金升，刑誘相加，探得洪氏的制命弱點：不怕硬不怕軟、不愛財不愛錢，唯最喜歡美女。於是太宗搜羅了美女數十人，前去施「美人計」，但卻無一人奏效。洪氏抱定必死之心，眼都不睜一下。

皇后徵得太宗同意，決定親自上場。於是皇后打扮一番，在某日黃昏時節，攜一藥壺秘密出宮，來到監禁之所，但見洪氏閉目危坐，大義凜然。皇后輕輕一笑，細聲柔語打問：「此位是令人久仰的洪將軍嗎？」洪承疇就有這般怪癖，不怕刀槍弓箭，惟獨禁不住女人的聲喉婉轉、吐氣如絲。這不，在不知不覺中竟睜開雙眼，見一絕色美女，心裏一動，但仍正色問道：「你是什麼人？有何事？」皇后媚笑一下，柔聲說：「不用管我是誰，我只是來救你逃出苦海的。」洪氏牙一咬，心一橫，道：「不用勸降！我心如鐵石，請閉嘴勿言。」皇后莞爾一笑：「將軍差矣！我佩服將軍英武不屈、忠貞不二，我不是來勸降的。」洪氏疑惑起來，盯著皇后問：「那你要做什麼？」皇后笑答：「將軍不是要以死殉節嗎？要死，絕食不是好辦法。絕食而死，需七、八日。未死之前，餓火中燒，心潮洶湧，千思萬想，愁思滿胸，委實難耐。哪如來個痛快，一死了之！我今已帶來煮好的毒藥，若將軍真心想死，就請飲下去！」洪氏經不住她這一捧一勸，忙說：「好，好！我喝！死且不怕，何懼毒藥！」於是接過壺來，張口狂飲。不料氣急嗆咳，噴了那女人一身。洪氏自覺不妥，忙以手相拭，與那女人的手碰個正著，直覺似被電流擊中，渾身上下熱躁難耐。頭暈目眩之中，只見那女人向他點頭微笑，於是，情不自禁，撲將過去……第二天天將亮，這位不畏酷刑刀槍的抗清英雄竟被清太宗皇后牽著手，順從地到大殿參見清太宗，做了清人的「長鬼」。

太宗皇后看透了洪承疇那剛正不阿的外表掩蓋下的心靈污點，利用洪氏性格中剛直與好色這看似互為矛盾的兩種特點，略施手腕，巧用催情藥，就制服了這位鋼骨鐵漢。

明末大將洪承疇就這樣被清太宗皇后博爾濟吉特得「情」而「制」，使之變節。

龐統巧獻連環計

三國時，吳蜀聯軍與曹魏大軍在赤壁長江邊對峙。

曹魏軍士系北方人，不習水戰，在戰船上搖擺不穩，減弱了戰鬥力。曹操為此事甚為擔憂，思謀良策。吳軍謀士龐統得其「情」，決定因此情而制曹軍，便借曹軍謀士將幹之力，混入曹營，向曹操獻上「連環計」：將大小戰船分排分列，用鐵環緊扣，船與船間鋪上木板，聯體戰船便成了平地，此可解決軍士不習水戰之事。曹操上當中計，結果火燒赤壁，曹軍元氣大傷，造成了中國歷史上「三足鼎立」的局面。

龐統得到了對方的「情」，因對方之「情」而施計制之。

日本人是如何贏得職員忠誠的

・他們都知道我是喜歡忠誠的。

經理新上任，要向員工闡明自己是喜歡忠誠的。應徵新進入人員時，也要聲明「本經理要求員工的忠誠。」當員工表現好而獲得獎勵時，經理說一句「多謝您對本公司的忠誠。」總之，一有機會就要宣傳和強調「忠誠」二字。

・不要對他們開空頭支要。

當你要求員工忠誠時，說的話要實事求是，能給多少報酬就多少，能為他辦什麼事就說什麼事，千萬不要信口開河，不要打折扣。否則，在員工當中失去信用，你這個經理就不好當了。

・關心他們的收入。

對於工資偏低的員工，經理應做到心中有數，在條件許可時，應儘量給以調整、加薪。那種「既要馬兒跑，又要馬兒不吃草」的經理是很難把工作做好的。

・提高其福利待遇。

人們對生活的要求是越來越高的，公司應在條件許可時，儘量關心和改善員工的生活福利。那種「鐵公雞——一毛不拔」的「孤寒財主」是激發不起員工忠誠的。

作為一個企業的管理者，要懂得管理的藝術，要理解與人為善的藝術，要記住在任何時候都不要傷害員工的自尊心，不要忽視員工的積極性和事業心。每一個人都渴望自己被別人承認、信任和尊重。如果員工的人格受到了相當的尊重並能充分地、自由地表現個人的才華和付諸實踐時，那麼，他自然會提高工作的興趣和工作效率。與此相反，假如經理傷害了員工的自尊心，後果是不堪設想的！因此，經理應該注意下面幾個問題：

一、態度和緩，不要粗魯地斥責員工。

二、注意場合，不要當眾斥責員工。即使是他做錯了事情，也應該找個適當的時間和地點，心平氣和地對他曉之以理，並給他改正的機會。

三、員工一時未能領會你的意圖、或者做錯了事，你不要挖苦他，不要數落他過去的「舊帳」，而是要耐心地吩咐、叮囑和教育。

四、批評員工的時候，不要把他說得一文不值。在指出他的錯誤及危害性的同時，也應講講他的某些長處和優點。這樣，他才容易接受你的批評，才有改正錯誤的信心。

‧想辦法熟悉他們的姓名和個性‧

不要小看稱呼員工的姓名這件小事。名字很普通，誰都有一個，但是名字對個人卻又是十分重要的。特別是一些大公司，當經理或成百上千的員工中主動稱呼出一名員工的名字時，他的感覺就會與眾不同，感到自己在公司的地位和作用。相反，如果經理當面叫不出員工的姓名，就會使員工感到自卑，覺得自己在公司裏無足輕重，肯定提不起積極性來。此外，對員工的個性也要有所瞭解，掌握他們的特點和脾氣，做員工的貼心人。這樣，對安排工作和建立愛護公司的思想都有幫助，員工也會覺得你是他的知心人，對公司的忠誠度也會隨之提高。

・對他們要平易近人、和藹可親・

當經理的不要板著面孔，不要動不動就訓人。平時見到員工時，應主動打招呼，千萬不能擺起老爺的架子。稱呼員工的名字時，最好是帶有親切感和尊重的意思，有時間的話，最好能跟他們閒話家常，問他們有什麼困難。還可以跟員工一起下棋、打球、旅遊。這樣，員工就會感到你和藹可親，感到公司溫暖並建立起對公司的向心力。

・注意他們的要求和情緒・

經理要經常關心員工的動態、要求和情緒（如工作、家庭生活、學習、醫療、婚姻、孩子……等等），對於員工的疾苦，能解決的儘量解決，暫時無法解決的也應耐心解釋。對員工提出的問題，千萬不要拖拖拉拉，起碼要有個答覆，讓員工感到你確實為他操心了，這樣一來忠誠度也就提高了。

・善於與他們的家庭連結在一起・

不要小看員工家屬的作用，如果能團結他們，對公司是不無益處的。當某位員工對公司作出貢獻，有高度忠誠表現時，公司應主動邀請其家屬前來參加慶功或主動寫信給員工家屬，表揚他的事蹟，感謝家屬對其親人的支持和協助，使家屬引以為榮，進而加深他們對公司的熱愛。此外，如果公司有什麼喜慶活動（或旅遊活動）最好也邀請員工家屬參加。這樣，可以使公司與員工距離拉近，感情更加融洽。讓大家都有這麼一個觀念——我為公司，公司為我，齊心合力，萬事成功。

能與職員保持如此的關係，還有什麼意見或安排無法傳遞給他們的呢？向他們陳述自己的主張時，他們還不會支持你嗎？

「外揚家醜」巧得顧客情

在傳統的文化觀念中，人們是很忌諱「家醜外揚」的，在商品經營中更是如此。

「王婆賣瓜，自賣自誇」、「賣瓜的說瓜甜」，為了提高銷售額，廠商一般都不能恰如其分，二來時間一長，人們對此都有不同程度的厭惡感。

「家醜外揚」則恰恰相反，它直接站在消費者立場上，設身處地為顧客著想，主動披露產品存在的多方面問題，以誠為本、以誠相見、以心換心，在人們心目中樹立誠實的企業形象，以此而招來顧客對產品的青睞，擴大市場佔有率。

「家醜外揚」巧妙地利用顧客的逆反心理，對顧客適當地「縱」，這樣比直接「擒」反而具有更大的吸引力。

美國亨利食品加工工業公司總經理亨利·霍金斯先生突然從化驗鑒定報告單上發現，他們生產的食品配方中具保鮮作用的添加劑有毒，雖然不大，但長期服用對身體有害，如果悄悄地在配方中刪除添加劑，會影響食品鮮度。如果公佈於眾，會引起同行強烈反彈。

然而，最後他毅然向社會宣佈：防腐劑有毒，對身體有害。

所有從事食品加工的老闆聯合起來，用一切手段向他反撲，指責他別有用心、打擊別人、抬高自己，一起抵制亨利公司的產品。亨利公司到了瀕臨倒閉的邊緣。

這場爭論持續了四年。霍金斯在近於傾家蕩產之時，名聲卻家喻戶曉並得到了政府的支援，產品成了人們放心的熱門商品。

亨利公司在很短時間內恢復了元氣，規模擴大了兩倍。霍金斯一舉登上了美國食品加工工業的第一把交椅。

揭產品之「家醜」，揚經營者之真誠，一時間可能限產，降低效益。但這種「防守」卻打消了顧客的擔心和不信任感，贏得了顧客對企業和產品的信賴。

善於「得情制人」的玩具商龍頭老大——任天堂

西方企業戰略管理中比較強調兩點：一是「善窺形式，因應變化」；二是「好比種樹，不能輕易挪動」。靠紙牌起家的日本玩具商——任天堂公司，比較典型地展現了這種經營之道。

曾任社長多年的山內博志，以接班始創新，當時以手工製作紙牌。一九五三年，製作塑膠撲克使營業額上升；一九五五年與美國迪士尼公司簽訂合約，大量生產米老鼠、唐老鴨、白雪公主等人物撲克；一九五九年，日本電視臺舉行皇太子娛典節目，山內博志投資巨額，冒險播放十五分鐘針對兒童好奇心理的「撲克牌魔術」節目，此節目引起轟動，使銷售額上升：不久，又推出「魔手」、「超級機器」等玩具獲得成功。

但好景不長，塑膠撲克牌不符合歐洲、美國一次性使用的習慣，造成積壓。一九六九年，任天堂向家用電腦玩具發起總攻。當時，日本、美國幾家公司也推出這種電腦玩具，售價為二萬到六萬日圓，銷量不大。任天堂公司推出成本低、功能比美國好的家用電腦的大型積體電路，幾乎一夜間，壓倒所有對手。

現在每五個美國家庭，就有一台任天堂公司的娛樂系統。難怪美國的雜誌上說：「美國的孩子，沒有任天堂，就會像沒有棒球手套一樣遺憾。」

美國任天堂子公司的經理荒川發現：美國的父母擔心孩子們迷上任天堂的產品後，減少體育活動，於是任天堂迅速推出一種叫「動力台」的遊戲機，孩子們在玩時，必須用跑、跳、蹦等方式控制螢光幕上的人物。如此挖空心思，使任天堂生意大好。

通常，任天堂日本總公司的產品一經設計完成，就會立即把它寄到在美國的分部，而早已等候在那裏的辦公室人員收到快遞後，立即開箱檢查審視，看美國的市場能否接受這種產品。所有的文字、圖畫都要被仔細審查，等到確信沒有問題後才正式投入美國市場。

由於國情不同，玩具產品很容易引起「水土不服」，甚至民族的衝突。比如，有一次在日本開發出來的一套電視遊樂系統中的人物形象就經過了更改才推向美國市場的。因為其中扮演壞蛋的那個角色一看就是印第安人；還有一套「賭博」遊樂系統，唯一的賊是一位黑人，為了避免種族歧視問題，有關人員就把「印第安人」的面孔改變，把黑人的膚色「淡化」一番。

可見，如果放任有問題的產品推出，後果不堪設想。

產品設計不僅要符合目標市場的政治文化環境的需要，而且要符合目標市場的審美觀念和傳統習俗的特點。比如「富翁」電玩，在日本版本中是吃了壽司而增強體力的，而到了美國，這個版本就將壽司改變為熱狗；相應地，主角的瞇瞇黑眼也變成濃眉大眼，這樣就容易被美國消費者接受。

第十三術　環轉退卻

【原文】

《鬼谷子・內揵篇》曰：「若欲去之，因危與之。環轉因化，莫知所為，退為大儀。」

【註解】

就是說，要想離開某個環境而去，並不是落荒而逃，而是要「因危（詭）與之」，憑著詭計、謀劃離開。要善於玩弄權術、詐術，做出「環轉因化」的表像，讓人看似這樣，又似那樣，看似進攻，又似退卻，讓對手「莫知所為」，不知道你是「困獸猶鬥」還是「以進為退」，摸不準你的真實意圖是想「攻」還是想「逃」。這就是退卻的基本法則。「儀」即法則也。

【踐履】

陸遜軟退反進

西元二三四年，孫權親自率兵十萬，去攻魏的合肥新城（今安徽合肥西北），派陸遜、諸葛瑾領一小部分兵馬去打魏的襄陽（今湖北襄樊）。但圍攻不久，吳兵卻多染時疾，魏明帝又親率大兵增援合肥，故孫權無奈撤兵而回，同時派使者通知陸遜、諸葛瑾。哪知使者半路上被魏兵擄去。諸葛瑾聞知大驚，忙派人告訴陸遜，趕緊撤兵。

陸遜接到信後，毫無動靜，依舊催促手下種植生長週期短的蔓菁以供軍隊食用，依舊和手下眾將下棋玩樂。諸葛瑾不知就裏，忙親自來見陸遜。陸遜說：「要退，也得用計撤退。魏兵知大帝退去，必全力對付我們。我們若落荒而逃，必被全殲。」當下，陸遜命諸葛瑾率人督管戰船，陸遜不但沒撤，反而率兵拔營，向襄陽進逼。

魏兵久已畏懼這位曾出奇謀火燒劉備陣營七百里的大將，見吳軍逼來，不知玩什麼花招，忙退守城裏。這時，諸葛瑾已派人沿江排開戰船，吳軍有秩序地登上戰船，安全撤走了。

這就是「環轉退卻術」，實要退，表面上卻在進攻，讓敵人摸不清真實意圖，不敢貿然圍擊。吳帥陸遜就是這樣憑藉了計謀才得以安全撤兵的。

以沙充糧檀道濟全軍而退

南北朝劉宋文帝元嘉七年（西元四三年），到彥之率兵北伐，把北魏打得大敗。宋文帝又派大將檀道濟率兵接應，二十餘日連勝三十餘陣，深入曆城（今山東濟南東）。但因補給線太長，北魏出兵截燒宋軍運糧路，卻使宋軍陷入困境，只得退兵。

正在這時，一名逃兵跑到北魏大營，說宋軍糧草已盡，準備逃命。北魏馬上出兵追趕。宋軍將士人心惶惶，不知計出何處。入夜，檀道濟命手下人用斗量沙子，並口喊數目。最後，又將所剩軍糧覆在沙堆上。北魏一見宋軍還有這麼多糧，以為中了計，忙把那逃兵當奸細殺掉，撤回原地固守。檀道濟得以全軍撤回。

以假像吸引對方的注意力，以便逃走，或虛張聲勢製造假像，以便蒙蔽對方，是撤退計謀的一招。

朱可夫的調兵藝術

一九四三年秋，蘇軍反攻德國法西斯，發動了德涅伯河會戰。

按最高統帥部命令，沃羅涅什方面軍渡河奪取了基輔東南的希克林登場。德國軍組織強大力量反擊，經過兩次大交鋒，蘇軍受挫。朱可夫元帥決定把主攻力量轉移到敵人防禦力量較弱的基輔北側。但是，這樣一支機械化大部隊在敵人面前轉移，很難保守機密。於是，朱可夫元帥運用起「環轉退卻術」，先假造一個暫停進攻、就地防禦的命令，故意放在陣亡軍官的皮包內，讓敵人得去。將部隊悄悄撤回第一線後，仍留下少量兵力，製造聲勢，並讓前線電臺照舊工作，以造成大部隊重新集結、固守待攻的假像。直惹得德軍調動大批飛機，對希克林蘇軍陣地轟炸了一星期，並調集預備部隊，準備決戰。

這時，蘇軍主力已轉移到基輔，在那裏發起了總攻擊。

金蟬脫殼，以假亂真，不但可以用於退卻、逃命，還可以用於吸引敵方注意力，以轉移主力，發動更有效的攻勢。

從別人的退中發現商機

四十歲的塔比，是法國經濟界引人矚目的企業家。他擁有四十五家公司，經營範圍很廣，從營養食品到滑雪綁帶、高級時裝，各種產品都經營。每年產品的銷售額都達五億五千萬美元以上，獲利千萬美元。

塔比成功的關鍵是在於他掌握了條文複雜的破產法。他的公司，絕大多數都是原公司倒閉後由他收購來的。塔比出身貧寒，一九五六年他從一所工程學校畢業後曾在一家企業管理諮詢公司當小職員。兩年後，他辭職自辦公司。幾次失敗後，他發現了一條發揮自己才能的路：「拯救」破產倒閉的企業。第一次，他買下了四個破產的製圖公司，經過整頓改造，製圖公司開始有盈餘。之後，他更是不斷地收購破產的企業，用他的特殊方式對其進行整頓。很快，這些公司都恢復了正常生產，變成有盈餘的公司。

塔比的成功，首先在於他把破產法研究透徹。他若看準某家倒閉的公司，就先申請爭取成為該倒閉公司的合股人：然後收購這個公司債務至少三年的協定：對收購過來的企業進行調整，他採取的方法是大幅度的裁員，然後改進生產的方法，同時積極開展銷路，建立推銷團隊。通過這四個步驟，原來破產的公司便起死回生，獲得新生。例如「泰拉隆」是法國最大的一家商標公司，它在虧損二〇〇多萬美元後申請破產。塔比接管後，將五二〇名雇員減至一〇〇人並投資二四〇萬美元改進設備，使新產品的成本消耗降低一半以上，而生產效率卻提高八〇%，三年內，這家公司獲利三八〇萬美元。

塔比的成功還有多方面的原因，但最重要的成功原因當屬他的收買治理術和敢於冒險的精神。

「退避三舍」之妙

和強敵決戰，出路只有三條：投降、媾和、退走。投降是徹底失敗，媾和是一半失敗，退走則可以轉敗為勝。所以稱走為上計。

美國惠普電腦公司一直堅持一個原則：即產品優質可靠與技術創新完全是兩回事。所以市場上出現新產品時，他們總是甘拜下風，落後兩三年，再推廣到顧客中。

惠普公司絕少在市場上第一個推出新產品，該公司常採取反擊式的行銷策略。這就是，當競爭廠家新產品上市後，惠普就會發動大批工程師去對購買新產品的客戶做服務性的拜訪，頻頻探聽他們對該產品的意見。例如他們喜歡產品的哪些特色、性能，哪些是他們所不喜歡的。這些工程師把用戶的意見帶回公司，進行總結、研究，然後根據用戶的意見，對新產品進行改造。不久，他們就生產出完全符合顧客要求的新產品來。於是惠普公司的產品就以絕對優勢壓倒了那些競爭廠家的新產品，真正做到了後來者居上。

第四章　抵巇

第十四術　抵巇

【原文】

《鬼谷子．抵巇篇》曰：「巇者，罅也。罅者，㵎也。㵎者，成大隙也。巇始有朕，可抵而塞、可抵而卻、可抵而息、可抵而匿、可抵而得，此謂巇抵之理也。」

【註解】

就是說，器物的毀敗都是由微小的縫隙引起的。俗話說：小洞不補，必定吃苦。微隙不治便發展成小縫；小縫不治便發展成大縫；大縫不補，器物便毀壞了。處理世間事物也是這個道理：小事端不去管它，就會發展成大衝突；大衝突不去調解處理，離事情失敗就不遠了。反過來，我們想要破壞某事物時，也就要尋找那些小事端入手，利用這些小事端，製造大衝突，進而把這一事物毀掉。人在一塊兒共事久了，一同處理事情多了，難免意見有不合的時候，有小摩擦的時候。心懷詭計、別有用心之人便會抓住這一機會，搬弄是非，造謠生事，挑撥離間，把小意見變成大意見，小摩擦搞成大衝突，挑起內戰，自己坐收漁翁之利。

【踐履】

將相和

明智的政治家善於發現小漏洞、小矛盾、小衝突，會及早進行彌補和調解。藺相如便是這樣一位智者。

他因保護和氏璧有功，又在秦王面前使趙王免受秦王侮辱，回國後便被趙王封為上卿。這卻引起大將軍廉頗的嫉妒。廉頗幾次找碴兒鬧事，都被藺相如以忍讓避開，終於使廉頗幡然醒悟，於是出現了流譽至今的「將相和」故事。

藺相如善於在小洞時彌補，善於調解小衝突，是一位深諳「抵巇」之理的政治家。

何無忌將計就計

兩軍對陣中，攻擊敵人的薄弱環節也是屬於此「抵巇術」中的一類。

東晉時，荊江刺史桓玄舉兵東下，攻入建康（今江蘇南京），殺掉把持朝政的司馬元顯，廢掉晉安帝，自稱帝號。

次年，北府兵將領劉裕起兵討桓玄，大敗之。桓玄退至江陵（今湖北江陵），留下部將何澹之把守盆口（今江西九江西）。何澹之為轉移注意力，把自己的旗仗等佈置在一條船上，自己卻藏到另一條船上。

與劉裕一齊起事的廣武將軍何無忌已偵知何澹之不在那條船上，但仍命主力攻那條船。部將前來勸阻。何無忌說：「我早已知道何澹之不在那條船上。唯其不在，此船力量自然薄弱，我以精銳之師攻之必克。然後將繳獲的何澹之旗仗展示敵我雙方。敵人誤以為主力被捉，必無心戀戰；我軍見敵首被擒，必勇力大增。」

這樣，克敵必有把握。果然，戰局正如何無忌所料，精兵攻下那艘敵船，宣揚「何澹之已被斬首」，敵軍便不戰自潰了。

現代戰爭中的抵巇術

古人的這種「抵巇術」，被現代軍事家所借用，便出現了「突入敵後方」、「鑽入敵內部」的戰術。

第二次世界大戰末期，希特勒命一德國軍官挑選了兩千名會講英語的士兵穿上美軍制服，駕著繳獲的美軍坦克，乘著美製卡車和吉普，趁德軍突破美軍防線的機會，鑽入美軍後方，切斷交通，割斷電線，製造交通事故，攻擊美軍零散人員，殺掉美軍指揮交通的士兵，代其指揮車輛，把美軍運輸搞得一團槽，給美軍帶來了巨大損失。

一九七三年十月爆發的第四次中東戰爭中，以色列突擊部隊進行反擊戰，也採用此法混過運河，在西岸潛伏下來，然後配合進攻部隊建立橋頭堡，扭轉了戰爭局勢。

精明的軍事家懂得了「抵巇之理」，在利用敵方縫隙，突入其中的同時，也要設法彌補自己的漏洞。「抵而塞」，塞起自己的漏洞，讓敵人難以下手。第二次世界大戰中，蘇軍突擊到離柏林六十公里的奧得河時，後方補給跟不上來，坦克和步兵大量掉隊。這時，朱可夫元帥記起了大戰初期，德軍攻到離莫斯科三十公里處時，因為補給線太長，側翼出現了空隙，自己就利用這一空隙從側翼反擊，一舉挫敵，扭轉了戰局。但是此時情況倒過來了，敵人也會利用空隙，從側翼包抄蘇軍的。於是，他一邊下令部隊集結，一邊向側翼派出坦克部隊。果然，坦克部隊遇上了敵人包抄的反擊部隊。這樣，由於蘇軍及時彌補了側翼縫隙，才得以順利地攻入柏林。

希臘船王的沙漠之行

一九五三年夏，一艘當時世界上最豪華的遊艇駛進了沙烏地阿拉伯的吉達港。這艘名為「克莉絲蒂娜」的遊艇，誰都知道是希臘船王歐納西斯所有。歐納西斯夫婦既非旅遊度假，也不是到麥加朝聖，他們來沙烏地阿拉伯究竟為什麼呢？

眾所周知，沙烏地阿拉伯享有大自然賜予的得天獨厚的寶貴財富——石油。西方實業家嗅到了這巨大財富的氣息，爭先恐後地來到這陽光炙人的國度，意在爭取沙烏地石油的開採和運輸權。但阿美石油公司和沙烏地國王早就訂有明確的壟斷開採石油的合約：每開採出一噸石油，給沙烏地相當數目的特許開採費，石油採出後，由阿美石油公司的運油船隊運往世界各地。阿美石油公司這堵高牆，嚴密地保護著它的特權，幾乎連一點縫隙也沒有。

然而歐納西斯在設法搞到拷貝的開採合約後，經過仔細研究，卻發現合約並沒排斥沙烏地阿拉伯擁有自己的運油船隊來從事石油運輸。

幾個月後，歐納西斯和沙烏地國王訂定了震撼世界企業界的《吉達協定》，協定規定：成立「沙烏地阿拉伯油船海運有限公司」，該公司擁有五十萬噸的運油船隊，全部掛沙烏地國旗，該公司擁有沙烏地阿拉伯油田開採權和石油運輸壟斷權。

協定的簽訂宣佈了歐納西斯的成功。這個協定使阿美石油公司遭到了致命打擊。

抓準小型汽車市場空隙

第二次世界大戰後，美、日汽車生產和技術水準差距極大。美國素有「汽車王國」之譽。可是，在二十多年後的今天，力量對比發生了顯著的變化。日本汽車工業蓬勃發展，雄視世界，不僅日益擴大對美國市場的佔有率，也同時向全球進攻。

日本人向美國人發動汽車戰是在六〇年代。

日本人在調查研究中發現美國人對汽車的需求已有變化：過去美國人偏愛大型的、豪華的汽車，但由於美國汽車越來越多，城市越來越擁擠，大型汽車轉彎及停放都不方便，加上油價上漲，人們感到用大型汽車耗油不划算，因此，美國人的偏愛已轉向小型汽車，即喜歡價廉、耐用、耗油少、維修方便的小汽車，並要求容易駕駛、好停車、行駛平穩、腿部活動空間要大等等。

豐田正是根據美國人的喜歡和需要，製成一種小巧、價廉、維修方便、速度更快、乘坐更舒適，受到美國顧客歡迎的美國式小汽車。

由於這種經過改良的小汽車正符合美國顧客所喜所需，迅速在美國市場上樹立起物美價廉的良好形象，終於打進了美國市場。

打入美國市場後，日本汽車公司並不滿足，而是不斷調整、不斷改進、提高品質，滿足顧客所喜所需，因而能不斷擴大市場佔有率。

在五〇年代，美國人是瞧不起日本貨的，「汽車王國」的掌控者們根本不擔心日本汽車的競爭，盲目自大，認為自己製造的汽車「頂呱呱」，也無須瞭解美國顧客之所愛與所惡，也沒有想到為了滿足美國顧客需求而改進自己的汽車技術。這就給日本汽車商進軍美國市場留下了一個大大的空隙。

日本汽車業敢於向先入為主的美國汽車業挑戰，並能「反客為主」，取得後發制人的勝利，在於他們瞭解對方的致命弱點——麻痹大意，看準了小汽車市場這個空隙，乘隙出擊，生產出質高價低的小型省油車，進而穩操勝券。

柯達是如何打開日本市場的

「日本市場既封閉又保守」。許多外國駐日本公司的總經理總是抱怨著離開日本。但是，柯達公司總經理阿爾巴特．希格卻例外。

日本的底片市場長期以來為富士和柯尼卡這兩大公司所壟斷，可是美國的柯達公司硬是衝破了這層壟斷，躋身日本底片市場。

柯達進軍日本市場是從底片沖印這個側面入手的，這就是它的成功秘訣。當柯達公司初探日本市場時，見到日本大街小巷都佈滿了富士和柯尼卡兩大公司的底片銷售網。這時，如果柯達公司側面進攻，打開缺口，就能一步一步躋身主要市場。於是柯達決定從沖印入手。從消費者角度來看，沖印是底片市場的一部分，沖印效果比攝影效果更為直接。柯達公司首先在日本開設的不是底片銷售點，而是底片沖印店，是由沖印店附帶銷售柯達底片。柯達沖印店不僅接收柯達底片，也承接富士和柯尼卡底片的沖洗業務。不久，柯達高品質的沖印技術和底片開始贏得了部分日本消費者。有些消費者在買底片時指名要柯達，於是一些經營底片的商店便讓出一部分位置給柯達。幾年後，柯達底片便跟富士、柯尼卡同時陳列在商店的貨架上了。柯達在日本市場站穩了腳步。

柯達公司捨本求末，從沖印入手，逐漸打開局面，直至站穩腳跟，與富士、柯尼卡等平分秋色。這個成功的經驗對其他企業的創業也有借鑑作用。

第十五術　深隱待時

【原文】

《鬼谷子．抵巇篇》講到使用抵巇術時說：「世無可抵，則深隱而待時。世有可抵，則為之謀。」

【註解】

就是說抵巇之術是一種尋找事物之「縫隙」，以突入其中，從內部「開花」突破的辦事之術。但有時候這種可利用的「縫隙」還沒出現，或沒有發現時，主張人們不要硬打蠻幹，而是要把自己深深隱藏起來，等待時機，等有「縫隙」時再動手。也就是當世道沒有可讓人利用的「縫隙」，無法施展抵巇術時，就深隱而等待「縫隙」出現。等到那恰當的時機一旦到來，就「為之策」，制訂計謀，運用權術去大幹一場。

【踐履】

以醉避禍

魏晉替代之際，司馬氏集團與曹氏集團的明爭暗鬥越來越激烈，互相傾軋、互相陷害的事件時有發生，那些不肯苟合於濁世的名士都難逃劫數。嵇康便因不肯附合司馬氏集團，嫉惡如仇，口出怨言，而被司馬氏集團羅織罪名，斬於市曹。另一名士阮籍見世道如此，自知無回天之力，無掃濁亂之勢，便整日飲酒大醉，以醉為「隱」，托醉而不過問政事、世事。

司馬懿之子司馬昭久聞阮籍之名，為收買名士，便提出要阮籍之女給自己的兒子司馬炎作妻，兩家結親聯姻。阮籍有心明言回絕，又怕觸怒權貴而遭大禍，便連連飲酒不止，一連醉了六十天沒有清醒，使得司馬昭沒機會提這門親事，最後只好作罷。

當時有個叫鍾會的奸佞之徒依附於司馬氏集團，多次到阮籍家中拜訪，並欲詢問阮籍對時事的看法，想借機抓把柄陷害阮籍，阮籍看透了這一點，每當鍾會來訪，他都喝得大醉以待，使鍾會難以問話，終於躲過了這個小人的陷害。

一鳴驚人

春秋時期，楚穆王死了。楚莊王即位。這位莊王即位後，整日吃喝玩樂，打獵巡遊，不理國事。奸邪大臣們暗中高興，忠直大臣們內心發急。其實，莊王另有一番打算。原來，楚國令尹權勢太大，把持朝政，莊王覺得自己剛剛即位，黨羽未豐，難以與之抗衡，需要先麻痹他，免生不測。另外，自己剛剛上臺，對大臣們的忠奸、能否也心中沒底，需要觀察甄別。出於這兩種考慮，楚莊王才把自己「深隱」起來，將滿腹雄心「隱」在吃喝玩樂中。

這樣過了三年，令尹等一幫奸臣更加肆無忌憚，惹得民憤吏怨。一幫忠臣卻再也沉不住氣了，有位出名的忠直大臣叫申無畏的便出面責問莊王。莊王見申無畏到來，不知底細，便問：「你來幹什麼？是來喝酒的，還是來聽音樂的？」申無畏說：「我只想來請教一件事。有人給臣下出了個謎語，臣下猜不出，特來請教。」莊王說：「講給我聽一下。」申無畏說：「楚國山上有隻大鳥，身披五彩，氣宇華耀。一停三年，不飛不叫。我們不知，此為何鳥？」莊王聽完，哈哈大笑，答道：「這不是平凡之鳥。三年不飛，一飛沖天；三年不鳴，一鳴驚人。」申無畏明白了底細，叩頭稱謝說：「大王英明！」

此後，又有幾位忠誠進來。莊王與他們謀劃，一舉從令尹手中奪回實權，改革政治，振興經濟，操練士兵，國勢大振，先後出兵戰勝過幾個國家。「深隱待時」，有的為了等待時機做官，有的卻是為了積蓄力量，爭取輿論，以一舉制人。

曲意奉迎，陰以謀人

北宋真宗時，宰相丁謂把持朝政，嫉賢妒能，獨攬朝權。為閉塞皇上耳目，他不准朝官單獨留在皇上身邊，怕他們借機奏事，對自己不利。那些忠直之士側目而視，卻苦無機會奏明聖上。有位大臣名曰王曾，對丁謂唯唯諾諾，服服貼貼，唯丁謂馬首是瞻。日子一久，丁謂覺得王曾對自己忠誠無二，倒也另眼相待。這天，王曾對丁謂請求：「我沒兒子，想過繼弟弟的兒子，請求皇上恩准。但怕大人誤會，不敢單獨去奏明。」丁謂覺得王曾一向對自己順服，又想奏個人私事，故點頭應允了。於是王曾單獨留下面見皇上，呈上自己預先寫好的列數丁謂罪行的奏章。過了幾天，皇帝查明真相，終於免了丁謂的宰相之位，不久又把他貶為崖州司戶參軍。有時候，這種有利的「時機」需要用權術手段取得。

為了等待最有利的時機，有時便不得不對強大的對手假意逢迎，曲心下意地周旋。劉備暫受挫折時，委身於曹操門下。曹操素聞劉備有雄才大略、鴻鵠之志，心中也加以提防，常常暗中試探。劉備怕他加害於己，便施展起「深隱待時術」來，灌園種菜，追尋野趣。曹操素來多疑，仍不放心，在青梅黃熟季節，於後花園涼亭之上設宴擺酒，請來劉備，海闊天空，議論天下之事，以觀劉備之志。曹操問：「您說當今天下，誰是真正的英雄豪傑？」劉備說了袁紹、劉表等擁兵割據的大軍閥。曹操哈哈一笑，說；「差矣！當今天下英雄，唯您我二人！」劉備以為被曹操看破了「深隱待時術」，怕有生命之虞，便驚慌失措起來，一失手，把手中的筷子掉在地上。曹操一看探出了馬腳，忙盯著問：「怎麼啦－」恰巧老天幫忙，陰沈沈的天上剛劃過一道閃電，悶雷炸耳。劉備借機掩飾，說被雷驚嚇得抖掉了筷子。曹操心中哼了一聲，自此再不把這位怕雷的膽小鬼放在心上了。劉備看他懈怠下來，才借了個時機逃出曹營。

克萊斯勒的敞篷汽車

一九八二年，瀕臨破產倒閉的美國第二大汽車製造公司克萊斯勒，在艾科卡的領導經營下終於走出了連續四年虧損的低谷，但如何重振雄風仍是艾科卡苦苦思索的問題。

企業家常用的方法是提高企業的知名度和產品的市場佔有率，而出奇制勝價廉質優又是重要手段。艾科卡根據克萊斯勒當時的情況，決定首先出奇制勝。他把「賭注」押在敞篷汽車上。

美國汽車製造業停止生產敞篷小汽車已經十年了，原因是由於時髦的空氣調節器和身歷聲收音機對於沒有車頂的敞篷汽車來說是毫無意義的，再加上其他原因，使敞篷小客車銷聲匿跡了。

雖然預計敞篷小汽車的重新出現會激起老一輩駕車人對它的懷念，也會引起年輕一代駕車人的好奇。但是克萊斯勒大病初愈，再經不起大折騰，為了保險起見，艾科卡採取了「打草驚蛇」的策略。

艾科卡指派工人用手工製造了一輛色彩新穎、造形奇特的敞篷小客車。當時正值夏天，艾科卡親自駕駛著這輛敞篷小客車在繁華的汽車主幹道上行駛。

在形形色色的有頂轎車洪流中，敞篷小汽車彷彿是來自外星球的怪物，立即吸引了一長串汽車緊隨其後。幾輛高級轎車利用其速度的優勢，終於把艾科卡的敞篷小汽車逼停在路旁，這正是艾科卡所希望的。

追隨者下車來圍住了坐在敞篷小客車裏的艾科卡，提出了一連串的問題。

「這是什麼牌子的汽車？」

「這車是哪家公司製造的？」

「這種汽車一輛多少錢？」

……

艾科卡面帶微笑地一一回答，心裏滿意極了，看來情況良好，自己的想法是對的。

為了進一步驗證，艾科卡又把敞篷小客車開到購物中心、超級市場和娛樂中心等地，每到一處，就吸引了一大群人的圍觀，道路的情景在那裏又一次次重現。

經過幾次「打草」，艾科卡掌握了市場的情況。不久，克萊斯勒公司正式宣佈將生產男爵型敞篷汽車上市，美國各地都有大量的愛好者預付定金，其中還有一些女駕駛！結果，第一年敞篷汽車就銷售了二萬三千輛，是原來預計的七倍多。

敞篷小客車能不能被汽車市場接受？能接受多少？對這些，艾科卡沒有十分把握。而且剛喘過氣來的克萊斯勒公司決不能冒險。於是艾科卡親自駕車「打草」，瞭解市場的接受程度，確定無疑後，才正式推出產品，結果成效顯著，「打草驚蛇」之計幫助克萊斯勒公司重新起飛。

深隱靜觀，從商機中覓得另外的商機

七〇年代末，歐州人發明了「魔術方塊」。

當香港人從報刊上看到歐州玩「魔術方塊」的消息後，許多廠家都捕捉到了仿製「魔術方塊」填補東方市場空白的機遇。於是紛紛行動，派員去歐州考察，瞭解「魔術方塊」的生產情況。

民生化學有限公司老闆敏銳地發現為生產「魔術方塊」的技術條件也是一個機會。他靈機一動，迅速讓他的哥哥從歐洲將生產「魔術方塊」的技術資料傳回香港，大量複製，同時在香港四家電視臺同步播放「你想生產『魔術方塊』嗎？民生化學公司將為你提供全套技術資料的廣告。」一時間，上百家塑膠廠盈門爭購，一度蕭條的民生化學有限公司，一夜之間轉衰為興，大賺一筆。

二次大戰後，美國建築業非常蓬勃，瓦工價碼看漲，這對失業者來說是個難得的機遇。一貧如洗的邁克為了生計也由明尼亞波利來到芝加哥。他看到招工廣告後，卻沒有投入應徵當瓦工的競爭洪流中，而在報上登了「你能成為瓦工」的廣告。邁克租了一間店鋪，請來一位瓦工師傅，買來一五〇〇塊磚頭和一堆砂石作教材，開展培訓業務。許多工人蜂擁而至，出高價受訓。

結果，邁克十天就獲利三〇〇〇美元，等於一個瓦工二〇〇天的收入。

企業競爭如戰場角逐。當一種為眾人共得的大機會出現時，往往也可以給自己帶來盈利的契機。能否抓住這一契機，關鍵在於能否「深隱待時」。

只有靜觀形勢，耐心等待，不忙於一時競爭，才能冷靜決斷，成功地追求目標。

牛仔褲的誕生

如今年輕人穿上一條牛仔褲，信步走在街上，不會引起什麼遐想。但你可知道，當初牛仔褲的誕生是「牛仔褲大王」李維·史特勞斯隔岸觀火的結果。

一百多年前，美國加利福尼亞州因發現金礦掀起了一股淘金熱。許多先行者一日之間成為百萬富翁的消息不脛而走，吸引了更多後繼者潮水似的湧來。隨著淘金者日益增多，競爭日趨激烈，除了礦脈成為角逐的對象之外，優良、適用的淘金用具和生活用品也炙手可熱。

德國猶太人李維·史特勞斯也來到這個巨大的競爭地，他帶來的不是淘金工具以及所需的資金，而是他原來經營的線團之類的縫紉用品，和他認為可供淘金者作帳篷用的帆布。一到目的地，縫紉用品便被一搶而空，這使他熟悉了當地的裁縫市場，但帆布卻無人問津。

李維沒有介入淘金者的競爭，而是冷靜地觀察眼前千變萬化的情況，李維靜靜地等待著，他相信，他面前將會出現他所尋求的機會。這機會終於被李維等到了。一天，李維和一位疲憊不堪的礦工坐在一起休息，這位井下礦工抱怨說：「唉，我們這樣一整天拼命地挖！挖！吃飯、睡覺都怕別人搶在前頭，褲子破了也顧不上。這個鬼地方，褲子破得特別快，一條褲子穿不了幾天就可以丟了……」

「是嗎？如果有一種耐磨耐穿的褲子……」李維順著他的話說到一半就呆住了。帆布不正是最耐磨的布料嗎？對！就這樣！他一把扯住那個礦工就走。李維把礦工帶到熟識的裁縫店裏，對裁縫師傅說：「用我的帆布給他做一條方便在井下穿的褲子，你看行嗎？」

「當然可以。最好是低腰、緊身，這樣既方便幹活，看上去又瀟灑俐落。」裁縫師傅出主意道。

「行，你看著做好了，一定要結實。」

第一條牛仔褲的前身——工作褲就這樣誕生了。由於它美觀、方便、耐穿，深受礦工歡迎。在這個基礎上，李維不斷地改進和提高工作褲的品質，逐漸演變成了一種新時裝——牛仔褲。從加利福尼亞礦區推向城市，從美國推向世界。李維成了聞名於世的「牛仔褲大王」。

如果當年李維不加思索地投入了淘金角逐，而不是「以靜待觀」，冷靜觀之，尋找自己的突破點，那麼「牛仔褲大王」恐怕就不是李維了。

袖手旁觀彼岸之火，混亂局面泰然處之。靜觀其變化，直到事情發展到有利於自己的地步，才趁機採取行動，從中取利。

激烈的商戰中，若想少花本錢，多賺利潤，此「深隱待時」計不能不用。

第五章　飛箝

第十六術　飛箝

【原文】

《鬼谷子・飛箝篇》曰：「審其意，知其所好惡，人就說其所重。以飛箝之辭鉤其所好，以箝求之。用之於人，則量智能，權材力，料氣勢，為之樞機。以迎之隨之，以箝和之，以意宣之，此飛箝之綴也。」

【註解】

就是說，用飛揚鉗制術對付別人時，要先審察、揣摩他的心意，知道他喜歡什麼、討厭什麼，然後再靠上去說些他最喜歡的話，把他捧得心花怒放，或抨擊他最厭惡的事，以便讓他把你引為知己。在他心花怒放或引你為知己之時，向你敞開心扉，交出老底，他便離受鉗制不遠了。在審核他的心意、探知他的好惡時可用飛鉗之術，順著他的話頭，順著他的心願去搭話，進而探知他的底細而設計鉗制他。使用飛揚鉗制術的關鍵是要看準敵方的心性脾胃，看透他到底喜歡什麼，其弱點在哪裡，可從哪裡入手攻破。

【踐履】

張儀借盤纏

戰國時期，張儀學到鬼谷縱橫術後先到楚國謀求富貴。哪知到楚後登龍無途，楚懷王對他並不感興趣。於是張儀記起了老師教授的「飛箝術」。

第二天，張儀佯裝整好行囊，去向楚懷王辭行，說：「既然我來貴國這麼久了，大王不起用我，那麼我想到秦國走一趟，碰碰運氣，請求大王恩准。」懷王巴不得這位噪耳之士離開，便懶洋洋地說：「請先生自便吧。」張儀謝恩，又靠前一步說：「不過，大王的接待之恩我終生不忘，若我從秦國再來楚國的話，給大王帶些什麼土特產呢？」懷王冷冷地說：「金銀珠寶、象牙犀角，本國有的是，不稀罕秦國的什麼特產。」張儀故作機密地說：「難道大王對秦國的美女也不感興趣嗎？」懷王馬上眼睛放出光，湊過身來問：「什麼美女？」張儀指手劃腳地解釋：「秦國美女漂亮極了，天下難尋。粉紅臉蛋、雪白肌膚、頭髮油光黑亮、走路婀娜多姿、說話鶯鶯嬌滴。正所謂比花花失色，對月月無光……」懷王不等張儀說完，馬上打斷他的話：「敝國窮鄉僻壤，沒見到過此等美女。對，您不說我倒忘了，請先生回來時，多帶些這種土特產來！」「不過……」張儀故作遲疑。懷王馬上說：「請放心，先生的資費我這就讓人去準備。」張儀看準了懷王這個老色鬼的胃口，用一番鋪張揚厲的「美女形容語句」，就鉗制住這個色鬼，使他乖乖地拿出金銀。

實施飛箝術的技巧，在於正搔到對方的癢處，越搔越癢，越搔越舒服，進而把對方控制住。據說連野獸都懂得這種戰術。傳說，有一種似猴樣的動物，專吃猛虎的腦漿。這種動物並無尖牙利齒、竄跳技能，而是善於搔癢。老虎吃飽了在打盹時，它便湊上前去，用爪子悄悄搔老虎的前額。老虎感到癢酥酥很舒服，睜眼看一下，此物便做出順從奉承的媚態。老虎便任憑它搔。直搔到血出骨露，老虎還直覺得酥癢。等到把老虎的頭蓋搔穿，此物就冷不丁一下了把老虎的腦子掏出來，幾口吞下，老虎便蹬腿氣絕了。這雖是一則寓言故事，卻形象地描繪了先順從對方心意再進而制之的飛箝術之威力。

實施飛箝術成功的關鍵在於所「揚」事項和所「鉗」事項有某些必然關聯，使對方在喜孜孜接受了「揚」之後無法拒絕後邊的「鉗」，否則便自相矛盾，陷入尷尬境地。

晏子巧救養馬人

春秋時期，齊景公喜歡名馬，有好馬四千餘匹。

一天，他最心愛的一匹馬卻突然死了。景公大怒，令人把養馬人大卸八塊。晏子見狀，對景公說：「讓我數落一下他的罪行，讓他心服口服再動手不遲。」便走上前對犯人說；「你有三大罪狀。君主讓你養馬，你卻把馬養死，這是第一條死罪。養死的又是君主最心愛的馬，這是第二條死罪。你讓君主為一匹馬的緣故殺人，使百姓聽到後必然怨恨我們這位本是仁慈的君主，而諸候聽到後因此而小看我們這個國家，進而使百姓對君主必懷怨恨，鄰國將懷吞我之心，這是第三條罪，也是最大的罪狀。」景公聞言，長歎一聲：「算了吧老先生，請快釋放了他，不要因此損傷我的仁德。」

晏子以「飛揚」之語「鉗制」住這位暴虐的君主。

「飛揚」之中暗含「鉗制」，也是飛箝術的一種形式。

飛箝三變

「飛箝術」有諸多變式，最主要的有三種。

其一，故弄玄虛「飛揚」己威以「鉗制」他人。明憲宗時，韓雍以左副都御史提督兩廣軍務。剛到兩廣，當地人都不知道他的威風。於是韓雍想出了幾招。一次，他與幾個親信在院中踢球，而讓召喚來的手下眾將在門外等候。眾將只聽得院內喝采連聲，不知出了什麼事情。一會兒，韓雍讓親信開門放人進來。親信指著放在院中的鐵鑄炮筒說：「剛才韓大人在踢著這東西玩。」眾將一聽，驚得直吐舌頭，都認為韓雍力大過人。韓雍每次騎馬出行，都讓人在遮陽傘蓋內藏上磁鐵，然後把自己的眉毛、鬍鬚塗上鐵末。於是，眉毛、鬍鬚便隨著遮陽傘上下晃動而翕張不止。見到的人大驚，以為韓雍有神仙附體。久而久之，一傳十，十傳百，人們都懼怕這位韓提督，故而令行禁止，境內安定。韓雍設詐術「飛揚」自己的威風，進而「鉗制」住手下眾將和境內百姓。

其二，借人之力「飛揚」己威以「鉗制」別人。宋神宗時，王韶以龍圖閣待制任西部重鎮熙州（今甘肅臨洮）知州，某次，西陲羌人想攻襲熙州，預先派一名暗探前來刺探軍情。出城時，暗探被捉，從他的衣服裏搜出熙州城內兵馬糧草數字。王韶手下將官都主張殺掉暗探示眾，王韶卻判他杖脊二十，紋上「番賊判畢放歸」字樣，仍讓他帶情報出城。賊頭見到情報後，知道熙州城內兵精糧足，又早有準備，因而放棄了攻襲熙州的打算。這便是借敵之手揚我威以制敵。

其三，倒用「飛揚」鉗制術，先「鉗制」而後「飛揚」之。讓對方順從我意行事而又被「揚」得心中癢酥酥，不勝滿意。對付比自己地位高的人，用此變式效果最佳，既達到了目的，也不致得罪上司。

讓我們來說一下那位滑稽藝人敬新磨。後唐莊宗喜歡戲，他不但看戲聽戲，還常常自己扮演角色，與宮內伶人同台演唱，攪得宮中烏煙瘴氣，但莊宗性情暴烈，無人敢諫。一次，莊宗上了妝，與那幫宮廷藝人在演戲胡鬧，口中大呼：「李天下！？李天下在哪裡？」敬新磨走上前來，看準莊宗面頰「啪」地就是一巴掌，直打得眾藝人大驚失色，連莊宗也被打愣了。敬新磨假裝忿忿地對莊宗道：「李天下就是您！只有一個人可以稱李天下！您在喊誰？慫恿人篡位嗎？」莊宗聞聽大喜，不但沒有怪罪，反而嘉許敬新磨的「忠心」，賞了他不少財帛。這是「先抑後揚」，活用「飛箝術」的例子。

談判桌上的飛箝術

有經驗的談判者都知道，發問的技巧和方法一般包括三個要素——問什麼？何時問？怎麼問？其中「問什麼」是最基本的要素，而「何時問」和「怎樣問」。是要講究技巧的要素。

「問什麼」解決發問的目的問題。通過發問你需要瞭解情況為何，要達到什麼目的。這都是在發問之前要心中有數的，是問對方的出價，還是問對方對談判的態度或立場，抑或是問對方聽憂心的事，可根據自己的需要來確定。

「何時問」解決發問的時機問題。選擇不同的時間提出不同的問題。對於瞭解對方的情況是很重要的。假如對方還在考慮要不要買這種商品的時候，你卻迫不及待地詢問對方：「貴方能不能在購買的數量上多照顧一些呢？」這樣的問話就是沒有掌握到時候，很難想像這種問話會獲得滿意的答覆，相反的，如果在對方已經決定按適當的價格購買你的商品的時候，你再問對方：「貴方如能在購買的數量上多一些，我們會在其他方面給以優惠，不知你們意下如何？」這可能就好得多。

「怎麼問」解決發問方式的問題，這確實能展現問話的藝術，同樣的問題，在同一個時間裏發問，由於發問的方式不同，其效果可說是截然不同的。同樣是銷售員問顧客對價格的態度，一個問：「你出多少價格？」另一個則說：「我知道你經驗太豐富了，根本不會出每公斤六元的價格，但你也不可能以五元的價格買到。假如我出價五．三元，你卻付五．一元，我就賺不到什麼錢了，你看能付多少價格？是誰的方式更可取呢？」

問話的方式還有一個措詞的講究，不同的措詞會引起不同的反應。一個傳統的但極有說服力的例子是：有一個牧師問一位長老：「我可以在祈禱時吸煙嗎？」他的請求遭到長老的嚴厲拒絕。另一位牧師再去問同一位長老說：「我可以在吸煙時祈禱嗎？」而這一位牧師的請求卻得到允許。兩位牧師發問的目的和內容完全相同，但得到結果卻完全不同，原因就在於發問的方式不同。

庫恩的鉗制之術

庫恩先生曾到一家商店買冰箱，營業員問明庫恩所要的規格，告訴他這種冰箱每台四八九．九五美元，庫恩先生走過去這兒瞧瞧，那兒摸摸，然後對營業員說：「可是這冰箱外表不光滑，還有點小瑕疵！你看這兒。這一點瑕疵好像是小割痕！有瑕疵的貨物通常不都要打一點折扣嗎？」這是庫恩先生從商品的外表上進行挑剔。

庫恩先生又問營業員：「你們店裏這種型號的冰箱一共有幾種顏色？可以看看樣品嗎？」營業員馬上為他拿來了樣品簿。庫恩先生指著店裏現在沒有的顏色說：「這種顏色與我的廚房的顏色相配。其他顏色跟我家廚房的顏色都不協調。顏色不好，價格還那麼高，若不調整一下價錢，我就得重新考慮購買地點了，我想，別的商店，會有我需要的顏色。」這是庫恩先生從商品的顏色上進行挑剔。

過了一會兒，庫恩先生又打開冰箱，看後問營業員：「這冰箱附有製冰器？」營業員回答說：「是的，這個製冰器一天二十四小時都可以為你製造冰塊。每小時只需要二分錢的電費。」可庫恩先生卻說：「這太不好了，我孩子有慢性喉嚨炎，醫生說絕對不能吃冰，絕對不可以。你可以幫助我把這個製冰器拆下來嗎？」營業員回答說：「製冰器是無法拆下來的，它是冰箱的一個組成部分。」庫恩先生又接著說：「我知道……但是這個製冰器對我根本沒用，卻要我付錢，這太不合理了。價格不能便宜點嗎？」這是庫恩先生從商品的設計上進行挑剔。

談判的結果，由於庫恩先生的一再挑剔，營業員將冰箱的價格一降再降，終於使庫恩先生以最低的價格買回了那台冰箱。

第十七術　鉤箝

【原文】

《鬼谷子．飛箝篇》曰：「引鉤箝之詞，飛而鉗之。鉤箝之語，其說辭也，乍同乍異。」又說：「其用，或稱財貨、琦瑋、珠玉、白璧、采色以事之，或量能立勢以鉤之，或伺候見澗而箝之，其事用抵巇。」

【註解】

就是說，在使用鉤箝術時，第一步是要「得其情」，摸清對方的一切情況，包括政治、經濟、軍事、人材等情況，特別是所要「鉤箝」之對象的詳細情況，以便心中有數，良策妙計。第二步是具體運用「鉤箝」之術。「鉤」對方，即引誘對方的手段有財貨、珠寶、美女等；「箝」對方，即控制對方的關鍵是「量能立勢」和「伺候見洞」，即製造一種勢態使對手就範，或利用對手的矛盾控制他。想引誘敵方上鉤，須先得知對方之情，即掌握第一手資料，特別注意的是關鍵資料。

【踐履】

掌握敵情巧施離間計

南北朝混戰時代，中國北方有東魏和西魏相互對峙，東魏大將段琛據兵於兩國交界的宜陽（今河南宜陽西），派部將牛道恒招募西魏邊民，以擴大自己，削弱西魏。

牛道恒招募有方，使大批西魏邊民遷到東魏來。西魏大將韋孝寬甚是憂慮。後來，韋孝寬想出了一招「鉤箝計」，讓段琛內部自相殘殺。他先派人打入牛道恒幕下，獲得了牛道恒手跡。又命令手下擅長書法的人模仿牛道恒筆跡，造了一封牛道恒給自己的信。信中寫牛道恒對西魏如何嚮往，對韋孝寬如何崇拜，並表達了伺機投誠的心願。信寫好之後，故意抖落上一些燈撚灰燼，造得天衣無縫。然後利用佈在段琛手下的間諜，讓信落到段琛手中。段琛因此對牛道恒生疑，不再信用，牛道恒對招募工作也就沒勁了。其中的關鍵是韋孝寬得到了牛道恒的手跡，而利用此「情」做手腳。

掌握敵方的人際關係之「情」而後「鉤之箝之」，也是中國古人常用的手法。南宋名將岳飛就曾用此法除掉了賣國賊劉豫。

宋王朝建都臨安（今浙江杭州）後，長江以北金人勢盛，宋王朝的濟南（今山東濟南）知府劉豫賣國求榮，投降了金人，被金人封為「齊帝」。

轉戰於大江南北的岳飛想除掉劉豫。他先派人打入金人內部，探明了劉豫與金人頭目的關係。金兵統帥粘沒喝與劉豫關係密切，卻因此得罪了四太子金兀術。金兀術十分討厭這個拍馬屁的劉豫。岳飛知此，決定用離間計引他們上鉤，除掉劉豫。一次，手下人擒獲了一名金兀術派來打入宋軍內部的間諜，押到岳飛帳下。岳飛假裝認錯了人，說：「你不是張斌嗎？我不是派你到齊，約齊帝誘殺四太子金兀術嗎？你怎麼一去就沒信了？急得我又派人到齊國去，已與齊帝約好，今冬以渡江南為名，誘金兀術到清河圍殲之。事已辦好，你卻才回來。你帶了我的信，到底幹什麼去了？」金間諜以為岳飛認錯了人，便將錯就錯，以求不死，假裝認罪。岳飛又派他回齊，並當場寫了一封給劉豫的信，約定了與劉豫共誅金兀術的措施。寫好後裝在蠟丸中，派人割開間諜大腿，把信藏到裏面，放他回齊。間諜逃到金兀術帳下。金兀術見信大驚，立即上報金主。

不久，劉豫被廢，除掉了南宋的大患。此計運用的關鍵在於摸到了敵人內部人際關係的真情。

金錢之鉤

掌握情勢，抓準時機後，在「鉤」的手段上有諸多學問。

大約從私有制產生，人的佔有欲膨脹後，金錢財寶就成為最有效的收買手段之一。殷紂王見西伯姬昌在西陲收買人心，擴大勢力，怕他羽毛豐滿後與自己為敵，於是把姬昌囚在美里（河南湯陰）。周之閎夭、姜太公等姬昌的大臣除了送美女外，又向殷紂王送上驪戎產的目如黃金、鬃如火炭、身如錦緞的「文馬」和有熊氏出產的善於駕車的九套駿馬，來「鉤」殷紂王的心，請求他釋放姬昌。富有天下的殷紂王竟被利益打動，上「鉤」放了姬昌，使姬周「西陲再起」，終於滅商誅紂，把商殷「箝」而除之了。

歷史上，被金錢、利益「鉤」動的豈止一個殷紂王！春秋時期，晉獻公欲滅掉虢國和虞國以擴大地盤，先派荀息帶上名馬、寶玉出使虞國，向虞侯借路出兵去打虢國。虞侯不聽宮之奇勸諫，利令智昏，上了晉人的「鉤」，借路給晉軍。晉軍滅虢後路過虞，虞侯出城犒軍。晉人一擁而上，捉住虞侯，奪回名馬、寶玉，順手滅掉了虞國。虞侯貪利不得反而「蝕了米」，連祖上傳下來的國土也被人「鉤」去了。

至於下層官吏和平民之間，用金錢財寶「鉤箝」的事例就更多了，於是便出了「錢可通神」這句俗話。唐朝宰相張延賞在任判度支使前，對一樁大冤案早有耳聞，發誓上任後定為冤囚們昭雪。到任後，他馬上召來辦案人員，嚴加訓誡，表示十日內定將此案審明。第二天上堂，見案上放一帖，寫著「錢，三萬貫，請勿過問此案」等字。張延賞大怒，催命此案加緊審理。第三天上堂，小帖上的錢加到五萬貫。張延賞益發惱怒，命兩天內結案。第四天上堂，小帖上的錢加到了十萬貫。於是張延賞說：「十萬貫的錢，大概連神仙都可買通了。我也就不過問這個案子了。」他終於被十萬貫的錢「箝」住了。這樣的事例，中國歷史上何止萬千！元雜劇大家關漢卿在《竇娥冤》中寫審案的官吏向被告下跪，自己解釋原因是因為有錢的被告是他的「衣食父母」，可送錢財與他。這雖然是藝術手法，卻形象鮮明地揭示了錢可通神、錢可「鉤」人的社會現實。

當然，也有不為金錢所動、所「鉤」者。蘇武、文天祥等歷史偉人，金錢不能動，威武不能屈，傲骨挺立，為歷代人民所敬仰。宋代開國皇帝趙匡胤在後周任殿前都點檢時，也曾有過不受賄賂的壯舉。後周統一中國北方後，偏安於東南的唐十分恐慌，於是派使者去後周，向握有軍權的趙匡胤贈送了三千兩銀子，妄圖以此「鉤」住趙匡胤，莫發兵南征。趙匡胤收下銀子，送走使者，卻派人將這批銀子全部上繳國庫，並把原委報告朝廷，使南唐國主白費了心思。這主要是趙匡胤看到了錢之後所藏的東西——「鉤子」。怕日後被「箝住」，才用了此「反鉤箝」、「買廉名」的一舉兩得妙計。

美色之鉤

「鉤箝」常用的另一種手段是美人計，以美女為「鉤」，引人上鉤後再進而箝之。

殷紂王伐有蘇氏，有蘇氏為保社稷，以美女妲己賄賂紂王。妲己使出渾身解數，使這位「才力過人，手格猛獸」的殷紂王拜倒在石榴裙下，銷磨了鬥志，以妲己之所譽為貴，以妲己之所憎為誅，從妲己之欲，作新淫之聲、北鄙之舞、靡靡之音，造酒池肉林，男女裸體逐於其間，又從妲己之憎，制炮烙之行，剜比干之心，囚箕子，逐微子，終於鬧到國破身亡的地步。傳說周武王傳令斬妲己，妲己一再媚笑，竟使數批殺人不眨眼的劊子手舉不起屠刀。嗚呼！美女之力，可謂大矣！

溫蒂漢堡的美人計

美國的漢堡包市場早已被各大公司瓜分完畢：麥當勞約占四五%，漢堡王約占三〇%，肯德基、比薩和丘林等公司則殘食剩餘的二五%的市場。而溫蒂公司則是美國速食業的新手，成立於一九六九年。它以連鎖店裝修風格獨特、餐桌服務周到、新產品開發力量雄厚的特點意欲與老牌競爭對手比高低。按照中國的俗話這叫「太歲頭上動土」。然而依靠正面的攻擊顯然是螳臂擋車自不量力，溫蒂的招術是競爭對手們一貫採用的策略，十年的苦苦拚搏始終沒有什麼驚人之舉。

溫蒂公司面對強大的競爭對手，意識到正面交戰顯然不是對手，只能從攻擊它的經營市場空隙作為開始。

恰在此時，機遇從天而降！美國農業部做了一項正式調查，宣佈麥當勞四盎司肉餡的漢堡的含肉量從未越過三盎司。此時的溫蒂公司終於抓到了麥當勞的破綻，並認為進行正面攻擊的時機已到，遂即決定抓住這——千載難逢的契機，投入大量廣告費用，利用特定的廣告效果給對手狠狠的打擊。溫蒂公司反覆推敲如何有意的誇張公司產品多出零點幾盎司肉餡，而狠刺對手的短斤缺兩。經過精心策劃，決定採用「牛肉在哪？」為主題，挑選音色獨特的女影星克拉拉佩樂扮演「美貌挑剔的老太太」以與「麥克唐納叔叔」廣告形象形成強烈反差，並採用幽默風趣的表現手法，造成觀眾捧腹大笑的宣傳效果，同時又會令觀眾自然想到麥當勞短斤缺兩的事件。

廣告片開始，一個計較、好鬥而貌美的老太太，面對桌上一隻碩大無比的漢堡眉飛色舞、笑顏逐開。她滿心觀喜地撕開麵包，發現中間夾著的牛肉卻只有指甲蓋那麼大。她驚訝、好奇，盯著漢堡左看右看，終於明白這個外表好看的巨型漢堡只放了一丁點肉餡哄騙消費者。她氣憤、惱怒，對著鏡頭嚷道：「（你的）牛肉在哪？」此言一出，立刻引起電視觀眾特別是漢堡食客的強烈反應；先是好笑，斤斤計較不肯吃虧的老太太竟會遭人欺騙，花漢堡的錢卻買了個白麵包！繼而同情，生活節儉的老太太不該上當啊！隨之產生共鳴，美國人為維護自己的利益通常是好鬥的，十分憎惡商人的弄虛作假。由於克拉拉表演得維妙維肖，雖是廣告片，觀眾還是百看不厭，很樂意和她一起經歷高興、驚訝、好奇、大怒的情感變化過程，尤其可愛在一聲音色特殊的「牛肉在哪？」之後開懷大笑。笑聲中想起了「麥克唐納叔叔」的短斤缺兩，反襯了溫蒂多零點兒盎司的誠實可貴。這則幽默廣告的印象之深，致使「牛肉在哪」？在許多場合竟成了弄虛作假產品的代名詞。它被一年一度的國際廣告ＣＬＩ大獎評為「經典作品」，克拉拉也由此成為靡聲美國的廣告大明星。她給溫蒂公司帶來的好處是大幅度提高了產品的知名度和美譽度。

至此溫蒂公司終於從美國速食業中突起，佔據了美國漢堡市場的一五％，在同行業中排名第三。

第十八術　重累

【原文】

《鬼谷子・飛箝篇》曰：「其不可善者，或先征之而後重累，或先重累而後毀之。或以重累為毀，或以毀為重累。」

【註解】

就是說，對那些「鉤箝術」不能引其上鉤、「飛箝術」不能令其附己的不吃「軟」手段的人士，就用「重累術」這種「硬」手段對付他。「重累」即「迫之」，脅迫「身邊目標」聽從、順從。「毀之」是重累術的最後一招，詆毀不聽脅迫的這位「身邊目標」，毀掉他。重累術是一種威脅收買術，其目的是削弱對方，壯大自己。

【踐履】

文君當壚賣酒脅迫老父

中國古代也曾發生過女婿、女兒合謀脅迫岳丈分給財產的事件。

西漢大辭賦家司馬相如，祖籍蜀郡成都（今四川成都）。某年，司馬相如外遊歸鄉，路過臨邛（今四川邛縣），因一個偶然的機會見到了寡居在家的富豪卓王孫之女卓文君，司馬相如撫琴奏一曲《鳳求凰》以挑之。卓文君愛琴如命，今遇知音，不顧禮義、輿論，夜奔司馬相如。卓王孫大怒，拒絕給卓文君一分錢，兩人回到司馬相如的家鄉成都。司馬相如家徒四壁，一貧如洗。兩口兒經過一番密謀，又雙雙回到臨邛，賣掉車馬，湊錢開了一家酒店在卓府旁。卓文君親自當壚賣酒，司馬相如穿上短褲與傭役酒保們一起工作，以此羞辱、脅迫卓王孫。卓王孫深以為恥，無奈屈服，分給女兒、女婿僕婢百名、錢財百萬。

司馬相如夫婦目的達到，攜此回成都，過上了富足生活。

呂夷簡妙計罷宦官

宋仁宗康定年間，西夏國王趙元昊率兵入侵延州（今陝西延安），延副總管劉平、石元孫等合兵抵抗，打了兩次大勝仗。後來，由於擔任監軍的宦官黃德和不懂裝懂，多方鉗制，使宋軍大敗，劉平、石元孫戰敗。

消息傳到朝廷，大臣們對宦官任監軍十分反感，故藉機要求廢除各主帥軍中的監軍。但宋代皇帝是怕各將領擁兵自重、威脅皇室才設宦官監軍的，故舉棋不定，問宰相呂夷簡。呂夷簡說：「不必罷免，只要責令主管太監的都知、押班今後選派忠實厚道的宦官就是了。若他們選派的監軍有不稱職者，連他們一併治罪！」

詔命下達的第二天，都知怕受連累，便自動叩請皇上罷免了在各軍擔任監軍的宦官，大臣都佩服呂夷簡的重累之計。

政治鬥爭中，脅迫重累術更是常用的手段，怕受連累而折服的人確實不少。

吳起借先王屍體為己報仇

戰國時期，楚悼王任用吳起變法改革。新法取消世襲制，觸動了貴族權臣的利益，他們對吳起恨之入骨。

等到楚悼王一死，屍體停在宮中還未及入殮，他們便起兵造反，追殺吳起。吳起逃到宮中。舊貴族帶著戟箭緊迫不舍，包圍了吳起。吳起走投無路，靈機一動，伏在悼王的屍體上。那些人亂箭射來，把吳起射成了「刺蝟」。吳起身亡，悼王屍體上也中了幾箭。

楚悼王之子即位，即楚肅王。肅王當然不會放過那些射中先王屍體的反叛者而背不孝罪名，便嚴密追查，將追到宮中射箭的七十餘家貴族誅滅門戶。吳起的仇自然也就報了。「巧施重累術，死人誅活人。」這是以重累之術報仇的例子。

范增之死

秦末楚漢相爭之時，范增是項羽的主要謀士。他曾力主在鴻門宴上除掉劉邦，又多次出謀劃策，戰勝了劉邦漢軍。劉邦知道，要戰勝項羽，奪取天下，就必須先除去范增，讓他離開項羽。在陳平的謀劃下，制定了詆毀范增的計策。

一天，項羽派使者到劉邦處。劉邦的手下人擺了豐富的宴席，招待來使。但等使者即席時，劉邦的手下人卻裝出大吃一驚的樣子，說：「原本以為是范亞父派來的使者呢，卻還是項王派來的！」當下命人撤去酒宴，換上粗劣的食物，使者受到了冷落、污辱，惱羞成怒，回營後將情況添油加醋地彙報給項羽。項羽一聽，果然對范增產生了疑心，再不採納范增的計謀。氣得范增告老還鄉，半路背痛發作而死。

從此項羽江河日下，劉邦蒸蒸日上，終於劉氏取勝，建立漢王朝而結束了楚漢對峙之局。

重累術的第三招是「毀之」。對於那些利誘不從、威脅不聽的對手，就設置計謀、運用權術詆毀他、毀掉他，以減少一位對手，消滅一位勁敵。

第十九術　立勢制事

【原文】

《鬼谷子・飛箝篇》曰：「立勢而制事，必先察同異之黨，別是非之語，見內外之辭，知有無之數，決安危之計，定親疏之事，然後乃權量之。」

【註解】

就是說，想要處理某一事件，必須先製造一種勢態，創立一種環境，以給這一事造成一種不可逆轉的外部壓力，使它按我們的意圖，朝著向我們有利的方向發展。製造這種勢態時，必須對周圍的環境瞭若指掌：誰與誰是同黨，誰與誰是自己人；別人講的哪些話對我們製造這種勢態有利，哪些不利；別人講的哪些話是真心幫助我們的，哪些話是坑害我們的；哪些是製造勢態時可以利用的有利條件，哪些是不利條件。掌握住這些之後，再制訂製造勢態的計畫，確定製造事態中可以信任的人和必須防範的人，然後量勢行事，創造解決問題的環境。

【踐履】

減灶增灶因形造勢

戰國時期，魏國攻打趙國，兵圍趙都邯鄲，大有一舉吞併趙國之勢。趙國遣使向齊國求救。齊軍師孫臏並沒有去邯鄲，而是直取魏都大梁，造成攻魏國老巢之勢，嚇得魏軍趕緊回師相救，趙國之圍自然解掉。這是製造虛張之勢來解決問題。魏國自恃兵強，並不把齊軍放在眼裏，想趕上去一口吞掉齊軍。孫臏因此情而利導之，令軍士們天天減少做飯的灶數，製造齊軍逃兵多、軍員銳減之勢來引誘魏將龐涓丟了大部隊，只帶少數快速部隊追趕齊軍。在魏軍趕到馬陵時，進了孫臏布下的口袋陣而全軍覆沒，主帥被擒。這是用製造虛假之勢成功地處理事件而使自己獲利的事例。

軍灶是計算兵員的依據，古人在用軍灶製造聲勢上有不少戰例。繼孫臏「減灶誘敵」數百年後，東漢武都郡（今甘肅成縣一帶）太守虞詡反用此術，用「增灶示強」一計，成功地製造了態勢，嚇退了追兵。虞詡接到武都太守的任命後，只帶了少數護軍前去赴任。羌人得此消息，在陳倉（今陝西寶雞東）、崤谷（今陝西寶雞西南）一帶陳兵數千，欲截殺虞詡。虞詡得知消息，只好遠遠紮營，並揚言到京師洛陽（今河南洛陽市）搬兵。羌兵得到這一消息，放鬆了警戒，分兵到附近各縣抄掠搶奪。虞詡乘機從小路穿過羌人防線。羌人方知上當，派兵追擊。虞詡日夜兼程，又派軍士做飯時一隊造兩個灶，次日加倍，再次日又加倍，羌人追至加灶處，見虞詡兵力日增，以為皇家派來了援兵，嚇得不敢再追，使虞詡得以平安到任。手下人問虞詡增灶之故，虞詡說：「當年孫臏減灶誘敵，是示弱，我反用其計，增灶嚇敵，是示強。」兩人同在鍋灶上作文章，製造一種兵力假「勢」，迷惑敵人。

假勢不假真勢非真

古人在軍事上造假「勢」迷惑敵人的事例很多。

北宋時，張齊賢任代州（今山西代縣一帶）知州。遼兵犯境，張齊賢派使者去向負責北部邊防的大將潘仁美求救，哪知使者在路上被遼軍截獲。遼軍陳兵觀望。後來潘仁美雖得到消息，但派兵後又接到皇上密詔，不讓出戰，故援兵走了一半路又撤回了。張齊賢心想：「遼軍只知援軍要來，不知援軍返回。」於是派兩百名士卒，人擎一宋軍旗幟，身背一捆柴草，星夜去代州城南、援軍要來的路上點起柴草，搖曳旗幟。遼兵見代州方向忽有火光，又見宋軍大旗飄揭，以為宋人援軍殺來，嚇得連忙撤走。

這是用順水推舟之計製造虛假「勢態」的例子。

文彥博平息鐵錢風波

宋仁宗至和年間，起居舍人毋湜上書朝廷，請求廢掉陝西鐵錢。預先得此消息者，紛紛將家中所藏鐵錢拿出來搶購物資。一傳十，十傳百，不久便造成搶購風潮。而賣家得此消息，又拒收鐵錢，因而市場大亂，店鋪大多關門停業觀望，造成混亂，民心恐慌，朝廷擔憂。官吏們找到宰相文彥博，要求下令禁止此事。文彥博說：「明令強禁，更是火上加油，解決不了恐慌心理。倒不如這般如此。」他命人按計行事，拿出家中所藏絲絹縑帛，足有幾百匹，請來絲絹的商人，找他們代為銷售，並且講明，不要銅錢，只收陝西鐵錢。消息不脛而走，迅速傳開。大家一聽宰相大人只收鐵錢，知道鐵錢絕不會廢止不用。於是「鐵錢風波」馬上止息，市場恢復了正常。

文彥博所用也是「立勢制事」之術，以人力製造「態勢」，控制另一種勢態。

黃鼠狼得勢也能咬死老虎

一九七八年七月一八日，《紐約時報》商業版「商業一日」的首版上粗體套紅刊登一行大字標題：「『MCI』公司與貝爾公司；從法庭較量到市場」。此文一出，人們爭相購買、傳閱。經營電話電訊行業已達百年之久，在美國佔據著壟斷地位的貝爾公司怎麼會被一個名不見經傳的小公司告上法庭？而且在法庭辯論中怎麼會處於劣勢？「MCI」公司又是怎樣的一家公司？怎麼能扳倒如此強勁的對手？

貝爾公司，又稱美國電話電報公司，即「AT&T」，是美國電訊業最大的壟斷組織。

貝爾公司的電話網已經遍佈全國各地，擁有幾百個子公司和上萬個電話交換機，其壟斷地位已經形成！除此之外，該公司研製通訊衛星，各種答錄機、電晶體等產品，同時還生產導彈、火箭、反潛艇系統等，成為美國五角大樓最大軍事承包商之一，可以說，貝爾公司規模之巨大，資本之雄厚，足以讓它傲視群雄，獨步天下。而如今，卻有人跳出來與之抗衡，反擊貝爾公司的壟斷！此人正是微波通訊股份有限公司的董事長、總經理兼大股東比爾．麥高恩！

微波公司是成立於一九六三年十二月的小公司，由於處在貝爾公司的高壓之下，經營不佳，當時擔任公司評審的麥高恩卻獨具慧眼，預見到微波通信在長途通話中的巨大作用及其巨大的市場潛力。他毅然拿出自己的全部積蓄五萬美元，投入到公司中，並開始出任公司董事長。

麥高恩針對貝爾公司長途電話收費高的情況，大力宣傳微波公司走向大眾，許諾長途電話收費只相當於貝爾公司的八〇%、七〇%甚至一半！同時，麥高恩還充分利用廣告攻勢，圍繞貝爾公司的行業壟斷大做文章，對貝爾公司冷潮熱諷。麥高恩這些措施果然奏效。

一些貝爾公司的老主顧們被微波公司的低於貝爾公司三〇%的收費吸引了過去，微波公司第一年度四〇%以上業務來自從貝爾公司奪來的業務！

面對壟斷地位受到嚴重威脅，一九七二年五月，貝爾公司在佛羅里達州召開的工作年會上經過四天激烈的討論，最後決定在最近四個月內，拿出全面的計畫，重創微波公司。

貝爾公司開始實行報復了！它在各地的電話公司拒絕將微波公司的用戶接到那價格便宜的微波網路上，用別的接通裝置來干擾微波公司接通電話；提供陳舊的交換設備：迫使對方透露自己客戶名單，然後暗中與之拉關係，以優質服務和降低收費的承諾來勸誘他們放棄使用微波公司的網路……

但是，麥高恩並沒有被如此毫不講理的無恥行徑所嚇倒，他發起反攻，訴諸於法律。一九七三年七月三十日，麥高恩投訴於參議院司法小組，指控貝爾公司肆意踐踏反壟斷法，搞不正當的競爭。十一月上旬，麥高恩向費城地方法院遞交訴訟狀，要求作出裁決，迫使貝爾公司同意將微波公司客戶接到微波網路上。與此同時，麥高恩四處活動、遊說。他源源不斷地向司法部的反壟斷官員提供貝爾公司在專線電話市場上種種所作所為的情報資料。

功夫沒有白費。麥高恩欣喜若狂，微波公司終於被公開地合法允許提供長途電話服務！

第二十術　空往實來

【原文】

《鬼谷子・飛箝篇》曰：「（將飛箝之術）用之十人，則空往而實來，綴而不失，以究其辭。」

【註解】

尹知章曰：「用之於人，謂以飛鉗之術任使人也。我但以聲譽飛揚之，故曰空往。彼則開心露情，歸附於己，故曰實來。既得其情，必綴而勿失，又令敷奏以言，以究其辭。」

就是說，用一種用空說大話、空口奉承人、空口許諾等手段收買人、控制人，使人效力的權術。

【踐履】

孟子辯才無礙推銷仁義

戰國思想家孟軻以善辯出名，他常用的論辯術便是用空話試探，逼對方講出真心話，而後對此痛下針砭。

有一次，他和齊宣王討論興國之道。為了讓齊宣王聽從他的「以仁義治國」的說教，他先向齊宣王說：「有一天，您坐在大堂上，有人牽著牛從堂下經過，您問拉牛去幹什麼？對方說：要拿去祭祀。您讓人把那牛放了，而用羊代替。有這事嗎？」齊宣王說：「有！」孟軻接著說：「有這樣的『仁人之心』，足能夠稱王天下。」於是講了一番他的「仁義取天下」的大道理。孟軻又問齊宣王：「什麼事能讓你最高興呢？是不是發動戰爭，使士人、臣子陷於危險之中，進而結怨於諸侯，你才高興呢？」齊宣王說：「我怎麼能高興這個呢？」孟軻又追上問：「那您希望幹什麼呢？是齊國的美味不能供您享用？是齊國的絲綢不夠您穿戴？是齊國的美女舞蹈不夠您看？是齊國的音樂不夠您聽？是姬妾侍女不夠用？還是齊國的臣子不夠您驅使？」經過這一番反問試探，齊宣王終於講出了自己的「欲望」：廣闢土地，兼併諸侯，稱王環視中國，而鎮撫四夷。

孟軻針對他的欲望講了一套實現這一理想的大道理，進而推行了自己的政治主張。使用此術時，可以空口無憑地說一些話去試探對方，以得對方真情。

老軍校豪言穩軍心

宋仁宗寶元年間，黨項族犯邊，將延州城（今陝西延安）圍困了七天七夜，有幾次差點兒攻破城防，情況十分危急。延州知州范雍十分憂慮，憂鬱之情溢乎言表。

一位老軍校見狀對范雍說：「我是邊地之人，這樣的圍困遇過好幾次了，有幾次情況跟這次差不多，都沒事兒！黨項人不擅攻城，完全不必擔心！這城肯定不會破，否則我願以身家性命擔保！」范雍很讚賞老軍校這一番豪言壯語。大家聽了，軍心也穩定了不少。後來，延州城果然沒被攻破，老軍校因此大受范雍讚賞和提拔。

有人對老軍校說：「你好大膽！那樣的情況下竟敢說空話，打包票！萬一城破了，你不怕殺頭？」老軍校一聽，哈哈大笑，說：「你真糊塗！萬一城被攻破了，城中一片混亂，誰還顧得上殺我呀！」

「空話」有害，但在某些情況、某種環境中，卻能變為有利。

劉邦言此意彼漢中赴任

「空往實來術」在正當鬥爭中，往往表現為言在此而實意在彼的障眼術。

劉邦靠張良的安排，混過了灞上「鴻門宴」這一關。但范增仍深深提防劉邦，等項羽封劉邦為漢中王後，仍出謀給項羽，不放劉邦走，以協事理務的名義留劉邦在項羽身邊。劉邦對此深感憂慮，找張良商量。張良和陳平先以調虎離山計奏請項羽，讓范增去彭城幫懷王遷都郴州（今湖南衡陽）。等范增走後，劉邦便依計向項羽請求「回故鄉豐沛（今江蘇沛縣）省親，探視老父。」

項羽有心不放他走，但這是孝子之舉，難以阻攔。正在猶豫間，張良出班啟奏：「不能把他放到豐沛這樣任意馳騁的地方去。寧可讓他到閉塞的漢中上任，也不能讓他去豐沛！」陳平也說：「倒不如這樣，原來已封他為漢中王，天下人都知道了，不叫他去，人們會攻擊大王言而無信。不如讓他去，而大王派人把他的家小搬到這兒來，作為人質，留在大王身邊，他還敢有二心嗎？」項羽想了很久，對跪在地上的劉邦說：「既然大家都這麼說，那就讓你去漢中赴任，但不准到豐沛去。明天就起程吧！」劉邦心中不勝歡喜，但仍裝出一副可憐相，拜伏不起，請求回豐沛省親，更堅定了項羽不放他回豐沛而讓他去漢中的決心。

劉邦藉此機會，率手下將士，拔營往漢中去了，在那裏奠定了取天下的基礎。

第六章　忤合

第二十一術　因事為制

【原文】

《鬼谷子．忤合篇》曰：「凡趨合倍反，計有適合。化轉環屬，各有形勢。反覆相求，因事為制。是以聖人居天地之間，立身御世，施教揚聲明名也，必因事物之會，觀天時之宜，國之所多所少，以此先知之，與之轉化。」

【註解】

就是說，大凡在世上進行縱橫捭闔的合縱連橫鬥爭，想翻手為雲、覆手為雨，就一定要制定適合當前現實情況的奇謀妙計。事物是在不斷發展變化的，就像連環套一樣環環相扣，互為因果。這樣，就要對所面臨的事件加以探索，弄明白事物的特點和背景，反覆探查事物的連續性和特殊性的成因，抓住不同事物的不同特點，依據它的特點制定相應的計謀對策。所以說，大聖大智之人在天地間立身處世，教化百姓，傳揚名聲，必定是拿準事物聚散中的有利時機，抓準最適宜的天時，依據事物的變化而變化自己的計謀和對策。

【踐履】

西門豹治鄴

古時，黃河中游地區崇拜河神，每年要為河神娶一媳婦。鄴城（今河北臨漳）濱臨漳水，此風尤甚，嚇得有漂亮姑娘的人家都背井離鄉，外出逃荒。因而鄴城一帶人煙日益稀少，田地也日益荒蕪起來。

戰國時期，魏文侯勵精圖治，決心改變這種陋俗，於是派有智有識的西門豹去任鄴令。轉眼之間，給河神娶媳婦的日子就到了，西門豹便出城到漳河邊觀看。

所謂給河神娶媳婦，就是由當地巫婆和鄉老主持，選一漂亮民女，囚在漳河邊的喜棚中，齊戒沐浴到了時日，給她穿上新衣裳，放到河中一張床上，順水漂去，漂著漂著就沉了，葬身水底。西門豹來到河岸邊，巫婆帶領她的女徒前來迎接。西門豹說：「把河神媳婦領來讓我瞧瞧，看漂亮不。」媳婦領來，西門豹假裝仔細看了半天，正色告訴巫婆：「這女子不漂亮。這樣吧，煩你走一趟，告訴河神一聲，說改日挑個漂亮的，再給他送去。」說完不容分辯，就命手下人把巫婆扔到河裏。西門豹假裝恭恭敬敬地立在河邊等候。

過了一個時辰，回頭說：「巫婆去了半天也不回來，再派個人去催催。」說完又讓手下把巫婆的一個女弟子扔到河中。等了一會兒，又這樣把一個鄉老扔下河去。又過了一會兒，西門豹又轉回頭來，正色說：「這些人怎麼沒有一個回來的，再派誰去呢？」那班女巫弟子和鄉老們嚇得面如土色，叩頭求饒。西門豹說：「好吧，大概河神留他們吃飯去了。改日再說吧！」那些小女巫和鄉老們聞言，抱頭鼠竄而去。

自此之後，再也沒有人敢提給河神娶媳婦的事了。那些逃亡在外的人聽說之後，陸續返鄉，又把鄴城建成了米倉。

周郎的反間計

三國時期，曹操的大軍和孫權、劉備的聯軍在長江兩岸對峙。曹軍本是北方人，不習水戰，所以孫權軍隊主帥周瑜並不害怕。可是，後來聽說曹操任用降曹的原荊州水軍都督蔡瑁、張允為曹操水軍正、副都督，訓練曹兵時，周瑜便憂慮起來。這時，曹操為打探孫、劉聯軍的消息，派周瑜昔日的同學蔣幹到周瑜軍營來。周瑜心頭一亮，決定因事而制之，他不是來當間諜刺探情報嗎！就送個情報給他帶回去。主意已定，周瑜便擺酒為蔣幹接風，殷勤勸酒，自己反而喝了個酩酊大醉。醉中邀請蔣幹宿在自己大營中。蔣幹心裏高興，想正好藉此機會打探機密。

夜裏，周瑜假裝說醉話，告訴蔣幹不幾日便可得到曹操人頭。蔣幹心中大為疑惑，毫無睡意，一心想打探明白。半夜三更，周瑜被人叫醒，說：「江北來人……」周瑜一擺手，說：「低聲！出去說。」蔣幹見他們出帳，便貼耳偷聽，只斷斷續續聽到「蔡瑁」、「張允」等名字，心中更加疑惑，心想：「不知這一位降將有何勾當？」聽周瑜進帳，便假裝睡下。周瑜回帳，故意問手下人：「誰睡在我帳中？」手下人說是蔣幹。周瑜假裝跺腳後悔，說：「我醉中不知失言否？」忙上前呼喚蔣幹。蔣幹裝作睡得死死的，怎麼叫也不應聲。周瑜長舒一口氣，說：「還好，他也醉了。」在燈下看了一回信，順手放在兵書中，就睡下了。蔣幹眯著眼，看準了放信的地方，聽周瑜睡熟後，悄悄下床偷看信，原來是蔡瑁、張允投降東吳，約周瑜破曹軍、殺曹操的信。蔣幹大驚，連忙偷了信逃出周瑜大營，乘船回江北曹營。周瑜聽到曹操誅殺了蔡瑁、張允，頓時鬆了一口氣。

這就是運用「因事為制術」，利用敵人的間諜刺探情報之機，借敵人之手傳遞情報而制敵的例子。

以子之矛攻子之盾

明朝成化年間，莊浪（今甘肅永登一帶）都指揮僉事、土司魯鑒為朝廷立過功，因功被封為甘肅總兵。魯鑒死後，其子魯麟襲父職，被封為甘肅副總兵。但魯麟並不滿足，自恃自己的部族兵力強悍，要求任總兵。朝廷不准，魯麟便以家子年幼為由回家，以此要脅朝廷。

朝廷採用兵部尚書劉大夏之計，一面下詔給魯麟，獎掖他父親的軍功和對朝廷的忠心，使魯麟為了父親的忠名，不敢起兵鬧事，一方面又以照顧功臣後代為名，准其在家撫養幼子。

魯麟聞聽，左右為難。起兵造反吧，又怕壞了父親的名聲；安於現狀吧，又嚥不下這口氣。最後快快而死。

明朝時，兵部右侍郎梅國楨總督宣、大、山西三鎮軍務，負責防禦北方少數民族進犯中原。那時，北部沙漠的少數民族不會煉鐵，用鐵全靠中原供應。明王朝規定只限量供應北方民族生活用鐵器，不能供用別的鐵以防他們鍛造兵器。

某日，北部遊牧族首領帶來一千人馬，手捧幾十兩鐵來進獻，說是他們自己煉出的。梅國禎一看，心裏明白：他們是想以此引誘明朝邊塞放鬆鐵禁，弄到鐵造兵刃。但梅國楨想起了「因事為制」，便假意讚揚一番。送走他們後，梅國禎發公文，傳論各關塞：北部民族已產鐵，過去按例供應的生活鐵器一律停止，並嚴申鐵禁。

過了不久，北部民族便撐不住了，來請求按例供應生活用鐵器。梅國楨說：「你們既已出鐵，自己打造好了。」使者說沒有產鐵這回事。梅國楨當面拿出上次少數民族首領送來的鐵。使者連忙叩頭求饒，自陳詐情。

藉對方的口實，還可處理內部衝突，因事為制，平息風波。宋真宗時，張齊賢為相。一次，兩名兄弟為遺產分配不均打官司。因他們是皇戚，地方官不好處理，所以直鬧到宰相那裏。張齊賢叫來兄弟倆，問糾紛原因。兄弟倆都認為自己遺產分少了，對方分多了。張齊賢說：「此事容易解決。今判：甲家搬入乙家，乙家搬入甲家，一應財產不得搬動，當場交換地契房產文書。」兄弟兩人誰也不好再說什麼，依判決搬了家，平息了這一件家產風波。

瞄準中產階級的傢俱

穆勒公司是六〇年代創辦的，當時不過是一家小型傢俱店，到七〇年代生意清淡，瀕臨倒閉。這個時候，亨特來到這個公司，由於他的獨特的經營藝術，使穆勒振作起飛，如今，這家公司的年營業額達三億英鎊之多，利潤達三千四百萬英鎊。

如果問亨特有什麼成功經驗，他會深有體會的告訴你「我每年總得乘車巡視六七萬英里。你體會不到這樣的旅行能收集到如此多的訊息。做任何一件事，你必須有感性認識。這就是成功的關鍵所在。」看來重視資訊與感性認識是亨特的法寶。

正是因為有了大量的感性認識，掌握了各方面的訊息，亨特才能夠果斷地改變傳統的經營方向。他將目光瞄到了占人口多數的中產階級，推出了新穎的組合傢俱，這種傢俱可以自行組裝、拆卸、很漂亮、式樣可以組合多變又簡便，隨到隨買，就像買漢堡一樣方便。不像傳統傢俱那樣，根據顧客要求訂做，得花兩個月時間。組合傢俱的價格也比較便宜，適合講究式樣、積蓄又不多的中產階層購買。

組合傢俱的出現，是傢俱行業革命性的變化。亨特配合新產品的問世，不惜萬金，大做廣告。不久，新產品就家喻戶曉。穆勒傢俱公司就像漢堡速食店那樣，很快就將產品推向全國，各地分店紛紛成立，直至一二七家。

退貨之得

「文無定法」。只要擯棄「你敗我勝，你輸我贏」的爭鬥心理，雙方都遵循互惠互利原則，是可以找到一條共同受益，長期合作的途徑的。

台灣某鞋廠與日本株式會社做成一筆布鞋生意，價值達一六〇萬日圓，但因日方市場預測失誤，加上運期長，布鞋抵日後已錯過銷售季節造成大量積壓，日方請求退貨。按慣例這顯然是行不通的，但台灣鞋廠卻原則上同意了。

消息傳開，有關部門譁然，不少人表示不理解，然而台灣鞋廠同意退貨的考慮還是頗有道理的。首先，貨退回後，在國內銷售並不賠錢，「出口轉內銷」還是具有一定吸引力的，而且日方支付所有退貨運雜費用，台灣鞋廠沒受任何損失。其次，這批貨雖退回，但可用同等價值的一批暢銷貨替代，於是重新做成一筆買賣。再次，日方答應，以後再購貨首先考慮此鞋廠產品。鞋廠藉以穩定了貿易夥伴。第四，日方如不退貨會社就要破產，其不利影響必然波及並損害鞋廠的利益。日方對鞋廠的合作十分欽佩與感謝，鞋廠又保證品質地很快出口了替代的一批貨，使日方大賺其錢，名聲大振。鞋廠的信譽也由此傳播開去，日本幾家客戶紛紛來人來函洽談。鞋廠於是身價倍增，產品供不應求。

這家株式會社還要求充當中方在國外銷售的總代理，經銷合約一訂就是幾年，並主動向中方提供國際市場的有關資訊，兩家合作得很好。

第二十二術　反忤

【原文】

《鬼谷子．忤合篇》曰：「世無常貴，事無常師。聖人常為無不為，所聽無不聽。成於事而合於計謀，與之為主。合於彼而離於此，計謀不兩忠，必有反忤。反於此，忤於彼，忤於此反於彼，其術也。」

【註解】

就是說，世界上任何事物所處的環境、形勢，無時無刻不在千變萬化的動盪發展中，所以，就計謀來說，有一定的「指導形態」，但並無固定的不變模式。高明的謀士在於參透各種計謀的精髓，而根據所面臨的具體事件、所處的具體環境而變化、修正教科書上的計謀。從這種原理出發，於是生出一種計謀叫「反忤術」。反忤術首先應明確，在鬥智中，主客雙方處於衝突地位，無可謂和，取勝的關鍵在於依據現實環境，依據對方的計謀，制定一種控制對方的措施，改變鬥爭形勢，變被動為主動，爭取有利時機，進而一舉克敵制勝。

【踐履】

郭子儀虎穴結盟友

變被動為主動、善抓主動的「反忤術」事例，古代比比皆是。

唐代，回紇與吐蕃兩國在唐叛將仆固懷恩煽動下，合兵進犯中原。唐將郭子儀聞訊，忙率本部精兵萬餘迎敵，至涇陽（今陝西涇陽）被圍。

當時，形勢十分危急。涇陽城不高，易攻難守，而敵人卻有三十萬人馬，是守軍的數十倍，恰在這時，仆固懷恩病死。回紇與吐蕃首領都想爭當聯軍長官，產生了衝突。郭子儀聞訊計上心來。他記起回紇曾出兵助唐平安祿山之亂，且與自己並肩戰鬥過，便想使用反忤之計，變被動為主動，爭取回紇兵，殺退吐蕃兵。主意已定，他便讓部將李光瓚到回紇營中探聽虛實。李光瓚回來後，傳達了回紇都督藥葛羅之意：很想見一下郭將軍。郭子儀聞言，不聽眾人勸阻，只帶兩隨從到回紇大營。回紇眾將一見，都熱情迎接。藥葛羅說：「仆固懷恩只說您老已死，皇帝升天，國內大亂，請我們幫他平亂，哪知上當了。」郭子儀乘勢說：「仆固懷恩可恨，吐蕃也不像話，居然也慫恿你們來打我們。我們何不乘機夾攻他，奪取他們的財物，佔領他們的地盤？」藥葛羅大喜。兩下議定，同擊吐蕃，直殺得吐蕃大敗而逃，不但解了涇陽之圍，除了邊關之患，還得了吐蕃大片土地。

此乃變必敗為勝利，變被動挨打為主動進攻。

弦高犒秦揚國威

春秋時期，秦國想偷襲鄭國，由秦將孟明等率兵悄悄東進。鄭國一位牛販子叫弦高，買了幾百頭牛往周都販賣，半路上遇到一個朋友叫蹇他的剛從秦國返回，便問蹇他有何見聞。蹇他把秦欲襲鄭的消息告訴他。

弦高大吃一驚，心想：鄭國全然不知消息，打起仗來必定吃虧。怎麼辦？何不如此這般。主意已定，他便趕著牛群，迎著秦軍走去，在延津（今河南延津北）遇到秦軍前哨。弦高迎上前去，說：「今有鄭國使臣前來求見主帥。」消息報給孟明，使他吃了一驚，心想：「鄭國怎麼已知道我們的消息？」忙傳弦高來見。弦高施禮後說：「我們國君知道將軍辱臨敝境，特派我犒勞大軍！」於是獻上牛皮和牛。孟明十分困窘，改口說：「我們只是經過貴國邊境，別無他意。」孟明因此事而誤認為鄭國早有準備，偷襲不成，便滅掉滑國就回師了。

弦高憑藉機智，善抓時機，因敵人欲偷襲而制人，詐騙敵人，使鄭國改變了被動挨打的局面，是一次「反忤術」的成功運用。

欲掌握事態變化的主動權，在於隨機應變，善抓時機。

智訟師巧寫辯狀

在公堂上對質，反忤術是使用最多的智謀術之一。

大清立法，以「萬惡淫為首，百行孝為先」作理論基石，宣淫亂倫者、不孝父母者，十惡不赦，淩遲處死。

一位父親受後妻唆使，欲將已成年的前妻之子害死，讓後妻之子獨自繼承家產，於是到衙門告前子不孝。其子無奈，去向一位訟師請教。訟師笑了一聲，說：「無妨！我為你寫一辯狀，上堂時交與縣太爺即可。」開審那天，縣太爺驚堂木一拍，叫兒子從實招供「不孝」之狀。兒子叩頭說：「我是當孩子的，不敢與父親公堂對質，只有一辯狀，請老爺過目。」縣太爺一見，狀上寫道：「父親有衛宣之心，妻有宣姜之貌，為孝子者難矣。」縣太爺閱過，喚過做父親的責罵一頓，趕出大堂，而判做兒子的無罪，當堂釋放。

辯狀上所寫是何意？原來是寫衛宣公和宣姜的歷史故事。衛宣公淫蕩亂倫，他在做太子時就淫縱不檢，與其父之妾夷姜私通，生下一子曰急。等宣公即位，元配邢妃不育，獨寵舊情人夷姜，故立私生子急為繼承人。到急十六歲時，為他婚聘齊僖公長女齊姜為婦。但當使者從齊國行聘回來，誇說齊姜美麗時，他又心動神搖，欲占為已有。於是，令巧匠在齊衛兩國交界的淇河上築一新台，同時，命公子急為使節，遣往宋國。佈置停當後，派人到齊國迎媳婦去了。迎至淇水，衛宣公已在新台迎候，將兒媳婦霸佔，改名宣姜。等到公子急回來，生米已成熟飯，只好自認倒楣，稱未婚妻為庶母。訟師為被告狀的兒子所寫的辯辭，就是用這個歷史故事來暗示做父親的想霸佔漂亮的兒媳婦，故誣告兒子不孝，讓縣太爺把作父親的訓斥一頓，使兒子「反客為主」，變被告為原告，掌握了公堂上的主動權。

還有一則故事。一位年輕寡婦欲再嫁，被公公告到衙門，說他不守婦節，欲淫奔私逃。有位訟師也同樣為這寡婦寫了辯狀，交與縣官。上也寫道：「十六嫁，十七寡，叔長而未聚，家公五十尚繁華。嫁亦亂，不嫁亦亂。」縣官見狀，同樣把公公罵了一頓，讓寡婦再嫁。此辯狀所寫，亦暗示公公、小叔同時欺辱這一寡婦，因而「反客為主」，使寡婦由被告變成了原告，抓住了訴訟的主動權。

把顧客介紹給競爭對手

俗話說的「同行是冤家」這句話並不是絕對的。企業在處理與競爭對手的關係時，應儘量主動創造良好的競爭氛圍。那些破壞良好關係的不正常作法，其實於競爭雙方都是有百害而無一利的。

美國最大的百貨公司——紐約梅瑞公司的購物大廳裏，有一個小小的諮詢服務亭。它的服務有一項內容是令人奇怪而很不尋常的。如果你在梅瑞公司沒有買到自己想要的商品，它會指引你去另一家有這種商品的商店，也就是說，它把你介紹到自己的競爭對手那裏。

梅瑞公司之所以這樣做，除了是為滿足顧客需求以便更多招徠顧客外，主要是向競爭對手表示一種友誼，以此協調競爭關係。這種一反常態的做法，取得了意想不到的效果，既獲得顧客的普遍好感，又爭取了許多競爭對手的友誼與回報。因此，該公司生意日趨興隆。

第二十三術 背向

【原文】

《鬼谷子・忤合篇》曰：「古之善背向者，乃協四海，包諸侯，忤合之地而化轉之，然後以之求合。故伊尹五就湯、五就桀，然後合於湯；呂尚三就文王、三入殷，而不能有所明，然後合於文王。」

【註解】

「深識背向之理者」，就是深深懂得「天命所歸者」，也就是依據天時、地利、人心所向，能夠判斷出誰將要取得天下、能夠做天子的人。這些人物往往產生在改朝換代前夕的社會大動盪年代裏，他們看透了形勢，參透了「天機」，能夠審時度勢，選擇時主來投靠他。即使在敵對陣營中做事，也實際上在為這位明主賣力。直等到大家都明白了誰是賢明的君主之後，就帶領眾人侍奉這位明主，幫助他打天下。夏末的伊尹、商末的姜尚、戰國後期的策士、秦末的韓信，都是這種人物。

【踐履】

棄暗投明的伊尹呂尚

夏王朝末年，夏桀履癸即位為天子。他自恃個人武功高強，殘暴無比，並狂妄地以太陽自比，激起人民的普遍不滿。人們唱到：「那個太陽什麼時候才滅亡？我甘願與你同歸於盡！」這時，世居孟渚畔商丘一帶（即今河南商丘、虞城，山東曹縣、單縣一帶）的商人首領湯利用這種形勢，注重修德，爭取民心，並廣羅賢人。

這時，有一位賢人伊尹被湯看中。伊尹原是有莘國（今河南陳留）的媵臣，有莘氏嫁女，他作為陪嫁奴隸來到商部落。他借機以「割烹」做飯菜為比喻，向湯遊說取天下的良計，受到湯的賞識，任用他規劃滅夏大計。為了確切瞭解夏王朝的情況，伊尹曾兩次假意投靠夏桀，摸到了第一手資料。後來，夏桀見商族可怕，於是把湯召去囚於夏台（今河南禹縣內）。伊尹又打入夏王朝內部，去遊說，去使離間計，終於使夏桀殺掉了重臣關龍逄，放回了湯。伊尹又說動了夏桀重臣費呂投奔了湯，於是回到商湯身邊，公開輔佐商湯，先滅掉了夏的屬國韋、顧、昆吾，又發動了鳴條戰役，使夏桀逃到南巢氏（今安徽壽縣南），不久死在那裏。

夏亡，商王朝建立起來。

自湯後傳三十一世而至帝辛紂。紂王同夏桀一樣兇狠殘暴，不察民意，不恤民情，好酒淫樂，搜刮民財；又濫殺無辜，剖忠臣比干之心，流放賢臣微子啟。

而早在此前，姬周族卻在西陲悄然興盛起來。其首領姬昌（即後來的周文王）爭取民心，廣羅賢才，得到一賢士姜尚（即呂望、太公望、姜太公）。姜尚曾幾次在殷紂王那裏做官，對殷王朝的內部情況了若指掌。姬昌拜姜尚為軍師，共謀滅商大計。殷紂王感到了姬昌的威脅，於是召他來，囚到姜里（今河南湯陰）。姜尚又打入殷王朝內部，鼓勵遊說；且讓周閎天等人求到美女、名馬，收買殷紂王放掉了姬昌。姜尚又說動殷紂王封姬昌為西伯，為姬周族的兼併打開了方便大門。

姬昌死後，姜尚又輔佐其子姬發（即周武王）觀兵孟津，進行滅商的軍事演習。而後抓到有利時機，發動牧野大戰，一舉滅商。伊尹和呂望都看透了天下形勢，看透了民心背向，因而自己運用「背向之術」，背暗主，向明主，明裏暗裏為賢主賣力，出謀劃策，用間遊說，輔助賢主爭得了天下，成為歷史上的英雄人物。

連環背向之計

春秋時期，蔡國和息國同是弱國，一個臣服於楚，一個臣服於齊。蔡侯和息侯同娶陳侯之女，成為連襟。息侯夫人息媯生得豔麗無比，有絕世之貌，久為姐夫蔡侯垂涎。

某日，息媯回陳國路過蔡國，被蔡侯接進宮中，避人處想動手動腳。息媯大驚，敬而遠之，匆匆離開蔡國去陳。

歸途繞行，不敢過蔡國，回國見了丈夫，將蔡侯無理之舉告訴丈夫。

息侯聞言大怒，於是「背」蔡侯派使者去楚，挑唆楚王滅蔡。楚文王怕齊國出兵相救。使者說：「我們國君說了，您若假意伐我國，我國向蔡國借兵，因我們兩國是盟國，又有親戚關係，蔡國必定出兵援救。等他們到達我們那裏時，我們突然與您的軍隊聯合起來，包圍了他，讓他插翅難逃，必能擒獲。」楚文王一聽，拍手叫絕，於是照計行事，發大兵攻息。息侯派特使去向蔡侯借兵，蔡侯果然親率大軍來救。抵達息國，安營未定，楚伏兵四起，直殺得蔡軍狼狽逃竄。蔡侯逃到息都城下，息侯閉門不納。楚兵緊追而來，直嚇得他落荒而逃，半路被楚兵俘虜了去。楚軍大勝，息侯開城出門犒賞楚軍，蔡侯方知上當，中了息侯的「背向之計」，直恨得咬碎鋼牙。

楚文王回國，想把蔡侯生蒸了以祭太廟，經大臣們力陳利害，才改變主意，放蔡侯回國。在餞行宴席上，楚文王大張聲樂，指著樂女誇天下無比。蔡侯見機會來了，決定以其人之道還治其人之身，亦用「背向之術」懲治息侯。

於是笑了笑說：「大王之言差矣。若講天下無比，息侯夫人息嬀才可稱得起。」楚文王是一色鬼，聞言，急問息嬀之貌。

蔡侯添油加醋地形容道：「眼似秋水，面似桃花，立似弱竹臨風，行如仙子淩雲。」楚文王早已垂下涎水來，怔怔地說：「若有這等女子，見上一面，死亦無憾！」

蔡侯出主意道：「這有何難。以大王大威，楚國之強，齊王的夫人也可弄到手，何況是一個屬國的呢？」楚文王聽他說得有理，放走蔡侯後，借狩獵為名到了息都。息侯出郊恭迎，設宴招待。席間，楚文王提出讓息嬀出來敬酒。息侯不敢不從。息嬀出場，果如蔡侯所說那般國色天姿，使楚文王下定了霸佔的決心。

第二天，楚文王回請息侯，席間索要息嬀。息侯不從被執。楚兵攻進息都，擄走息嬀，滅掉了息國。息侯、蔡侯同施「背向之術」，息侯為一女子不顧大局，先「背」盟國蔡國而「向」楚，出賣蔡侯；蔡侯為報仇亦「背」息國而「向」楚國，終於使息侯家破國亡。

這場連環套的「背向術」鬧劇就這樣結束了。

第七章 揣篇

第二十四術　量權揣勢

【原文】

《鬼谷子．揣篇》曰：「古之善用天下者，必量天下之權，而揣諸侯之情。量權不審，不知強弱輕重之稱；揣情不審，不知隱匿變化之動靜。」

【註解】

就是說，古代那些善於處理天下政治事務的人，必善於把握天下政治局勢的變化，並且善於揣測諸侯國情勢的發展趨向。若不能細緻地瞭解天下政治局勢的變化，就不能確知哪個諸侯國真正強大，哪個諸侯國確實弱小，不知它們左右天下局勢的能量大小。若不能準確地把握每個諸侯國情勢的發展趨向，就不能真正瞭解明裏暗裏的世情變化和諸侯國的內部局勢。由此而論，人們在做事時，必定要先瞭解自己所處的具體環境，掌握與自己打交道者的真情、想法和底細，量權揣勢，依據實際情況去制定解決措施。

【踐履】

量天下權揣敵我情

古代的政治家在進行政治角逐前，無不在掌握、分析天下形勢上先下功夫。

春秋初年，齊桓公想稱霸天下，管仲便為他分析了天子微弱但仍具號召力、四夷侵擾中原使各諸侯甚為憂慮的天下情勢，進而制定出「尊天子以令諸侯、尊華夏以攘四夷」的政治策略，為爭霸中原樹立了正確的政治路線。

劉備想打著匡扶漢室的旗號自己做皇帝，諸葛亮便為他分析了曹操勢力強盛，急於吞併天下諸侯而自立，孫權富有江東，基業深厚但無心進取的天下情勢，制定了聯吳抗曹的大政方針。事實證明，每當劉備執行這條正確的路線時，他便得勝，如「赤壁破曹」；每當他背離這條路線時，他便失敗，如「火攻連營」。這說明，依據現實情勢制定政治方針，對於克敵制勝是多麼重要！

田忌賽馬

只有正確地分析面臨的局勢，依據敵我雙方力量的實際對比去制定策略，才能奪取勝利。孫臏佯狂詐瘋，躲過龐涓的殘害，被齊使者偷偷載到齊國後，在齊大夫田忌家中養息。

齊威王喜歡養馬，更喜歡賽馬賭博。他常跟宗族諸子賽馬，賭注下得很大。田忌雖也養著一群好馬，但與齊威王比賽時老輸，弄得再也不敢下大注。孫臏被邀去看了幾次馬賽後，對田忌說：「下次我保證您能勝過大王，您到時就大膽下注吧！」田忌信服孫臏的智力、安排，於是去約齊威王賭馬，並表示自己將下大注。威王素知田忌的馬力，便一口答允，準備贏大錢。

比賽那天，孫臏對田忌說：「我仔細觀察過了，您和大王的馬都可以分上、中、下三等，而三個檔次的馬分開比較，您的馬都比大王的馬差些。現在您這麼辦，用您的下等馬去和大王的上等馬比賽，用您的上等馬去和大王的中等馬比賽，用您的中等馬去和大王的下等馬比賽。」田忌依計而行，三場比賽下來，二贏一輸，奪得勝利，贏了大錢。威王怎麼也想不通自己這麼好的馬為何輸給田忌的馬，田忌便把孫臏的計畫告訴他。

威王聽後十分高興，拜孫臏為軍師。這是依據對勢力的正確分析制定制勝的計謀的例子。

體情摩意，隨機應變

還有依據對人情的把握制定處理事情之計謀者。在任何社會活動中，人都是主導因素。所以，在把握局勢時，萬萬不可忽略對人情的觀察和掌握，否則便會失敗。歷代王朝的末代皇帝都是因不查臣忿民怨的人情而被掀下寶座的。從夏桀、殷紂到崇禎、溥儀，莫不如此。而那些善於把握部下形勢的人，則會轉敗為勝，轉危為安。

宋甯宗時，趙方任荊湖（今湖北襄樊一帶）制置使。某日，他召集手下眾將，頒佈獎賞。但是，發獎之後，大多數人卻心懷不滿，意欲發作。

當時，他的兒子趙葵才十二、三歲卻機警過人，極善觀顏察色。趙葵把部將們的心思看在眼裏，連忙說道：「剛才分發給大家的只是朝廷的賞賜，隨後老爺還有獎賞！」大家一聽，激憤的心情才平息下來，避免了一場騷亂的麻煩。審量好所處的局勢，揣摩透對方的心理，才能依據這兩點制定正確的措施。

漢景帝時，李廣任上郡（今陝西榆林一帶）太守。有一次，他率領百餘名騎兵追殺三位射雕的匈奴人，不想在回來的路上遇了幾乎吉名匈奴騎兵。李廣大吃一驚。匈奴騎兵同樣大吃一驚，以為百餘名漢軍哪敢闖入匈奴領地，必是誘人上鉤的「餌食」。匈奴兵立即上馬到高處佔據有利的地勢，擺開陣勢。李廣屬下見狀，驚慌失措，都想馬上逃走。

李廣攔住大家，說：「這裏距我們的營地太遠，一跑，必被敵人追上，我們一個也活不了。匈奴兵見了咱們不來追殺，卻佔據地形準備打大仗，必定是把咱們當成大軍派出的誘餌。只有如此之般，才能逃得性命。」大家依李廣之計，前進到離匈奴騎兵兩裏遠地方停下，下馬解鞍休息。

李廣的部下十分害怕，問李廣：「敵人這麼多，離咱們這麼近，我們解下鞍來休息，萬一敵人衝過來怎麼辦？」

李廣說：「我們越是解鞍休息，敵人才越疑心，更不敢衝過來。」僵持了一會，一位騎白馬的匈奴部將跑過來查看李廣的虛實。李廣帶十幾個人翻身上馬，衝上去把他射死，仍是回原地，解鞍下馬，躺在地上休息。到了傍晚，匈奴騎兵仍摸不透李廣的動向和意圖。半夜裏，匈奴騎兵怕漢軍大隊人馬襲擊過來，忙撤走了。第二天早上，李廣等得以平安返回大營。

放眼未來衝出死亡飛行

在過去二十年裏，始終沒有一個對手取代波音公司在商用噴氣式客機市場上一枝獨秀的地位。不少企業家都羡慕波音公司的成功，其創始人威廉．波音卻不會忘記，他的波音公司是如何陷入困境，又如何衝出「死亡飛行」的。

波音公司建於本世紀初，以製造金屬傢俱發展起來的，以後轉向專門生產軍用品。一次大戰期間，波音公司生產的C型水上飛機頗得美國海軍的青睞，波音也在美國飛機製造業中擔當起一個重要的角色。然而，好景不長，戰爭結束後，美國海軍取消了未交貨的全部訂單，整個飛機製造業陷入癱瘓狀態。波音也不例外，困入了「死亡飛行」中。威廉．波音並未因此喪氣，而是進行了深刻的反思。造成「死亡飛行」的原因雖然有形勢大變的因素，但也是由於自己過分依賴於軍方的結果，亡羊補牢，為時未晚。

他調整方向，一方面與軍方保持聯繫，隨時瞭解軍用飛機發展的趨勢、軍方的要求，以便加以滿足，讓其他飛機製造商難以乘虛而入。一方面考慮到軍方暫時不會有新的訂貨，完全可以抽出人力、財力開發民用商業飛機。

戰後經濟復甦刺激了對民用飛機的需要，波音公司推出的四〇型商用運輸機以及波音七〇七、七二七客機正好滿足了市場的需要，衝出了「死亡飛行」以後，又陸續推出了波音七三七、七四七、七五七、七六七，同時替陸海空三軍陸戰隊設計製造了各式教練機、戰鬥機、偵察機、魚雷機、巡邏轟炸機和遠程重型轟炸機等，波音公司日益發展壯大起來。

站得高才能看得遠

「站在自己所經營的事業立場展望未來，並站在自己的經驗上策劃方針，這樣事業就不能壯大起來。應該超脫偏執，站在更高的地方把眼光放遠、放大，再需要有一顆雄心和一股毅力，這樣你的事業才能更加欣欣向榮。」

日本三洋電機公司創業者井植歲男這麼對人說。

他在三十多年前辭退松下電器公司的職務，租一所小工廠，在完全沒有資金的情況下開始生產腳踏車用電燈，便是他把他的理想和精神表露無遺的最佳證明。

當時製造腳踏車用電燈的公司全日本共有十幾家，總生產額一年只有十萬個，十萬個的小數目由這麼多的公司在爭奪，利潤微薄，連維持生存也很不容易，當然業者們都在長吁短歎，打算另謀生路，並沒有一個人敢進這個貧窮而艱苦的世界。

但是有一個人，他的想法跟別人大為不同，他眼光看得特別遠。這個人就是三洋電機公司創辦者井植歲男。

「現在一般大眾的交通工具只有腳踏車，並沒有其他任何可以代替的工具，這些腳踏車如果沒有電燈，晚上就不能使用。現在裝有電燈的車寥寥無幾，這是價錢昂貴的緣故，如果把售價降低，那麼銷路自然會好。」

「我要創造一個光明燦爛的腳踏車電燈世界，我準備擴大廠房，擴建一年可以生產二百萬個電燈的工廠。」

果然，他的預測驚人地靈驗了，產品一上市，被人視為難銷的東西以驚人的聲勢躋身於日本大企業之林了。

為了公司的繼續擴展壯大，井植又站在更高的所在，張開眼睛展望電器世界的動向。

當時許多大電器製造公司認為收音機已經步入無利可圖的時代。

井植對這種消極的想法及其做法大為費解。他想：收音機的時代並不是完全過去了，而是生產廠家抱殘守缺，缺乏革新精神，已經大大落後於市場需求了。

他認為只要將收音機設計成具有新穎美觀又袖珍可愛的外殼，並設計出小巧的配套零件，那麼這些小收音機一定會震憾收音機製造界，使收音機製造重新復甦，事實正如他所料想的那樣。

作為一個經營者，為了追求更大的發展，應超脫自己的事業，把眼光放遠、放大。這樣，對你事業的茁壯成長必有所助益。

神奇的基因獵手

托尼．懷特在辭職後不久他卻選擇了瀕臨倒閉、慘澹經營多年的實驗儀器製造企業——帕金艾默公司。

懷特入主帕金艾默首先面臨的是公司董事們一致的詰問：「世界上有那麼多前景看好的公司你不去，怎麼選擇了帕金艾默？」

的確，帕金艾默已每況愈下，產品造價高昂，銷售已成為最大的難題。然而，懷特看好這家公司的理由是：帕金艾默擁有極具開發價值的生物合成反應技術專利，即「PCR」技術，這是一種已廣泛應用於法醫鑒定和研究領域的「DNA」複製技術，此外基因分析儀器在生物製藥領域已得到越來越廣泛的應用，該公司可轉型生產用於基因和糖精核酸（DNA）的編碼分析儀。在其他企業家都沒有看到生物技術正處於方興未艾，是一個潛力巨大的旭日產業時，懷特使公司悄無聲息地進入了這一領域並從另一破產的公司手中買下了一個實驗設備廠。

懷特開始大刀闊斧地改革。

他首先招兵買馬，籠絡技術領域的人才。為降低費用，他聘用退休技術人員，辭退八〇%的非研究人員。他甚至將帕金艾默的商標賣掉，以補足急需的專案資金。他將總公司更名為「PE生物技術控股公司」，對企業內部進行了改組和資產置換，籌集到大筆資金，然後把帕金艾默一分為二，即「PEBio」和朵雷拉公司，使其雙雙上市籌集資金。

消息不脛而走，投資者蜂擁而來，他們如發現新大陸一樣看好其發展前景。「PEBio」和塞雷拉公司的股票開始雙雙攀升，許多職員一夜之間成為百萬富翁。

塞雷拉公司與「PEBio」就像兩匹戰馬一樣並駕齊驅。塞雷拉以繪製基因編碼圖譜為主，向所有的生物製藥企業提供基因編碼資訊：「PEBio」生物系統儀器公司為塞雷拉提供繪製所需的成套設備，它號稱擁有世界上運行最快，能繪製所有生物共生群種基因圖譜的「BEI3700」系統，不僅如此，它還能為多種類基因編碼排序，因此受到眾多生物公司的青睞。這兩匹戰馬相輔相成，共同完成繪製基因編碼圖譜的任務。

塞雷拉公司的商業動機是不言而喻的，他們將向製藥商索取巨額資金，以向其提供重要的基因資料。如今，諸如輝端公司、諾威蒂斯公司等世界知名製藥商每年要向塞雷拉支付至少五〇〇萬美元才能獲取生物製藥急需的基因編碼資料。而原來對塞雷拉持否定態度的批評家們發現，懷特看中的是基因編碼市場切入口的潛在價值，他投下的賭注是不無道理的。

第二十五術　隱己成事

【原文】

《鬼谷子・揣篇》曰：「常有事於人，人莫能先。先事而生，此最難為。」

【註解】

就是說，做任何事情都應這樣，你要對人使用某種計謀了，實施某種權術了，卻使對方蒙在鼓裏，這樣做事，才容易成功。倘若事情還沒去做，計謀還沒實施，卻已被對方看破；那樣做事，就難以成功。但是，想要在事情沒處理前就籌畫好周全的計謀和每步確實可行的實施措施，這是相當難做到的，非有「窮機微秘，盡變故」，「體玄悟妙」的本領不可。

【踐履】

呂不韋手握奇貨，隱己顯人，終成大業

戰國末年，大政治家呂不韋堪稱是這樣一位精通「隱己成事術」的權謀術士。呂不韋，陽翟（今河南禹縣）人，善於把握時機，賤買貴賣，積蓄了不少錢財。但他並不僅僅滿足物質追求，還想憑藉自己的智謀和金錢，在政治上試試身手。

某年，他到趙都邯鄲（今河北邯鄲）經商，遇到一年輕公子，儀表堂堂，舉止文雅有禮，一派貴胄之氣，卻衣著寒酸，不覺暗暗稱奇。暗中詢問，才知此人原是秦王太子安國君的次子，名曰異人，委質於趙。因如今秦趙交惡，故趙王不供他車馬僕從及生活費用，落到這般地步。呂不韋眼睛一亮，心裏說：「機會來了！此奇貨可居以生利千百倍！」他在心中如此這般，制定了一套「隱己成事」、需暗中活動數年才能實現目的的長遠計畫。

於是，他先利用自己的金錢和巴結逢迎的商人看家本領，去結交趙王派來監視異人的大夫公孫乾，直至把公孫乾收買得如同親兄弟，才在一次公孫乾招待他的家宴上問起秦王孫異人的情況，求公孫乾讓異人同來飲酒。席間，呂不韋又瞅公孫乾上廁所的機會，問異人：「當今秦王已老，作為繼承人，您的父親有二十幾位兒子，而您的父親又未選定繼承人，您不心動嗎？」異人歎了口氣，說：「我遠拘異國，有何辦法。」

呂不韋表示自己願幫忙。異人大喜，許諾：

「若得王位，我與你富貴與共。」話雖這麼說，但狡猾的呂不韋並不十分相信，於是施展第二步計謀。

他設下家宴，請來公孫乾和秦王孫異人，讓自己最寵信而又剛懷孕的美妾趙姬出來陪酒。異人正在情心萌動之年，對趙姬當然頻頻注目。趙姬又受了呂不韋指使，使出渾身手段，把異人勾得心動神搖，魂魄皆失。呂不韋看在眼裏，喜在心裏，趕忙把公孫乾灌醉，親口把趙姬許給異人。異人喜不自禁，等二人共同使手段買得公孫乾答應後，便正式在公孫乾府上與趙姬成親。呂不韋見拴住了異人，便給異人兩口子留下五百金作花費，自己帶上珠寶玉器，到秦國實施第三步計謀。到了秦國，他在安國君寵姬、自己無親生兒子的華陽夫人身上用功夫，花費了若干金銀珠寶，終於買通這位安國君的「內當家」。她便在安國君那裏吹了「枕頭風」，讓安國君把異人收為她的嗣子，正式立為安國君的繼承人。

三步計謀已妥，呂不韋便「隱」在趙國等待時機。不久，趙姬生下一個「不足月」的孩子，異人滿面喜色，呂不韋更是暗中高興。當這位孩子三歲時，機會來了，秦兵圍困趙都邯鄲，一出城門便是「秦人的天下」。於是呂不韋出三百金活動好南城門守門將士，說自己思家心切，想回家看看，求個方便。將士們見錢眼開，答應乘夜色放呂不韋出城。呂不韋又到公孫乾處辭行，把公孫乾及其親近之人灌得大醉不醒，藉機讓異人化裝成他的僕人，載上趙姬、嬰兒及珠寶，從南門出了城。等公孫乾醒後不見了人質異人時，呂不韋已與異人、趙姬、嬰兒到達了秦營中，輾轉回到秦國，正趕上秦昭襄王駕崩，安國君即位，異人於是被封為太子，成了國君的繼承人。

這時，呂不韋又「快馬加鞭」，實施起第四步計謀，在四年之內先後設計害死了秦昭襄王的繼承人秦孝文王（安國君）和秦孝文王的繼承人秦莊襄王（異人），把幼小的趙姬之子（秦王嬴政）扶上王位，而自己獨攬秦國大權，實現了自己「居奇貨以生利千萬倍」的夙願，成了「不在位的君王」。謀得秦國大權是呂不韋的內心願望，但他並沒有公開招兵買馬，起事奪權。在當時的社會背景下，這樣做是肯定不會成功的。他採取了「偷樑換柱」手法，運用「隱己成事」權術，把自己「隱」在幕後，看準時機，操縱、撥動秦國繼承人選取問題，經過長期的幕後活動，終於達到目的。這是中國歷史上成功地使用「隱己成事術」的典範之一。

要離的擊劍術

善於隱蔽自己的用心、目的、實力，向對手製造假像，使對手產生錯覺，輕視自己，為自己突發制服對手造成有利的局勢，是「隱己成事術」的主要技巧之一。

春秋時，吳國名將伍子胥的摯友要離雖又矮又瘦小，卻是個所向無敵的擊劍能手。他與別人比劍時總是採取守勢，不先主動進攻，而是等對手發動進攻，劍鋒快要刺中他而難以變招時，才靈活地躲過，而突施襲擊，刺中對手。

伍子胥曾向他請教原因，他說：「我與對手擊劍時，先取守勢，讓對方認為我無能，而使他產生驕傲輕敵之心。而後我再露出空檔，給對方有可乘之機，來勾起他取勝的貪心。當他急於求勝向我攻擊而疏忽了防守之時，我再乘虛而入，突發襲擊，當然就能夠取勝了。」

這裏雖是講解劍術，卻是對「隱己成事術」的最好解說。使用此術的關鍵就是隱蔽自己，製造假像，迷惑對方，引誘對方上當中圈套，而被施術者擊敗，使施術者達到目的。

一八〇五年，拿破崙與第三反同盟作戰時，曾成功地使用過此術。

他指揮法軍乘勝追擊俄軍到奧爾莫烏茨時，俄皇亞歷山大的近衛軍和增援部隊趕到了。這時，俄軍倉皇逃命，人困馬乏；增援部隊長途奔馳，亦未恢復元氣。而法軍卻乘勝追擊，士氣高昂。形勢對俄軍仍舊不利。但亞歷山大卻看錯了形勢，意欲與法軍決戰。拿破崙為堅定俄皇決戰的決心，使用起「隱己成事術」來：他突然下令全軍停止追擊，撤回前哨部隊，並向俄軍求和，派代表與俄方談判。

他把自己的實力隱藏起來，裝扮成驚慌失措、軟弱無能之貌，使俄皇認為他懼怕決戰，進而下定了決戰之心，認為目前是消滅法軍的最有利時機，指揮他的軍隊向法軍發起總攻，結果中了拿破崙的圈套，被打得落花流水。

況鍾懵懂整吏治

有時候，「隱己」足為了摸清情況，查明虛實，以便分別對待。

明朝宣德年間，蘇州（今江蘇蘇州）以難治聞名，於是楊溥、楊士奇、楊榮三位輔國大臣推薦足智多謀的況鍾任蘇州太守。

赴任前，宣德皇帝鑒於蘇州難治的現狀，賜給況鍾「便宜行事」，自作主張以治之的聖旨。況鍾領旨前去赴任，到了蘇州，卻裝出一副懵懵懂懂的樣子，屬吏送來文書，不加細審，一律照準。那些奸猾吏員見狀，更加肆無忌憚，無法無天，把蘇州攪得烏煙瘴氣。過了月餘，況鍾對屬員的忠奸能否摸了個瞭若指掌，便突然宣佈擺好香燭，命司禮官當眾宣讀聖旨。眾屬吏聞知有聖旨，心中大驚，當聽到聖旨中「若僚屬行為不法，可逕自拿問治罪」等辭句時，不法屬吏們嚇得面如土色。聖旨讀完，況鍾當眾升堂，拿出判筆，一一列數不法屬吏們一個月來的不法罪行，並命手下人將他們脫去衣服，當眾摔死在大堂之前。

自此，蘇州吏員洗心革面，痛改前非，境內大治。

魔鬼與雪碧

常言道：「到什麼山，唱什麼歌。」廣告宣傳也一樣，在不同地點、不同地區應當使用不同的廣告形式和內容。

美國可口可樂公司的「Sprite」飲料，在美國極為暢銷。而「Sprite」翻譯為漢語的意思則是「魔鬼」、「妖精」。可口可樂的經營者們深知中國傳統文化，瞭解華人對「妖精」的憎惡，於是將「Sprite」諧音譯為「雪碧」作為在中國使用的名稱和廣告宣傳的內容，「雪碧」在中文中有純潔、清涼的含義，自然也就走俏華人市場。

第八章 摩篇

第二十六術　操鉤臨淵

【原文】

《鬼谷子・摩篇》曰：「古之善摩者，如操鉤而臨深淵，餌而投之必得魚焉。故曰：『主事日成而人不知，主兵日勝而人不畏也。』

【註解】

就是說，把對手琢磨透了，才好因人而制定相應的對策，下手對付他。琢磨對方，就要設置計謀去「鉤」對方的真情，引他上鉤，讓他自己吐露、自己表現出真情實欲來。其實，智者做事也是這樣，要達到某種目的，要控制某個人，就要先設下誘餌，引對方上鉤，以成其事。設置誘餌之後，在對方上鉤之前，要讓對方無從知曉，因而他便無所畏懼，無所忌怕，才會吞下你設置的誘餌，被你釣著。

【踐履】

以鼓為餌活捉敵酋

宋仁宗寶元年間，西夏部眾常常侵擾大宋邊境，其中有一明珠族首領尤甚，他能殺善鬥，驍勇剽悍，成為大宋邊境守軍的勁敵。

宋朝名將种世衡在這一帶駐守，想除掉這個傢伙，但是將士中沒有人知道他的面目相貌，難以下手。种世衡派人專門瞭解這個人的情況，終於得知，這位明珠首領有個嗜好，愛擊鼓，故對漂亮的戰鼓自然十分喜愛。种世衡聞訊計上心來，命工匠製作了一面漂亮的戰鼓，設計精巧，造型美觀，鑲以金銀，真是誰見誰愛。种世衡令手下將士記住這面鼓的樣子，然後派一名奸細拿它到明珠族聚居區賣掉。隨後，又召集了數百名見過那面鼓的軍士，讓他們分為數隊，穿上便裝，化裝成當地百姓，在邊境一帶巡遊，若見到帶那面戰鼓的人，一定要合力將他捉來。果然不出所料，那面鼓被明珠族人買去，獻給了那位首領。那首領見了，喜歡異常，愛不釋手，隨身攜帶。一天，那首領到邊境巡遊，自然捨不得留下那面鼓，被种世衡佈置下的將士認出，活捉回去，除掉了這一心腹大患。

鼓，是种世衡設下的誘餌。那明珠族首領不知道這是「餌」，故而「吞在肚中」了還不驚慌，結果被种世衡的「操鉤」給「釣」著了。

運糧車中藏奇兵

唐高宗永隆年間，行軍大總管裴行儉率三十萬大軍討伐突厥。之前，進剿軍隊的運糧車常被突厥截襲。所以，裴行儉一到，先設計了一套「操釣臨淵」術，用計來「釣」突厥的截襲部隊。

他先準備了三百輛運糧車，車中埋伏壯士，手持大刀、強弩。然後派老弱殘兵押車前行。後邊悄悄遠隨著一支精兵。突厥兵聽到又有唐軍運糧車隊，便照舊派出了截襲部隊。押糧老兵們一見突厥兵，丟下車就跑。突厥兵也不追趕，歡天喜地地押著運糧車來到一水草豐茂處，下馬解鞍，放馬吃草，然後準備取車中軍糧造飯吃。哪知車中並不是糧，而是人。藏在車中的唐軍大喊一聲殺出來，打了個突厥兵措手不及。還沒來得及上馬，後邊尾隨的精兵趕到了，內外夾擊，把突厥兵幾乎殺個精光。自此，唐軍運糧軍隊再出現，突厥人也不敢來截襲了。

運糧車是「餌」，裴行儉在「餌」中藏「鉤」士兵，敵人食「餌」中「鉤」，故被打敗。

諸葛亮的反釣計

赤壁大戰之後，諸葛亮趁機派人佔領了荊州（今湖北襄陽一帶）。周瑜派人討還，諸葛亮教劉備用「眼淚戰術」哭得來人心軟，答應劉備暫借。劉備本無還心，這一借便借「死」了。周瑜又氣又恨，卻也老虎吃天——無處下口，只有暗自咬牙切齒而已。

忽然，周瑜聞報，說劉備夫人死了，正在操辦喪事。他眉頭一皺，計上心來，忙告訴東吳謀士魯肅，說討還荊州之計有了。魯肅忙問何計。周瑜說：「劉備如今喪妻，必會續弦。我們主公有個妹子，年大未嫁。會使刀槍。我們如今上書給主公，說假意招劉備成親，把他騙到東吳來，軟禁在此，用他換回荊州，讓他媳婦娶不到手，我們卻達到目的。」魯肅一聽，十分高興，便去見孫權，說出周瑜的計謀。孫權自然高興，便派呂範到荊州說親。劉備卻是個重事業輕家室之人，想當年長阪坡大戰，他丟下嬌妻幼子，只顧自己逃命，便足以說明。這番東吳招親，自知吉少凶多，怕中了「美人計」，便不想前去。哪知諸葛亮一意慫恿，說但去無妨，便將信將疑地由趙雲陪同去了。

一到東吳，趙雲便照諸葛亮的錦囊妙計，讓帶來的軍士們披紅掛綠，去市上採買成親之物，並大肆宣揚成親之事，一霎時，便傳遍了東吳都城。又依諸葛亮之計，備上厚禮去拜謁東吳元老、已故國主孫策和當今大都督周瑜的岳父喬國老。喬國老不知底裏，忙入宮向孫權的母親賀喜。這位吳國太蒙在鼓裏，不知喜從何來。等聽罷喬國老解釋，心裏十分生氣，憤如此大事，孫權竟不來商議就自己作主，忙派人傳來孫權。孫權解釋說這只是計謀，用妹妹作誘餌去釣劉備以討還荊州的。

吳國太不聽便罷，一聽此言，暴跳如雷，破口大罵：「你和周瑜統領六郡八十一州，無計去取荊州，竟用我女兒設美人計，傳揚出去，叫我如何做人？讓你妹妹怎麼見人？」孫權面紅耳赤，方覺此計不妥，但木已成舟，也不好再變。母親仍在大罵。喬國老調解說：「事到如今，不如將錯就錯，真的與劉備結親。劉備也是個人物，辱沒不了令妹。」孫權說：「劉備年過半百，妹妹青春年少，如何使得！」吳國太又大怒：「早知使不得，何出此下策！明日傳劉備來，我看中了，是女婿，看不中時，憑你們處置。」孫權唯唯而退。

第二天，在甘露寺召見劉備。孫權早埋伏下刀斧手，但等母親一有半點不樂意，便將劉備砍成肉醬。

哪知吳國太一見劉備方面大耳，氣宇軒昂，心中早喜得不得了，當下即在甘露寺成親。周瑜見一計不成，再生一計，讓孫權的妹妹用柔情蜜意拖住劉備，讓他樂不思歸。哪知劉備手段比孫公主老道得多，不但沒被女色迷住，反而使出渾身解數，把公主整治得言聽計從，暗中協助劉備，一道兒弄船回荊州。

周瑜見釣魚不成，反被魚偷去了餌食，惱羞成怒，派戰船追趕。哪知孫公主已心向夫家，「餌」與「魚」已合為一體，她傳令讓手下女兵站在船邊，保護劉備軍士。孫吳將士們一見公主在船上，哪個還敢射敢攻？諸葛亮又派人接應，得以平安回到荊州。

周瑜「操鉤臨淵」，非但沒有「得魚」，反丟了「餌食」，氣得口吐鮮血，昏死過去，良久乃甦。原因何在？其智謀水平不及諸葛亮故也，其所「釣」，對象大義在胸，不為兒女情長所動也。

犧牲一條腿釣來釀酒術

這是一場嚴重的事故：一輛高級轎車把一個行人的一條腿撞斷了。肇事的是丹麥一家著名啤酒廠老闆，受害者是一個遠道而來的日本人。

受害者被送進醫院後，丹麥老闆說：「你身居異地，很對不起啊！以後怎麼辦呢？」

這位日本人說：「等我好了之後，就讓我到你的啤酒廠看門，混碗飯吃吧。」

丹麥老闆一聽他不找麻煩，高興極了，趕緊說：「你快養傷吧，好了就給我看門。」

於是這個日本人養好傷後就當上了這家啤酒廠警衛。

日本人工作非常認真，對進出廠的貨物檢查十分仔細，贏得了高級職員們的信任。他對員工非常謙和，人們經常和警衛閒談。

三年後，日本人攢了些錢，便辭職回國，丹麥人從未對他有過懷疑。其實這個日本人是日本的一位大老闆，來丹麥的目的便是想弄到享譽世界第一的該廠的醞釀技術。但啤酒廠保密程度很高，是不允許隨便參觀的。他在啤酒廠外周旋了三天也沒有辦法。後來他看到每天早晨都有一部黑色小轎車進出，一打聽，車上坐的正是這家啤酒廠的老闆，於是他便導演了那起交通事故。

三年來，他利用工作之便，想盡一切辦法，終於掌握了該廠的原料、設備和技術的情況。他犧牲了一條腿，換來了新技術，回國後成功地開設了一家頗具規模的啤酒廠。

視覺誤差釣出好生意

十多年前，在日本有一家位於小鎮的小糖果店，店主佐佐木本是個建築工人，因一次工地事故摔斷了腿，不能再上工地了，只得東借西湊開了家小店來維持一家人的生活。他的小店還賣新鮮雞蛋和茶葉蛋。當時他自己坐在那裏買蛋，再加上周圍賣蛋的攤販比較多，生意很不好做。後來，他讓十二歲的女兒去守蛋攤，結果顧客大多都到他的店來買蛋了。

他夫人有點不解，佐佐木解釋了其中的奧妙。原來他自己因當了多年的建築工人，手指又粗又大，與雞蛋相比，蛋便像是小了，而女兒的手指纖細小巧，和雞蛋相比，雞蛋就顯得大些了。這是利用了人的視覺誤差，才招來雞蛋生意的。

第二十七術　謀陰成陽

【原文】

《鬼谷子・摩篇》曰：「聖人謀之於陰，曰神；成之於陽，故曰明。」

【註解】

就是說，聖智之人做事，靠的是足智多謀，在暗地裏把一切都策劃好，把一切都預料到，讓別人按他的謀劃去做事，或中了他的圈套，還茫然不知。直到功成事遂，大事完畢，結局已定，別人才豁然明白，但悔之已晚。在計謀的使用上，此術主要表現在：表面上注意力集中在這裏，是為這件事行動，但實際目的卻在那裏，是為了辦成那件事；即所謂「事在此而意在彼」。

【踐履】

高湝查靴

南北朝時，北齊高湝任並州（今山西太原一帶）刺史。

某日，州城內一女子到汾河邊洗衣服，她把腳上穿的新靴子脫下來放在岸邊，站在河水裏洗。這時，遠處一男子騎馬跑來，老遠便見了岸邊這雙新靴子，勒馬下來，脫下自己的舊靴子，蹬上新靴子打馬跑了。等那女子反應過來，那男子早已跑得無影無蹤，哪裡追得上！洗衣女聽人說高湝正直多智，便提著那人扔下的舊靴子去告狀。高湝安慰了她一番，立刻讓手下人傳來城中所有年老婦女，說：「有個青年騎馬出城，半路上讓強盜劫殺了，只留下這雙靴子。有人認得這雙靴子嗎？」大夥兒挨個傳看。突然，一老婦人頓足大哭起來，說：「這是我兒子的靴子，他出城到岳父家去了，誰想到遭此不幸！」高湝問明他岳父的地址，派人馬上捉來，把靴子還給洗衣女，並處以罰金。

高湝表面上是在為靴子的主人伸冤捉拿兇手，實際上是為了查明舊靴的主人的下落。

兩椿爭子案

歷史上有兩樁審理「爭子案」，都是巧妙運用了此術。漢宣帝時，潁川（今河南禹縣）有一富戶，兄弟倆共居一院中。

某年，妯娌倆同時身懷六甲，同時臨產。但嫂嫂的兒子生下來就死了，弟妹卻順利產下一胖兒子。這時兄弟倆都在外經商，未及趕回家來。嫂嫂便心生一計，以看侄子為名，把孩子抱到自己屋裏，再也不肯還弟妹了，硬說是自己生的。兄弟倆回家，也難辨是非，最後訴諸公堂。

縣令審了三年，也沒審清，只好轉到郡太守那裏。郡太守黃霸足智多謀，閱完案卷，心生一計，讓妯娌倆到公堂上來，把孩子抱來，說：「你們的案子實難斷清。這樣吧，我喊『一、二』，你們誰搶到孩子，就歸誰。」妯娌倆站的距離相等，黃霸一聲令下，兩人同時拼命跑去，一人抓住孩子的頭，一個抓住孩子的腳，各自一拉，孩子大哭起來。嫂嫂為了爭得孩子，死命狠扯。弟妹見孩子大哭，十分心疼，不覺便鬆了手，坐在地上掩面抽泣。黃霸見狀，把驚堂木一拍，手指那嫂子說：「大膽刁婦，竟敢搶人之子，從實招來！」嫂子想狡辯，見要用刑，才講出實話。弟妹千恩萬謝地抱著孩子走了。

南北朝時，李崇任揚州刺史。其屬縣壽春縣（今安徽壽縣）鄉民苟泰剛三歲的兒子失蹤了，四處尋找不著。

後一偶然機會，見本縣趙奉伯之子正是自己失散的兒子，前去索還。趙矢口否認，說兒子是自己的。二人訴諸縣衙，雙方都有鄰居證明，縣令難以決斷，轉到州刺史李崇那裏。李崇把他們和孩子分三處關押，很長時間也未提問。

某日，他分別派人告訴苟泰和趙奉伯，說：「你兒子昨晚得急症死了！」苟泰聽後，哭得死去活來；而趙奉伯聽後，只慨歎了幾句了事。於是李某領出兒子，把他判給了苟泰，並將趙奉伯問供後治罪。

黃霸和李崇審案，都是用的「謀陰成陽術」，表面是讓人爭奪兒子，實際是試探哪個對兒子有真情，哪個是親骨肉，因而審清疑案，博得美名。事雖在此，而意卻在彼。

趙和斷案

唐懿宗咸通年間，江陰縣令趙和智判誣財案，也是巧用此術。

楚州（今江蘇淮安一帶）淮陰縣（今江蘇淮陰）有兩戶鄰居世代通好，關係密切。某日，東鄰欲外出販賣，本錢不足，便以田契為抵押，向西鄰借錢一千緡（每緡一千丈），約好借期一年，連本帶利歸還後贖回田契。

第二年歸還期近，東鄰不失約，先取八百緡交與西鄰，說好第二天送餘下的兩百緡及利錢，再取回田契。因兩家關係好，東鄰便沒要收錢單據。哪知第二天去還錢取田契，西鄰矢口否認收過八百緡錢。

東鄰氣急敗壞，便到縣衙告狀。但是縣令沒看到收到錢的單據，也無法判案。上告到州衙，同樣沒有結果。西鄰洋洋得意。東鄰苦思良策，聽說相隔數縣的江陰縣令趙和是位明斷如神的青天大老爺，便告到他哪裡。趙和接案後，很是為難。淮陰與江陰是平級縣，怎好越俎代庖？苦思良策，心生一計。第二天發公文到淮陰，說本縣拿獲一夥江洋大盜，供出一同夥是你縣某某人。唐朝有法令，凡是大盜案件，所牽涉之縣都得盡力協助。故淮陰縣令派捕快將西鄰捉來，交與江陰公人帶走。西鄰到了江陰縣，自恃與江洋大盜案無關，並不害怕。趙和威脅一番，令他將自己所有家產浮財寫明，並註上錢物來源，以備查驗。西鄰一一寫明，其中有「八百緡，東鄰所還」一款。趙和見後，拍案而起，喚出東鄰與其對質。西鄰方知原委，又羞又悔，退款服罪。

此案處理是「事在此而意在彼」的「謀陰成陽術」典型作法。

第二十八術　燃燥濡濕

【原文】

《鬼谷子．摩篇》曰：「故物歸類，抱薪趨火，燥者先燃；平地注水，濕者先濡。此物類相應。」

【註解】

就是說，把乾、濕柴草一起扔到火堆裏，乾柴草先被引燃。在平地上倒水，水先流到濕的地方。這就是物以類相應的道理。人也是如此，有相同的生活經歷、相似的不幸遭遇之人，話容易說到一起，心容易想到一起，極易聯合。與此相應，管理、懲治這批人的策略便是：殺一儆百，殺雞警猴。

【踐履】

姜太公殺狂

姜太公輔佐武王滅商取天下，被封到東夷營丘（今山東臨淄），去彈壓夷人，藩衛周室。

姜太公至齊，搜羅賢人。有一賢士名狂，在齊地很有號召力。姜太公看中他，拜訪數次，禮數用盡，狂就是避而不見。太公無奈，將他抓了起來，斬首示眾。周公聽說了，寫信責備他。太公覆信說：「當今天下一統，四海之內，莫非王土；率土之濱，莫非王臣。人人應為周王朝出力。這個狂不識時務，帶頭持不合作態度，若人人效仿，如何得了？」

經過姜太公這一殺一嚇，果然再無人敢自命清高，不與合作了。

韓信砍殷蓋之頭

大凡每一位出身低賤的將軍都曾用此術表明過自己的威嚴。韓信投靠劉邦後，在蕭何力舉下，被任命為大將軍。他出身於破落貴族，劉邦手下那批大將都自恃戰功卓著，並不把他放在眼裏。韓信決定用殺一儆百的「燃燥濡濕術」嚇唬嚇唬這班難馴之人。

一日，軍隊操練，約好卯時集合，然監軍殷蓋在午時方到。營門守衛攔住他：「大將軍有令，深習已開始，不准人進去衝亂了隊形。」

殷蓋大怒：「什麼大將軍！小人得志，亂施胡為！還不快去通報，說我監軍大人來了！」一會兒門衛出來，說：「請。」

殷蓋大模大樣，餘怒未消地上了將軍台。

韓信大喝一聲，傳令：「綁了。」回頭問司時官：「現已幾時？」答曰：「午時。」又回頭問殷蓋：「原令幾時集合？」殷蓋並不放在心上，答曰：「卯時。」韓信數其罪說：「你身為大將，豈不聞受命之日，則忘其家；臨軍約束，則忘其親；臨陣殺敵，則忘其身？」回頭召司法官問道：「與軍約會，期而後至，按罪當何？」軍法官曰：「慢軍之罪，罪當斬首！」殷蓋這才慌了神，跪地求饒。韓信對眾將士說：「軍令如山，軍法如天，若有犯者，一概不赦！」馬上傳令斬了殷蓋。

自此之後，劉邦手下那幫人再也沒敢小瞧韓信了。

第九章　權篇

第二十九術　眾口爍金

【原文】

《鬼谷子・權篇》曰：「古人有言曰：『口可以食，不可以言』。言者有忌諱也。眾口爍金，言有曲故也。」

【註解】

就是說，古人曾講過，有嘴只可用來吃飯，不可以用來說話。吃了飯，可以養身體；而話說出去，弄不好會觸犯忌諱，招來災禍，所以，處世要慎言。另一方面，輿論能殺人。俗話說：眾人口裏能化金子。就是說，人們傳說時往往添油加醋，能把人逼死。在這裏，既講了處世謀略——慎言，也講了制人奇謀——用輿論殺人。

【踐履】

周厲王封堵輿論被流放

據歷史記載，最早感受到民眾輿論可怕的是周厲王姬胡。姬胡殘暴專橫，引得國都民眾輿論鼎沸。召公告誡他收斂一些，說：「老百姓都受不了啦！」他不但不檢點自己，反而勃然大怒，找來一個當地的巫婆，讓她監視那些造輿論的人。

巫婆一來報告，他就把人抓來殺掉，嚇得國都民眾再也不敢講話了，在路上碰了面，都用眼睛打招呼。厲王得知，十分高興，告訴召公說：「怎麼樣？我能讓那些輿論消亡。」召公勸諫道：「它一旦絕口，必定傷好多人；堵起百姓的嘴來，到他們憋不住了，就不可收拾。所以，治理河水最有效的措施是疏通河道，治理百姓也應讓他們講話，引導他們講話。從這點出發，天子治理天下，設置許多官吏收集民間詩歌以知民情，引導老百姓講話以知自己政治的得失。不是要堵老百姓的嘴，而是應引導他們講話。」厲王就是不聽。

過了不久，老百姓再也憋不住了，起來造反，把周厲王流放到外地去了。

三人成虎

戰國時期，魏王和趙王訂好條約，魏王送兒子去趙國作人質，派大臣龐蔥陪同。

龐蔥臨走前，對魏王說：「大王，如果有一個人向您報告，說大街來了一隻老虎，您相信嗎？」魏王笑了笑說：「不信。老虎怎麼會跑到大街上呢？」龐蔥接著說：「如果有兩個人說大街上來了一隻老虎，您相信嗎？」魏王答：「兩個人都這麼說，我就半信半疑了。」龐蔥又說：「如果三個人都這麼說，您相信嗎？」魏王點了點頭說「三個人都這麼說，我就相信了。」龐蔥抬高了聲音說「老虎不會跑到大街上，這誰都知道。只因為三個人都這麼說，大街上有虎的謊言便使人信以為真了。我們離開魏國去趙國，恐怕在背後議論我們的不止『三個人』，請大王仔細考察！」魏王笑了笑說：「我知道了，你放心去吧！」

果然，他們走後不久，就有許多人議論龐蔥，說他的壞話，結果魏王還是相信了。「眾口」的力量多麼大啊！

曾參殺人

戰國時，秦武王讓甘茂出使魏國。

甘茂對武王說：「走前，我有個故事講給大王聽。過去，曾參離家到費地。費地有個與曾參同名的人殺了人。消息傳到曾參的故鄉，有人去報告曾參之母，說：『不得了，曾參殺人啦！』曾母照常織帛，說：『我兒子不會殺人。』一會兒，第二個人又跑來，說：『不得了，曾參殺人啦！』曾母猶豫了一下，仍舊自信地坐在織機上。不一會兒，第三個人又跑來報告：『不得了，曾參殺人啦！』曾母聽了，嚇得扔掉梭子，越牆逃官司去了。像曾參那樣的賢人，他母親對他的道德品格十分自信，尚且禁不住三個人的話。我賢不如曾參，您對我的信任不及曾母，我在朝廷中又有不少仇人，我走後，請大王不要聽信謠言、讒言。」武王為了使他安心，與他立下盟誓。甘茂這才放心地走了。但是，甘茂仍舊沒有逃脫「眾口」的攻擊，最後逼得他逃亡到齊國去了。

難怪韓愈曾感歎地說：「市有虎，而曾參殺人，饞者之效也！」所以，自古及今，那些明智的政治家在處理政務時，不僅考慮如何把事情辦好，如何去幹這件事，還要考慮這樣去幹了這件事後，周圍的人、身邊的人會有什麼看法，會有什麼輿論。因而誤了不少事，誤國誤民也誤自己。但這種「內耗」力又有誰能抵擋得了？

信治朗「先聲奪人」

一八九九年，島井信治朗正值二十歲，開始了獨立創業。他最先從事的是葡萄酒的製造。他希望能製造出真正合日本人口味的甜酒，經過不斷地研究，終於成功地製造出赤玉葡萄酒。

葡萄酒有一個很時髦的名字，它不同於一般日本名字的酒——如蜂印香鼠葡萄酒，而是以英文命名，這在當時來說可以算是較為特殊的命名方式。

除此之外，信治朗為了促銷，真可說是花招百出。例如在報上刊登廣告。甚至於每天晚上騎著腳踏車到賣酒的店中詢問：

「請問你們這裏有沒有賣Portwine（赤玉）葡萄酒？」

「赤玉？沒有啊！」

「哦，真可惜！那種酒實在很好喝，等你們進了貨，我再來吧！」

就這樣一遍又一遍，一家又一家地做著宣傳，無畏寒暑、不怕困難。夏天，信治朗就準備三十個兩米長的燈籠，上面印有「Portwine赤玉」的字樣，雇來穿著壽屋制服的人背著它到處走動打廣告。

還有，當時的藝妓為了避免提到「月經」二字，通常說「太陽旗」來代替，信治朗便拿了些小費給他們，希望她們以後改用「赤玉」來代替。

甚至於發現火警時，他會派人提著印有「赤玉」的燈籠立即趕到火災現場，展開宣傳活動。真可謂奇招百出。

此後，業績得到跳躍式的發展，大規模地出產赤玉酒。此時，他又創立了「赤玉歌劇團」，足跡遍全國，表演方式極為特殊，同時將印有以團員為模特兒的海報，分送到各地。這個方式標新立異，收到熱烈回應。大家爭要海報，使赤玉聲名大躁。

信治朗將赤玉葡萄酒的經營步入正軌後，就開始製造威士忌酒。業績因此蒸蒸日上。

廣告是宣傳企業、宣傳產品的突出手段。信治朗深知廣告的重要性，創造出各種的廣告方式。當然「赤玉」先決條件是品質好，奇招宣傳才可以奏效。

顯然，信治朗這些「先聲奪人」的招數有了效果，「赤玉」的知名度大大提高了，信治朗也贏得了豐碩的成果。

小道消息

斯塔福德航空公司是美國北部一個發展迅速的航空公司。然而，最近在其總部發生了一系列的傳聞，公司總經理波利想出賣自己的股票，但又想保住自己總經理的職務，這是公開的秘密了。

他為公司制定了兩個戰略方案：一個是把航空公司的附屬單位賣掉；另一個是利用現有的基礎重新振興發展。他自己曾對這兩個方案的利弊進行了認真的分析，並委託副總經理本查明提出一個參考的意見。本查明曾為此起草了一份備忘錄，隨後叫秘書比莉列印。比莉列印先後即到員工咖啡廳去，在喝咖啡時比莉碰到了另一位副總經理肯尼特，並把這一秘密告訴了他。

比莉對肯尼特悄悄地說：「我得到了一個極為轟動的最新消息。他們正在準備成立另外一個航空公司。他們雖說不會裁減員工，但是，我們應該聯合起來，有所準備啊！」這話又被辦公室的通訊員聽到了，他立即把這消息告訴他的上司芭芭拉。芭芭拉又為此事寫了一個備忘錄給負責人事的副總經理馬丁，馬丁也加入了他們的聯合陣線，並認為公司應保證兌現其不裁減員工的諾言。

第二天，比莉正在列印兩份備忘錄，備忘錄又被路過辦公室的探聽消息的人摩羅看見了。摩羅隨即跑到辦公室說：「我真不敢相信公司會做出這樣的事來。我們要被賣給聯合航空公司了，而且要大量削減員工呢！」

這消息傳來傳去，三天後又傳回總經理波利的耳朵裏。波利也接到了許多極不友好、甚至敵意的電話和信件。人們紛紛指責他企圖違背諾言而大批解雇工人，有的人也表示為與別的公司聯合而感到高興。而波利則被弄得迷惑不解。

日本大企業的接待小姐

東就銀座，裏庫路特公司，每天一到早晨八時三五分，人們就可以聽見一陣陣喊聲。

「青出於藍而勝於藍！」

原來，這是十三位接待小姐在練習發聲。為了便於腹部用力，她們還都脫下了高跟鞋，並將雙手交叉地搭在後脖子上。每次練習約五分鐘，大家態度嚴肅認真，誰也不覺得難為情，都把嘴張大使勁喊。據說因為人在清晨說話聲音都比較小，所以就採取了這種練習方法，以便精神飽滿地迎接早晨來的第一位顧客。

在日本，接待小姐必須具備許多條件。比如，不愛喝茶的接待小姐就必須每天練習喝茶，直到愛喝為止。因為如果不這樣做，就不會把好喝的茶送給客人。教練還要教會她們上茶時避免直接沖著茶杯呼吸等等。

除此之外，接待小姐們還有許多特有的規矩與煩惱。富士銀行的小林由美說：「原則上禁止我們佩戴首飾。如果上班路上戴著戒指和耳環，到了銀行再摘下來，那就太麻煩了。所以我們平時什麼也不戴，習慣了以後，連節假日外出我們也不戴首飾了。指甲油我們都用透明的或淺粉色的，化妝也要儘量淡雅。」三井物產公司的島田路子說：「坐在接待台裏，視線必須保證向正前方，但同時又得用眼角餘光注意兩側的動靜。」伊藤忠商事公司的接待小姐說：「我們每時每刻都要保持微笑，所以面部神經也隱隱作痛。而且我們是坐在大門旁邊，很容易著涼。冬季如果膝蓋上不蓋電熱毯，腳底下不放取暖器，那根本受不了。」為了消除緊張與疲勞，她們採取了各種辦法，有的是打高爾夫球，有的是作健美操，也有的經常和同事一起去咖啡廳和酒吧。

儘管接待小姐被譽為「公司之花」，但如此辛苦的工作使得不少人望而卻步。於是，人才派遣公司因此而生意興隆。日本人才公司在日本全國有一四〇〇〇名員工，公司廣告部主任竹山裕子說：「近來有許多客戶委託我們找人專門負責接待傳達，他們對派去的人員在言談舉止方面的要求很高。我們這個行業競爭也相當激烈。如果不對員工進行專業培訓，就無法在競爭中獲勝。」

這家公司派出的員工都是曾在大企業工作過的接待小姐或女職員。但不論多麼有經驗的員工也必須接受十五個小時的基礎訓練和四小時的集中練習。

《總務月刊》總編下條一郎在談到接待小姐時說：「大約從三年前開始，越來越多的企業將接待工作委託給外面，其原因有三：一是男女雇傭機會均等法的實施使許多人成為職業婦女，但她們認為接待員是個沒有吸引力的職業；二是合理化，就是說企業委託外面負責接待可以降低成本；三是可以自由更換，能夠避免使那些年齡大的人一直做接待的工作。

第三十術　取長補短

【原文】

《鬼谷子·權篇》曰：「智者不用其所短，而用愚人之所長；不用其所拙，而用愚人之所工，故不困也。」

【註解】

就是說，智者處世，首先要能用一分為二的觀點看待自己和別人。自己雖屬智者，但在所能、所慮諸方面也會有拙處和短處；別人雖屬愚者，但在所能、所慮諸方面也會有巧處和長處。所謂智者和愚者的劃分，只是一種綜合參數，並非說智者所有方面都會超過、優於愚者。只有認識到這一點，才會在處世、做事中去發現別人的工巧之處和優長之處，而在設置計謀中借用別人的工巧處和優長處，為自己成事服務。智者能夠做到這些，便會無往而不勝。

【踐履】

借人之力為己用

古代的政治家無不千方百計地借用民力、借用別人之力以成其事，這樣的例子多得數也數不清，暫且不提。我們先來看一則和尚巧借民力的例子。

江西大庾縣境內有座雄山，山上有一處飛瓦岩。說起飛瓦岩的得名，來源於一則歷史故事。相傳當初和尚們在這山上建寺院，需要木材和磚瓦。木料好解決，滿山都是大樹，可就近砍伐。但磚瓦卻需要從山下運上來，人手缺少，實在讓和尚們為難。後來，一個聰明的和尚想了一個主意：先讓人把需要的磚瓦堆積在山下，而後四處宣揚，說自己擅長飛瓦砌屋，不用工匠，作起法來，磚瓦便會自動飛起來砌垛好。聽到的人半信半疑，都想當面看個究竟，到了預定的和尚飛磚瓦那天，山下聚積了幾千觀眾。建寺的和尚扮作庸工模樣，前來挑磚瓦上山。觀眾們為了早一眼看到和尚飛瓦，都爭著幫忙搬運磚瓦。人多手快，不一會兒功夫，堆積山下的磚瓦便被搬到山上。搬完磚瓦，大家都選好位置等著看和尚作法。那和尚出來連連施禮，說剛才作法已經完畢，磚瓦已「飛」上山來了。大家一聽被戲弄了，雖有些不快，但都佩服和尚的智慧。這事傳揚開去，人們便把此地命名曰飛瓦岩。

宋朝名將種世衡澠池縣令時，也使用過此術。

澠池城邊有座山，山上有座破廟。種世衡依據民眾要求，撥款修葺此廟。一應材料準備完畢，只是有根巨樑十分沉重，施工工匠們無法把它抬到山上。種世衡聞聽，心生一計。他命幾個身大力壯的衙役剪短頭髮，照當時摔跤人的裝束打扮起來，讓他們從鬧市穿過，大聲宣揚自己要到山上廟裏比賽摔跤，種世衡跟在他們後邊。大夥兒一看連縣老爺也跟著去看，心想這摔跤一定很精采，都爭相跟隨上來。大隊人馬來到山下。種世衡傳令：摔跤者需先把山下大樑扛上山去，才允許在廟裏比賽。觀眾們一聽，為早些看到摔跤比賽，爭著幫助摔跤手們往山上抬大樑。人多力量大，大樑輕而易舉地便被抬到廟前。然後大家坐下來看摔跤。

巧借物力盡其用

依據「取長補短術」的精神，在處世中除了要借助別人之力外，還可以借助物力。智者所做，往往是物盡其用，讓手中的「物」發揮它的最大效能，其中常常包括別人發現不了的效能。曹沖稱象的故事就是一則膾炙人口的歷史故事。

曹操為了測驗臣下的智慧，讓他們設法實際稱一下一頭大象的重量。臣下有說造一杆大秤的，有說零割了分頭稱後加起來的，使曹操搖頭皺眉。這時，年幼的曹沖獻上一計，使曹操眉開眼笑。於是依曹沖之計，將大象牽到一隻船上，記下吃水深度。牽下象來，裝上石頭至同樣的吃水度，再把石頭一塊一塊地稱重後加起來，便得出了大象的實際重量。這種巧借物力的計謀確實令人叫絕，沒有靈活的頭腦是難以設計出來的。

宋神宗熙寧年間，也發生了一件類似的巧借物力的故事。

某年，在睢陽（今河南商丘南）境內開挖汴堤沖積淤田。可是由於上游連日大雨，汴水突然暴漲，大水驟至，堤壩開口處發生了連鎖反應，把汴堤沖垮了一大段。河水越來越洶湧，決口越堵越大，眼看要發生災難了。前宋指揮堵堤的都水丞侯叔獻心中十分著急。他發現上游幾十里處有一座廢棄的古城，於是靈機一動，馬上派人在古城處扒開汴提，汴水順勢向古城中傾去。下游水勢減緩後，侯叔獻命人抓緊時機堵堤加固。第二天，古城灌滿之後，汴水又向下流奔湧，但這時缺口已補好加固完畢。侯叔獻又命人來堵古城處扒開的口子，由於口子內外水位一樣高，很容易就修好了。把廢棄不用的古城借為洩洪區，開創了治水史上分洪搶險的先例。

巧借人力、巧用物力的「取長補短術」，有時往往表現為籌統學問題。

宋真宗大中祥符年間，京都（今河南開封）皇宮著火被毀，需重新建設、修葺。右諫議大夫負責此事。皇上限期緊，而挖土燒磚瓦、運送材料、外運舊皇室垃圾卻需要花費大量人力、物力，會拖延工期。怎麼辦？他依據《鬼谷子》的「取長補短術」，設計了一套三連環的「取補」方案。他先命人將通往皇宮的大街挖成河溝，把土取出來燒磚燒瓦。又把官堤挖開，將汴水注入這條溝中，編起木筏來運送磚瓦木石等建築材料，等皇宮建完，命人排乾大溝的水，將建築垃圾和舊宮室垃圾統統運入溝中填平，又修成街道。這樣，不但節省了大量人力、物力，還提前完成了任務。這則事例，常常被當代決策家引用。

戴仲若的削肩胖臉術

欲掌握「取長補短術」，理解其精髓，還要用相對相承的觀點去認識問題、研究問題、解決問題。

南北朝時，劉宋的某位太子篤信佛教，便命工匠在自己捨身的瓦官寺（今江蘇南京城外）鑄造了一尊高一丈六尺的佛像。工匠們費了好多時日，終於將大銅佛鑄造出來了。可是立起來一看，才發現佛臉鑄得瘦了些。怎麼辦？臉是佛像的最關鍵部位，重新鑄作吧，時間來不及了；修補吧，臉上耳目口鼻俱全，皆有比例，牽一髮而動全身，怎麼修補呢？工匠們愁得吃不下飯。有人出主意說，有位叫戴仲若的隱士，才智超群，善出奇招，可請他來出出主意。

戴仲若被請到瓦官寺，端詳了一會兒，說：「銅像的臉其實並不瘦，而是肩胛大了些。」建議將銅像的肩胛削減一部分。照他的話處理後，銅佛的臉看上去果然不覺瘦了。

阿姆卡的「遠交近攻」

現代電氣受高科技的迅速發展對電氣材料不斷提出新的要求，大量的新材料應運而生。製造省能變壓器鐵芯的新型低鐵矽鋼片就是其中一種。

最初，美國電氣行業執牛耳者的美國通用電氣公司和西屋電氣公司，以及實力不很強的阿姆卡公司都在研製新型低鐵矽鋼片，而競爭的結果卻被阿姆卡公司拔了頭籌。

這正是阿姆卡公司「遠交近攻」的結果。阿姆卡公司十分重視情報工作，在研製超低鐵省電矽的鋼片過程中，發現「通用」和「西屋」也在從事類似產品的研製。遠在地球另一端的日本鋼廠也有此意，而且準備採用最先進的鐳射囊處理技術。

阿姆卡公司分析形勢後認為，以自己的實力繼續獨立研製，極可能落在「通用」、「西屋」之後，風險極大。若要走合作研製之路，就必須選擇合作者。

與「通用」、「西屋」聯手，是「近親聯姻」，未必有利於加快研製過程，再者將來只得與之分享美國市場，還得考慮崛起的日本鋼廠。與日本鋼廠並肩合作，是「遠親雜交」，生命力旺盛，研製過程自然會加快，而且將來的市場也可以以太平洋為界。

阿姆卡的公司選擇了日本鋼廠為合作者，結果比預定計劃提前半年研製成功。阿姆卡的「遠交近攻」戰勝了「通用」、「西屋」兩大強勁對手。

電影與飲料的奇妙結合

在經營上有時需要有「超常識」的思維方式，也就是突破人們思維的常規，在「奇」字和「創」字上做文章。

美國可口可樂公司在七〇年代還在眾多的競爭對手中艱難地跋涉。八〇年代時葛施達任董事會主席後，他做的第一件大事就是把當地的最大的電影公司買下來，當時，可口可樂公司資金很緊張，而他卻將大量的錢用在收購這個與飲料業看上去毫不相干的電影公司上，很多人想不通，提出強烈的反對意見。有人還預言：「像他這麼瞎搞下去，用不了幾年，公司就會垮臺」。可是葛施達仍然我行我素，按自己的思維方式做下去。他重新設計電影票，上面印上了可口可樂飲料的廣告，每場電影都給觀眾發飲料，其費用加在票價上。

這些措施，使可口可樂銷售大增，不久這種飲料就被人們接受為習慣性飲料。可口可樂公司也因此擊敗對手，贏得了廣闊的市場。

「玩具王國」發展三部曲

香港環球玩具集團目前已發展成為一家跨國公司，其產銷網路從香港總部延伸到全球十多個國家和地區，特約經銷代理商遍及一二〇多個國家，被稱為世界「玩具王國」。

「玩具王國」集團主席葉仲午在創業時資本僅有一萬美金，那是六〇年代中期的事。他租借了十四架縫紉機，雇用了十幾個人，縫製洋娃娃小襯衫。那時只根據客戶的定貨單生產，一手交貨，一手取款，周轉迅速順利，第一年底就積累了二十萬美金。兩年後，葉仲午成立了環球機製有限公司，開始製造鋅合金玩具。接著又在臺灣設立東圓木業有限公司，製造木製玩具，後來又開發了塑膠玩具產品。這是環球發展的第一階段。

葉仲午的玩具事業能夠順利發展，是因為他能認真研究兒童的心理和生理，不斷開拓有時代氣息的新潮玩具。同時，他又將安全放在第一位。為了確保兒童身心健康，他不惜成本，在廠裏設立安全檢測站，按國際玩具安全標準，對玩具進行嚴格的安全測試。由於「環球」的玩具安全可靠，從未出過事，所以深受兒童和家長的信任。

「環球」發展的第二階段是向國際市場進軍。在這一階段，葉仲午最了不起的壯舉是收購英國「火柴盒」玩具公司。這家公司已有三十九年歷史，「火柴盒」商標的玩具舉世聞名，原有的銷售網路遍及歐美各國。葉仲午收購這家公司後，可以利用它的名牌和原有銷售網推銷本廠玩具，在這一階段，葉仲午還收購了美國的兩家玩具公司，利用那些公司的技術和設備，設計製造了外星球太空人、卡通人物等現代化玩具，並就地取材，既減低了成本，又提高了品質。環球逐漸成為從設計、製造到銷售的大型全能的玩具廠。

環球公司發展的第三階段是成為全世界生產鋅合金玩具最大的公司之一。在歐美、日本、澳大利亞等二十多個國家都有工廠和銷售機構。成為世界性大工廠。一九八四年，環球集團的股票湧入紐約證券交易所，這是第一家在美國上市股票的香港公司，並開門大吉，第一天，環球股票就被預購了四倍，每股升值美金二元，「環球」公司確實成了「玩具王國」，葉仲午也就隨之成為一個傳奇式的人物。

「環球」能從一個小工廠發展到如今的跨國公司，這和葉仲午推行的獨特戰略是分不開的。他重視借助「外腦」作用，多方面聘請專家、學者，共商企業戰略。他在市場競爭中採取的戰術是你無我有、你有我優、你優我廉、你廉我轉。由於他能在每個環節上及時觀察世界玩具的流行趨勢，把設計和製造緊跟上去，所以總是能夠出奇制勝。當公司發展到一定規模時，他能及時地跨越國界，向各國進行探索、設計、開發和製造產品，並在那裏取得原材料。進而爭取到優勢，打開國際市場，成為「玩具王國」的巨擘。

第三十一術　多變不變

【原文】

《鬼谷子．權篇》曰：「言多類，事多變。故終曰言，不失其類，故事不亂，終曰變，而不失其主，故智貴不妄。」

【註解】

就是說，在論辯中、在與別人交談中，往往話題很多，涉及的範圍很廣；做起事來，依據實際環境的改變，也會使事情發生各種的變化。智者的可貴之處在於無論言辭怎樣變化，事態怎樣改變，都能恪守一種主旨、遵循一條既定方針去說辯交談。去處理各種事端。說話做事時，只有做到這一點，才能辯無不勝，事無不成，說服對方，控制對手。由此而論，智者立身處世的可貴處在於自己的智識不迷妄。俗話說：「你有千條妙講，我有一定之規。」以不變應多變、應萬變，你就能無往而不勝。

【踐履】

處變不驚，劉坦笑談除內奸

南北朝時，南齊劉坦任長沙（今湖南長沙）太守。當時，始興內史王僧粲起兵造反，自稱湘州刺史，引兵直襲長沙。長沙城中有位叫鍾玄韶的準備作王僧粲的內應，預計在第二天起事。密探偵察到此事，告訴了劉坦。劉坦故意裝作毫不知曉，照常處理政務。到了晚上，劉坦有意城門大開，迷惑鍾玄韶。他果然心存疑點，以為被發覺，故沒敢當夜動手，天明後，又去找劉坦閒談，想探出點口風。劉坦與他虛與周旋，長時間瞎扯，卻一邊派人去他那家中搜查，果然查出了私通王僧粲的證據，包括陰謀作內應的通信。劉坦拿到證據，當場審問鍾玄韶，他只得招供。劉坦將他斬首於市曹，鞏固了長沙的防守。牢握制動權，是實施「多變不變術」的關鍵。

料敵機先，傅永生不變應敵變

南齊大將魯康祚率兵攻北魏，兩軍隔淮河擺開陣營。北魏將領傅永生告誡部下說：「南齊兵作戰時素好偷襲敵方營寨，今晚他們必渡淮來偷襲我們，我們要如此如此。」他把部隊分為兩隊，大隊埋伏在營寨之外，小股人馬到河邊去準備點火堆。當晚，魚康祚果然率兵來偷襲。過河前，他們預先在淺水可涉處岸上點起火堆，以作為返回時的路標。過河撲向北魏大營，他一見撲空，自知中計，急忙撤退，已中了埋伏，直被殺得狼狽逃竄，逃至淮河岸邊。傅永生派出的小股部隊早在深水岸邊處也點起火堆，魯康祚之兵將分不清哪裡是淺水處、哪裡是深水處，匆忙間涉河逃命，又被淹死了不少。

歡迎罷工，變來變去終不變

二十世紀七〇年代，日本大阪最大的「葉光餐廳」董事長山田六郎也曾玩弄過「多變不變」的招法。

一九七〇年，山田六郎競選議員失敗。不久，他所經營的餐廳的五百多名員工又集體罷工。山田六郎改變招數，一反別家企業對待罷工的態度，在牆上貼出「歡迎罷工」的標語，並出人意外地答應加薪三成給員工。這兩項奇招一時間成了一「頭號新聞」，各大小報紙競相報導，使好奇的民眾紛紛湧向「葉光餐廳」吃飯，意欲一睹底裏，使此餐廳的形勢大為改觀，營業額每年增長一〇〇％。無論招數如何改變，增加利潤的基本目的沒變。

朋友，你會在不變這一目的前提下，改變你的經營花招嗎？

玻璃酒杯促銷有高招

某店為店裏進了一批玻璃刻花酒杯，六隻高腳杯一套，造型美觀，品質上乘。但上櫃後，卻「門庭冷落」，每日只售出三、四套。幾位年輕售貨員苦思冥想改變招數，終於想出了一招。在高腳杯中注滿摻進紅墨水的水，用燈光一照，本來無色透明的酒杯竟變得晶瑩閃爍，如紅寶石做成的一般，吸引了顧客的注意，使銷量猛增，每日銷售三、四十套。辦法有的是，奇招在人想。只要你確立自己的主旨，從這一主旨出發去思考，去發掘，你定會勝人一籌。多變的是招數，不變的是主旨。

第十章　謀篇

第三十二術　因性制人

【原文】

《鬼谷子．謀篇》談制人之術說：「摩而恐之，高而動之，微而證之。」

【註解】

就是說，對付不同性格類型的人，應使用不同的手段。對於那些天天琢磨別人的意向、唯恐得罪人的人，就因此用恐嚇手段對付他，說這麼做某某人會不高興，那麼做某某人會有意見，在他惶惶無所適從之際，讓他按我們的心意、按我們的意向去做事，去處理問題；而對於那些自視甚高、孤芳自賞的人，則可以使用「動其根基」的手段對付他，看準他賴以自高、賴以自恃的地方，專門攻擊、貶低，進而動搖他的自信心，動搖他的「自高」基礎，讓他從自我感覺「前途光明」而轉向自我感覺「前途黯淡」，這時我們再用我們的主張、打算去說服他，叫他按我們的意向行事，對於那些喜歡在微暗之中搞小動作、作手腳的人，我們可用「證之」的手段對付他，說要把他的小動作、見不得人的勾當公佈於眾，使之暴露在光天化日之下，亮相於大庭廣眾之前，這樣便可把他嚇得俯首貼耳，聽令於我們。

【踐履】

死姚崇算計活張說

大唐時候，姚崇和張說為同朝宰相，兩人卻政見不和，積怨太深。

姚崇身體不好，患了重病，自覺快不行了，怕自己死後張說會羅織罪名來誹謗自己，並會因此而禍及子孫，十分擔憂，苦思良策，想起了《鬼谷子》中講的「因性制人術」，決定利用張說的貪婪本性來對付他，好為自己的子孫留條活路。主意已定，便把兒子叫到床前，說：「張丞相一向與我不和，我死後恐怕會對你們下毒手。此人貪得無厭，性好奢侈，尤其喜歡佩飾、玉器。我死後，出於禮儀，他肯定會來弔唁。你們預先把我平生收藏的玉器、佩飾擺在靈床前。如果他連看也不看一眼，這下就完了……如果他留意這個，你們就馬上包好送去，順便讓他撰寫碑文。寫碑文時，出於禮貌，他肯定寫些讚揚的話。他寫好之後，馬上取來，面呈皇上，並趕快刻在碑上，便高枕無憂了。」他死後，張說果然來弔唁；看到靈床前擺著的佩飾、玉器，果然頻頻注目。姚崇的兒子們馬上盡數給張說送到府上，並順勢請張說寫碑文。張說見了寶物，喜笑顏開，答應就寫。姚崇的兒子們取到碑文，照父親所囑，馬上進呈皇上，並趕刻碑文。

等張說從喜得寶物的那股高興勁裏醒過來，才覺得在姚崇的碑文中寫了那麼多好話，有點不是味道，馬上派人去索回。去的人回來說，姚崇的兒子們已將碑文進呈皇上，並已刻在石碑上了。張說這才跌足悔恨：「活著的張說被死了的姚崇算計了！」

王安石捫虱還藤床

有意思的是，王安石曾因太太的「潔癖」而整制過她。

北宋大政治家王安石變法革新屢遭挫折，終於辭去宰相之職，在江寧（今江蘇南京）閒居。王安石有魏晉名士之風，不修邊幅，不事修飾，很少洗澡；而他的夫人吳氏卻素喜整潔，乾淨非常，因此常常發生衝突，直鬧到兩人分床而宿，分室而眠。王安石辭官退居，所有官用之物都已奉還，只有一張藤床，因吳夫人十分喜愛，一直未還。

一日，官家又來追還藤床。可闔府上下，誰也不敢跟吳夫人講，怕她大吵大鬧。王安石知道後，什麼話也沒說，只脫了外衫躺到吳夫人的藤床上，並抓了自身上的蝨子，咬得「咯咯」直響。吳夫人看到聽到，二話沒說，忙打發人把藤床抬了出去。

二桃殺三士

齊景公時，晏嬰為相。齊國有三位力士名公孫接、田開疆、古治子，武藝高強，義氣非常，三人抱成一團。齊景公怕這樣下去久了會出事，找晏嬰來商量辦法。晏嬰說：「這個容易，就用他們的『義氣』來整治他們。」於是設下計謀。

第二天，宮中傳出旨意，讓三力士進宮品賞新桃。三力士進宮，只見景公，晏子已等在那裏，桌上放著四個大桃。景公說：「今天咱們論功食桃。」他先拿了一個。晏嬰是國相，也拿了一個。桌上只剩下兩個桃了。公孫接搶上前去，說：「我曾經跟著國相去打獵，殺死過一隻大野豬和剛生了崽兒的兇狠老虎，把他們獻給了國君。這樣的功勞，當然可以吃桃。」說完便拿了一個。田開疆接著說：「我曾兩次衝鋒陷陣，殺退敵軍。這樣的功勞，當然也可以吃桃。」說完也拿了一個。古治子說：「我曾跟國君到黃河邊巡守，一支老黿叼住了駕車的馬，把國君的車拖到河裏。我跳到水裏，徒手與老黿搏鬥，終於殺死了它。當我左手抓著馬鬃，右手提著老黿從水中躍出時，人們都以為我是河神呢！像我這樣的功勞，當然可以吃桃子！你們兩位還不趕快把桃子還我！」說完拔出劍來。公孫接、田開疆說：「我們比不上您勇敢，功勞也比不上您大，卻不知謙讓，搶了桃子，真是貪婪呀！到了這個地步，還不自殺真不算英雄。」說完奉上桃子，拔劍自殺了。古治子一看傻了眼，說：「兩人都為桃子死了，我卻活著，還有什麼臉面做這不仁不義的膽小鬼呀！」說完也自殺了。景公把他們葬在大城南門外蕩陰裏。這就是歷史上有名的「二桃殺三士」的故事。

後人看不慣此事，曾作詩論曰：「步出齊城門，遙望蕩陰裏。裏中有三墳，累累正相似。問是誰家塚？田疆古冶子。力能排南山，文能絕地理。一朝被讒言，二桃殺三士。誰能為此謀？相國齊晏子。」晏嬰在齊國做了不少好事，唯獨這一件很不光彩，令後人非議。

奇幻酒店的招客術

任何的商業經營都存在與之相競爭的同行，商界中，可說是什麼行業都可被人加以開發，而人的因素在競技中有著決定性的作用。

為了招徠顧客，森林之國的加拿大各大旅館都在不遺餘力地耍著新花樣。他們從奇特中獲取利潤，這樣的競爭費盡了他們的心思。而有一家名「奇幻」酒店卻是棋高一籌，「奇幻」在那兒得到了真正表現，由於真實或近似真實而使顧客戰勝不了誘惑，主動送錢尋求千奇百怪的刺激。

該酒店的百餘個套房都裝潢佈置成各種奇幻境界。如波里尼亞套房內充滿熱帶原始風情，連浴池也都做成火山溫泉瀑布模型，再配上悅耳的民謠，住在裏面真是身處夢境。

而在阿拉伯套房和羅馬套房內則佈置得富麗堂皇，設備裝潢全是仿古羅馬、古阿拉伯的皇宮內的樣式。住在裏面，輕紗幔幃，如同回到古代，享受帝王貴族生活。

好萊塢套房內掛燈如星光燦爛，充滿夜總會的神秘氣氛，許多影迷偏愛這類房間，住在裏面可過過當明星的癮頭。

火車套房與卡車套房，是把床鋪設計成卡車或火車的形狀。這種套房最受有小孩的夫婦歡迎，小朋友們可以在裏面當一夜司機以滿足幻想。

該酒店不但房間佈置有特色，就是每一層樓的走廊空間也裝飾得奇幻無比，走進裏面，身入夢境。這奇幻無比的酒店，吸引了無以計數的消費者，並且有很多人是專程來此遊玩，並非為了投宿，酒店同時也成了旅遊景點，天天爆滿，不賺錢才怪呢！

豪氣乾雲——萬寶路男性魅力征服世界

當前幾乎全世界都在大肆宣傳吸煙的危害性，煙草業簡直處於四面楚歌之中。當多數煙草行業都感到前途艱難的時候，美國的菲利浦煙草公司卻生意興隆，利潤連年增加。一個已由不少專家宣佈其產品能致命的公司，其經理竟能得到如此「榮譽」，究竟用了什麼高招？

菲利浦煙草公司的高招在於將巨額廣告費和推銷開支用在刀口上。它的廣告獨具一格，不採用其他商家經常使用的不分對象的說教方法做廣告，而是把公司的品牌產品「萬寶路」廣告上的那個很有精神的西部牛仔，描繪成一個堅持「獨立自主」「自由選擇」的偶像。同時，只要一有機會，公司就不惜重金擴大自己的影響。在各種競選和重要的社會活動中，它常常慷慨解囊，一擲千金。像這樣捐獻實在是比單純的做廣告有效得多。

可恩費「因利制人」

五〇年代末期，可恩費擁有一百名推銷員分散在各地當業務員，他們不僅在歐洲，也開始在世界其他地方如非洲、印度和南美，專門找有錢的美國人。推銷員太多了，可恩費自己管不了，他就在組織中設立了中間階層，把最早的一些推銷員，晉升為小主管，他們有權在世界各地雇用和訓練他們自己的推銷人員，當然，也要抽取推銷人員利潤的百分比。不久，每一個小主管手下的人員增多了，於是小主管變成大主管，他自己又設立了小主管。每一級人員，對投資者的錢都咬一口，最後一口，當然是屬於可恩費本人。一九六〇年，當可恩費三十歲時，他自己沒有什麼本錢，就變成了一名百萬富翁。

第三十三術　三步制君

【原文】

《鬼谷子・謀篇》在談制人之術時說：「符而應之，壅而塞之，亂而惑之，是謂計謀。」

【註解】

就是說，對付君主，對付強者時，可分三步走：第一步「符而應之」。對君主，對強者，隨聲附和，應之若響，因而取得君王、取得強者的好感和信任。第二步：「壅而塞之」，取得君主、強者的信任和重用，攫取了朝廷大權後，就設法壅閉君主和強者，阻斷、隔絕他與其他臣屬的聯繫，讓他唯我之計是聞，唯我之消息是聽。第三步，「亂而惑之」。陰隔了君主和強者與其他人的聯繫後，我們便設計惑亂他，製造假像、報告假情況迷惑他，迷亂他的心思，讓他不知不覺間按我們的計謀、按我們設計的步驟發號施令，處理本應屬於他處理的事務。這樣三步之後，這位君主、這位強者便成了我們的傀儡、我們的代言人，掌實權的便是我們，我們就可做個「不在位」的君王，做個真真正正的強者了。

【踐履】

指鹿為馬

「指鹿為馬」的故事大家是熟悉的。「指鹿為馬」事件的製造者趙高就曾用此「三步制君術」制服了秦二世胡亥，而獨攬了秦王朝大權。

秦始皇出巡，病死途中，宦官趙高要脅丞相李斯改遺詔，殺公子扶蘇，立少子胡亥後，便施展起「三步制君術」來。

第一步，他先順從秦二世皇帝胡亥之欲，慫恿其求長生、終生壽。第二步，慫恿二世胡亥誅盡群公子及各功臣，並告訴二世皇帝應深居簡出，少見群臣，以防話多失口，給臣僚抓住口實，損害了皇帝威嚴，進而阻斷了胡亥與外邊的聯繫。第三步，「指鹿為馬」，試探群臣，誅殺忠良，惑亂二世。一天，他把一頭鹿牽到朝廷上，報告說有人來獻千里馬。二世笑了笑說：「這不是一頭鹿嗎？」趙高說：「錯了！這是一匹千里馬。不信，你問問群臣。」一嚇得朝中那批膽小之輩、阿諛之徒趕忙說是千里馬，直說得二世也迷惑起來，以為自己知識不足，不知真千里馬。只有幾個忠直之士看不慣，說是鹿。不久，趙高便設計把他們統統除掉。這樣，趙高便獨攬了朝中大權，二世成了他的傀儡。

經過這一番折騰，秦王朝不久就亡掉了。

鄭袖的掩鼻計

戰國時期，楚國有王后曰鄭袖，美麗聰明而又狠毒，懷王對他十分寵愛。可是，某年魏國為討好楚國，又給懷王送來一位更加年輕、漂亮的女子，奪去了鄭袖之寵。鄭袖恨得牙根發癢，決定用計除去此女人，奪回寵愛。

她不像一般女人那樣，用找丈夫大吵大鬧那種作法來解決問題，而是反其道而行之。新人來了之後，懷王對鄭袖有點冷落，又怕鄭袖心懷怨言，對新人發難，讓他為難。但鄭袖好似一點兒也不放在心上，安排新人在最好的宮室中住，給新人做與自己同樣的衣服，分給新人最好的首飾。懷王見狀，對鄭袖更加信任，覺得她是一位大度、善良的女人。新人也很是感激，於是對鄭袖的戒心也放下來，認為她是大好人，在懷王身邊多年，深得懷王喜愛，應多向她學習。鄭袖見把二人迷惑住後，便施展第二步「迷亂」之計。

一天，她告訴新人：「大王對您太好了，直誇您漂亮，不過……」「不過什麼？」新人急切地問。「算了吧！一點小毛病。」鄭袖假作欲言又止。「不！請您告訴我。」新人為了碧玉無瑕，纏著鄭袖哀求。鄭袖看四周無別人，便壓低聲音說：「大王只是嫌您的鼻子稍微尖了些。」「那怎麼辦呢？」新人憂慮地說。鄭袖笑了笑，裝作輕鬆地說：「這個容易。您再見大王，就把鼻子掩起來。這樣，既掩飾了不足，又表現得含蓄，多好啊！不過……」鄭袖頓了頓，又看了四周一眼，說：「您千萬別說是我說的，別告訴大王是我出的主意。大王這人最討厭別人傳話了。」新人感激地點點頭說：「您放心吧！」從此以後，新人見了懷王，便以袖掩鼻。懷王大惑不解，追問原因，新人笑而不答。懷王更加疑惑，某日，見了鄭袖，便問原因。鄭袖假裝遲疑了一下，說：「大王，您別生氣，這個……」「快講！」懷王性情暴躁，急催道。鄭袖又裝著遲疑了一番，才說：「她說您身上有一股讓她厭惡的氣味，鼻子嗅到便難受！」「豈有此理！」懷王氣得一拍桌子，「我身上有味讓她的鼻子難受，那好，把鼻子割去，就不難受了！來人——」懷王拖長聲音高喊：「去把那賤人的鼻子割下來！」新人容貌被毀，自然失寵，鄭袖的目的也就達到了。

鄭袖第一步用毫不忌妒的假象迷惑了懷王和新人，為第二步施計打下基礎。第二步又用假出主意的方法迷惑住新人，用假解釋迷惑住懷王，終於達到自己的目的。

常理的反常運用

奸臣可以用此術殘害忠良，忠臣也可以用此術迷惑君主而免禍。

西漢文帝時，大臣袁盎正直能幹，忠言敢諫，因而招致了掌權宦官趙談的嫉恨，常用自己在文帝身邊侍奉的機會詆毀袁盎。袁盎由此十分憂慮，苦思良策。其侄子袁種給他出了一個「假象惑亂之計」。袁盎照計而行。

某日，文帝到東宮拜見皇太后，趙談陪坐車上侍奉。袁盎見狀，馬上跪在車前攔住，說：「臣聞可以與天子同車的，都是天下豪傑之士。如今我大漢朝雖缺人才，陛下也不應和宦官賤臣同車啊！」文帝一聽，哈哈大笑，並沒當回事，於是叫趙談下車。趙談當眾受此大辱，哭著下車去了。自此，凡趙談再說袁盎的壞話，文帝都認為是報復，便不再那麼聽信了。

袁盎就這樣用常人「受人侮辱必定要報復」的思維去「惑亂」漢文帝，除去了給自己進讒言的「隱患」。

晉代也有一則相似的故事。

晉明帝時，溫嶠任大將軍王敦的左司馬，偵知了王敦在自己駐地蓄謀反叛的消息，便想設計離開，到國都建康（今江蘇南京）向明帝奏知，於是請求去京師一趟。

那時王敦手下有一謀士叫錢鳳，足智多謀，為了謀反成功，力主封鎖消息，不讓知情人離開此地。溫嶠請求獲准後，王敦為他設宴餞行。溫嶠知道錢鳳會進言阻止自己，讓王敦變掛，便心生一計：在敬酒時，他假裝已醉，走到錢鳳前用大杯勸酒。錢鳳不從，溫嶠便裝作撒酒瘋，用笏板擊錢鳳的頭，把他的頭巾都打到地上去。第二天，錢鳳果然勸王敦不要放溫嶠走，以免走露了風聲。王敦一聽，馬上說：「溫嶠昨天是喝醉了，才對你失禮，你不要對他心生疑忌。」溫嶠因而得以到達京師，向皇上報告了消息。

溫嶠也是用了人們「受了污辱必定報復」的思維模式去迷惑王敦。

善於惑敵竊技的蘇聯人

一九七三年，蘇聯人曾在美國放話說，他們打算挑選美國的一家飛機製造公司為蘇聯建造一個世界上最大的噴氣式客機製造廠，該廠建成後，將年產一〇〇架巨型客機。如果美國公司的條件不合適，蘇聯就將向英國或德國的公司做這筆價值三億美元的生意。

美國三大飛機製造商波音飛機公司、洛克希德飛機公司和麥克唐納．道格拉斯飛機公司聞訊後，都想搶到這筆大生意。

三家公司背著美國政府，分別同蘇聯方面進行私下接觸。蘇聯方面在它們之間周旋，讓它們互相競爭，更多地滿足蘇方的條件。

波音飛機公司為了第一個搶到生意，首先同意蘇聯方面的要求：讓二十名蘇聯專家到飛機製造廠參觀、考察。

蘇聯專家在波音公司被敬為上賓。他們不僅仔細參觀飛機裝配線，而且鑽到了機密的實驗室裏「認真考察」。他們先後拍了成千上萬張照片，得到了大量資料，最後還帶走了波音公司製造巨型客機的詳細計畫。波音公司熱情送走蘇聯專家後，滿心歡喜地等他們回來談生意、簽合約。豈料這些人有如肉包子打狗，一去不回頭。

不久，美國人發現了蘇聯利用波音公司提供的技術資料設計製造了伊留申新式巨型噴氣運輸機。這種飛機的引擎是美國羅伊斯噴氣引擎的仿製品。使美國人不解的是，波音公司在向蘇聯方面提供資料時特意留了一手，沒有洩露有關製造飛機的合金材料的秘密，而蘇聯製造這種寬機身的合金是怎麼生產出來的呢？

波音公司的技術人員一再回憶，苦思冥想，才覺得蘇聯專家考察時穿的鞋似乎有些異樣，秘密果然在這種鞋裏。

原來，蘇聯專家穿的是一種特殊的皮鞋，其鞋底能吸住從飛機部件上切削下來的金屬屑，他們把金屬帶回去一分析，就得到了製造合金的秘密。

這一招，使得一向精明的波音公司叫苦連天、有口難言。

常勝的買賣術

在商業談判中，常見賣主先標低價或買主先標高價，讓對方覺得有利可圖而達成交易，以此排除競爭對手，取得壟斷交易的實際地位。而到最後成交的關鍵時刻，突然尋找機會製造種種藉口，大幅度漲價或降價，逼迫對方在措手不及、求助無門，無可奈何的情況下忍痛成交。這是一種以原出價佈下陷阱，逼人就範的策略。

日本一些商人常以此計向第三世界國家推銷商品。他們先以低廉的價格誘使對方與之達成交易，可是交貨以後，對方常感到還缺少點什麼零件，只好又向他們購買。

這時，他們便順勢漫天要價，買方欲退無「梯」，只得答應。

例如，有家公司出售舊設備，標價二十萬美元。在競爭的幾位買方之中，一位願出三十萬美元的高價，並當場付一％的訂金，賣主沒想到好事這麼容易就成了，就同意不再與其他買主商談。幾天後，買方來人，說出當時出價太高，由於同夥人不同意以及其他原因，難以成交，如果降到十萬美元，可以再做商量。

由於賣方辭掉了別的買主，只好繼續與之談判，經過一番討價還價，最後以十二萬美元成交，而當初有人出十四萬美元，賣主還不願出手呢！

第三十四術　欲除故縱

【原文】

《鬼谷子‧謀篇》曰：「故去之者縱之，縱之者乘之。」

【註解】

就是說，要想使敵手離開這裏，要想使某個人滾蛋、倒楣，不是先批評他、教育他，而是縱容他，讓他犯錯，等到他的錯誤越犯越大，無法改正，無法彌補的時候，突然對他發起攻擊，使他無法招架，進而打倒他，排擠他出去。

【踐履】

鄭莊公縱弟

春秋初年，鄭武公去世後，太子寤生繼位，便是鄭莊公。鄭莊公出生時，腳在先，頭在後，使母親武姜十分害怕，所以從小便討厭他，長大了也沒改變這種感情。武姜喜愛的是自己的小兒子，即鄭莊公的弟弟共叔段。鄭武公在世時，武姜請求立共叔段為太子，讓他長大了繼承君位。但那個時代，等級觀念還很濃厚，都是立長子為太子，所以鄭武公沒有答應這件事，仍舊讓寤生做太子，繼承君位。對於這事，武姜一直心懷不滿，鄭莊公心裏也明白，所以他與母親武姜、弟弟共叔段存有衝突。武公一死，莊公繼位，這種衝突更加突出起來，鄭莊公一心要除掉弟弟共叔段，以免除心頭之患。

武公死後，共叔段母子倆也加強了幕後活動，妄圖培植勢力，以武力奪取君位，讓莊公下臺。先是，武姜以母親的身分為共叔段請求封地，讓莊公把一個叫作京城的地方封給了共叔段。共叔段先在那裏擴大城邑，增修城牆，使自己的城邑比莊公的都城還大、還牢固，因而引起鄭國大臣的議論。一位叫祭仲的大臣對莊公說：「京城修得那麼大，超過了規定，將來必定對您不利。」莊公故意說：「我母親讓他這樣，我又有什麼辦法呢？不仁不義的事做多了，必然自己倒臺，你就等著瞧吧！」

過了不久，共叔段又私自擴大封地，命令自己封地附近的城邑都聽從他的指揮。大夫公子呂又出面勸莊公及早下手制止，莊公還是沒有答應。

共叔段看到莊公沒有反擊，便越來越膽大妄為，屯積了軍糧，修繕了武器裝備，擴充了步兵、車兵，並與住在都城的母親約定了日期，讓母親做內應，準備一舉攻下都城，消滅鄭莊公。鄭國群臣聽到消息後，都義憤填膺。鄭莊公這才說：「時機成熟了！」於是先發制人，提前派公子呂率領兩百輛戰車去攻打京城，使共叔段措手不及，亂了陣腳。又展開宣傳，向京城的兵士、居民宣揚共叔段違背祖訓、妄圖篡位攻兄、準備武力造反的罪行，使京城的人紛紛倒戈，逼得共叔段跑到鄢地。鄭莊公窮寇猛追，又率兵打到鄢地，終於逼得共叔段逃到共國去了。鄭莊公返回頭來又把武姜軟禁到穎城，因而除去了心頭大患，鞏固了自己的政權。

這是件「欲擒故縱」的絕妙事例。鄭莊公明知弟弟共叔段要求對他的目的是培植黨羽，擴展勢力和自己作對，但他並不預先制止他，而是順應他，答應他的要求，讓他順著這條錯誤路線越走越遠，終於激起朝廷內外人士的憤怒。而後抓準時機，一舉打敗他，趕走他，實現了自己的心願。

冒頓滅東胡

秦朝末年，匈奴單于冒頓滅東胡用的也是這種「欲擒故縱」之計。

冒頓殺父自立後，強盛的鄰國東胡派人前來索取冒頓父親的坐騎千里馬。冒頓力排眾議，把寶馬送給了東胡。東胡覺得這位新立的單于軟弱可欺，不久又派人來索要冒頓的一位愛妾。冒頓又不顧眾臣下反對，把愛妾送往東胡。東胡覺得冒頓簡直不值一提，於是放鬆了對匈奴的戒備。過了不久，東胡貪得無厭，又向冒頓索要土地。冒頓看時機成熟了，拒絕了東胡的無理要求，並馬上率兵襲擊東胡。東胡因放鬆了警惕，結果被匈奴一舉攻滅。

冒頓想要除掉東胡這個身邊強敵，所以故意裝出膽怯的樣子，一次次滿足東胡的勒索，先縱容它，等它放鬆了警惕後再突發襲擊，一舉擒而制之。

請君入甕

請君入甕的戰略實際上是欲擒故縱，在商戰中常運用的一個實際的陰謀。「擒」與「縱」具有內在關係。其中「擒」是目的，「縱」是手段。

例如，有一家公司出於某種目的有意要收購另一家公司的股權，並從中撈取利益。這個風聲後來傳到這家公司的耳朵裏，於是積極佈署，努力反擊。經過一兩次有組織的報告行動之後，收購股權的公司似乎被嚇倒了，於是宣佈撤銷收購股權的意圖。而事實上，這只是他們的表面行動而已，私底下仍然積極地進行幕後工作，通過暗地裏的交易繼續收購股權。由於對方已認為這家公司已宣佈撤銷了收購意圖，所以放鬆了警惕。經過一段時間以後，他們才突然發現對手已經取得了股權的控制地位，只好甘心受挫，悔之已晚。

在這場收購股權的交易中，收購公司在對方的反擊下，宣佈撤銷收購的企圖，這就是「縱」即「請」，對放鬆警惕後，這家公司卻在暗地裏繼續著收購股權的交易，對方已「入甕」了，最後終於取得了股權的控制地位，進而贏得了自己最初目的的實現。請君入甕的技巧和策略為這家公司帶來了可觀的利益。

「手錶雨」欲擒故與揚美名

一天，在印度河邊的一群村落附近，一陣異常的狂風過後，天上下起了金幣「雨」，一枚枚光閃閃的金幣，提在手中沉甸甸的，一點不假。村民們在欣喜萬分之時更加虔誠地膜拜釋迦牟尼佛，他們深信是佛祖施福給虔誠的信徒們。

第二天，「天上掉下金幣」的消息通過電臺、報紙，像一陣風那樣傳遍整個印度，人人都在談論這件奇事。正在印度推銷日本新產品「星辰」自動手錶的田中三郎聽了這消息後，默然片刻，心裏靈機一動，一條妙計形成了。當即，他就去買了一張從孟買到乞拉朋齊的飛機票。上機時他隨身帶了三百支「星辰手錶」。

當飛機徐徐下滑，飛機艙的視窗能看到地面上的房屋、樹木等景色時，田中三郎打開艙座邊的小窗，將手錶從窗口向地面撒播。

第二天，「乞拉朋齊下了一場星辰手錶雨」的新聞又旋風似的傳遍了整個印度。昨天還是陌生的「星辰」，今天已成為印度人人皆知的東西了。這是任何廣告都難於達到的奇效，「星辰」很快佔領了印度市場。

第三十五術　陰道陽取

【原文】

《鬼谷子・謀篇》曰：「人之有好也，學而順之；人之有惡也，避而諱之。故陰道而陽取之也。」又曰：「先王之道陰，言有之曰：天地之化，在高與深；聖人之制道，在隱與匿。」

【註解】

就是說，為人處世，要在暗中做手腳。看到這人喜歡什麼，我們就順從他喜歡的話去說，順著他喜歡的事去做；看到這個厭惡什麼、忌諱什麼，我們就避開他忌諱的不說，避開他厭惡的事不做。這樣，這人會覺得我們是他的知心人，便把我們引為知己，碰上事情就會多為我們說話，替我們出力；我們便多了一個朋友，在社會上多了一條路。這就叫暗裏用功夫，明裏得報答。

【踐履】

孟嘗君與馮諼

春秋戰國時代，社會上曾產生了一批士人。他們無世襲之職，無祖上遺業，卻偏偏眼紅那些權勢富貴。於是，一些有頭腦的政治家便因其所好而做手腳，投其所好，爭取士人，讓他們為自己賣命。著名的「戰國四大公子」就是這樣一批深諳「陰道陽取術」的政治家。他們收買士人的手段不外兩種：一種是給吃給喝，滿足其物質要求；一種是卑躬屈意，滿足其虛榮心。

「戰國四公子」中最負盛名者為齊國公子孟嘗君田文。他足智多謀，襲父親靖郭君田嬰之職而任齊國國相，勢焰薰蒸，炙手可熱，寄養其門下之士號稱三千。

有一智辯之士名馮諼，貧乏不能自存自立，於是托人引見，欲投在孟嘗君門下。自言無特長，無權術，所以被列為下等食客，讓他吃粗劣的飯菜。過了幾天，馮諼有意敲著自己的長劍唱道：「長劍啊，咱們還是回家去吧！吃飯時連魚肉也沒有！」孟嘗君聽到此歌，滿足了他的要求，讓他同中等門客一樣吃魚吃肉。過了幾天，又聽到這位士人敲著他的長劍唱道：「長劍啊，咱們還是回家去吧！出門連個車也沒有！」孟嘗君聽到了，讓他同上等貴客一樣出門有專門的馬車。又過了幾天，馮諼又敲著長劍唱道：「長劍啊，咱們還是回家去吧！在這兒沒有辦法養家活口！」左右的人都認為他貪得無厭，十分討厭他。孟嘗君還是派人打聽到他有老母親，於是按時給這位老人家送柴米。馮諼這才不彈劍而歌了。孟嘗君就這樣屈心下意地收買了這位自言「無能」的士人，滿足了他的吃好飯、乘好車、養家口的物質要求，進而使他盡心竭力為自己賣命。其後，馮諼運用自己的才智、權術、辯才，為孟嘗君造下了「三個窩巢」，而使孟嘗君在被齊王罷相後有了去處，使齊王不久又懼怕他國召用田文而復了他的相位。

孟嘗君用「陰道陽取術」收買了馮諼，投其所好，滿足其物質需求，終於使自身得到了好處。

信陵君與侯嬴

信陵君名無忌，魏昭王之子，魏安厘王異母弟。漢代史學家司馬遷評論他能「以富貴下貧賤，賢能詘於不肖」，主要是針對他對待夷門抱關者（撐開關城門的下等人）的態度而言。

信陵君聽說侯嬴是一位賢者，便前去與之交往。某日，信陵君在府中擺下盛宴，邀請眾位賓客坐定，空下上座，親自帶著馬車去城門處請侯嬴來赴宴。侯嬴穿著舊衣衫，戴著破帽子，來到車上，也不謙讓，就一屁股坐在上座。信陵君親自為他趕馬車，表現得恭恭敬敬。侯嬴又說：「我有個朋友是個屠夫，我想先見他一次再去赴宴，你趕車繞道去一下。」信陵君滿口答應，趕著馬車，載著侯嬴從鬧市穿過，去見那位屠夫，並表現得一點也不惱怒，對侯嬴仍舊恭恭敬敬。到了宴會上，又請侯嬴坐在上座，自己坐在下座。這就使這位職業卑賤的侯嬴出足了風頭，抬高了身價，滿足了欲望。於是，他在秦軍圍趙邯鄲，「魏公子信陵君竊符救趙」中為信陵君出謀劃策，並最終自刎為信陵君送行。

信陵君琢磨透了這位地位低賤者侯嬴之所好——出人頭地，抬高自己的地位，而順從其所好，終於收買得這位士人為自己出謀設計、推薦殺手並獻出自身性命。

王守仁智收太監

順人之意，迎合別人的心願去提前做下「手腳」為自己留條後路，多個朋友，是智謀權術之士常用的伎倆。

明武帝正德年間，甯王朱宸濠謀反，很快就被王守仁擒獲。但是武宗本有意親自征伐，以顯示武功，名垂青史，所以對王守仁此舉並不高興；再加上武宗寵臣江彬、張忠等人對王守仁心懷成見，不時進幾句讒言，故王守仁十分擔憂。事過不久，武宗有兩名心腹太監到王守仁駐地浙江公幹，王守仁親自出面招待兩人，並在有名的鎮海樓（在今杭州城內吳山東麓）設宴款待兩位太監。酒至半酣，王守仁讓手下人撤去上下樓的木樓梯，摒退左右，然後取出兩箱子書信給兩位太監看。太監們一翻，原來是繳獲的宮中太監、包括他們兩人與朱宸濠的來往信件，其中不乏通風報信的辭句。兩人見後大驚，心想：今個非掉腦袋不可，王守仁把這些呈給皇上，我們還有命嗎？於是臉色蠟黃，瞅著王守仁。王守仁卻哈哈大笑，把兩箱子書信全送給了兩位太監。兩位太監當然感激不盡，自此回宮後，明裏暗裏給王守仁說好話。

後來，王守仁終能逃脫江彬、張忠等政敵的陷害和武宗的猜忌，全靠這兩位太監從中斡旋維護。這就是「陰道陽取」權謀術的效力。

柏特利和他的娘子軍

柏特利出生在美國猶他州的鹽湖城。家境困難，一家五口人靠父親幾十元的月薪，吃力地維持著生活。當他國小畢業時，父親便讓他找事做，以增加收入、資助家裏。

柏特利經朋友介紹，他來到一家家庭用品製造廠當了推銷員。由於柏特利的口才不錯，加上他面色和善，笑口常開，因而推銷成績很不錯，兩年中他跑了不少地方。在克里夫蘭城，他認識了一家襪子製造廠的老闆，名叫查理斯，他很欣賞柏特利的推銷才能，千方百計地把他「挖」了過來。

柏特利跟查理斯工作了幾個月後，發現老闆另有打算，待存貨賣掉後，就結束製襪生意，轉入新行業。

「襪子生意不是也很賺錢嗎？為什麼要結束它？」柏特利提出了疑問。查理斯聽了柏特利的話，突然想到：何不把生意整個讓給他？這不但對柏特利有好處，自己也可以早一點脫身。

當柏特利瞭解到查理斯的打算後，笑著說：「你別開玩笑了。我哪裡有這麼多錢？」

「只要你把存貨的錢拿出來，我把機器賣給你，你再用機器作抵押，到銀行去借錢還給我，問題不就解決了嗎？」

這筆生意很快成交，二十五歲的柏特利擁有了自己的小工廠。

接手之後，柏特利便下決心改變經營方針。經過苦心策劃。他制訂出兩個與以前不同的經營方針：首先，採取「單一多樣化」的生產方式。他專做女人的襪子。他想，凡是女人穿的襪子，應該做到應有盡有，式樣、配色要不斷變化更新，要經常研究新產品，領先於同業，這樣才能做出名氣來。其次，是設立門市部，直接經營。這樣可以節省一部分推銷費，也可以主動向各地擴展。

於是，柏特利在克里夫蘭設立了第一個門市部，專門銷售女襪。口號是：凡是女人想買的女襪，我這裏都有；如果我現有的襪子你都不喜歡，那麼，只要你能把你喜歡的樣子、花色說出來，我就能滿足你的要求，專門為你訂做。

柏特利認識到，這一口號是與眾不同的「絕招」，也是他經營的特色。因此，他買了幾部小型針織機，請了幾位手藝很好的家庭主婦作為他的特約工人。有人訂做，就請她們立即加工，論件計酬，兩邊都不吃虧。

雖說這種訂做的生意不多，但卻是一個很好的經營方式。因此，不到半年時間，柏特利的女機就在克里夫蘭轟動一時，隨之名聲大噪。

為了增強公司在市場上的競爭力和樹立起不同凡響的形象，柏特利採取了與眾不同的經營原則：首先，重用女性人才，使每個分公司都由女性來經營；其次，選擇適當地點，設立分廠，設置倉儲中心，以方便貨物的供應，第三，配合時令，推出自己特製的產品，以加強消費者的印象。

柏特利親自奔赴各地設立分公司，並挑選經理人才。在一年內，他就在克里夫蘭等大城市成立了五家分公司。柏特利在美國工商界的崛起，被認為是轟動一時的奇蹟。

造船業中的女強人

一九六四年，世界造船業面臨危機，許多大船廠都要靠國家補貼才能維持生產的情況下，由阿奈特父母經營的貝納多廠生意慘澹，步履艱難。此時，阿奈特不得不從父母手中接過這個家庭式的小企業。

儘管阿奈特一開始並不喜歡造船業。但是，當命運把她推到這一步時，她絲毫也沒有退縮，而是把成功看成是一個悠關榮譽的大問題。她暗暗發誓：決不丟掉父輩和祖輩留下來的寶貴的技術遺產，並知道，目前最關鍵的是要找到適合銷售的船型，憑著女性的直覺，不久，她發現法國的旅遊航行有很大的潛力，於是對製造遊艇產生了濃厚的興趣。

一九六六年，阿奈特決定投資建造一艘捕魚和遊覽兩用船。並決心在水上用具展覽會上展出。那是她一生難忘的一次展覽會，會上各種船隻千姿百態，但沒有一艘與他們建造的兩用船相類似，她暗暗肯定喜歡標新立異的富商們一定會注意和喜歡這艘船的。果然，展覽一開始，這艘造型奇特的兩用船邊上就站滿了參觀的人，並且當場有人下了一〇〇艘遊艇的訂單。

幾天之後，貝納多船廠就收到了足足夠他們忙六個月的訂貨單，阿奈特看到了發展遊艇的前途。於是，她開始改變經營方向，富豪取代了漁民，聚酯取代了木材，遊艇取代了漁船，貝納多船廠變成了遊艇製造廠。

十年後，阿奈特經過周密的觀察思考和試製，又推出「孚斯特」系列帆船。那些競爭者們對此嗤之以鼻，有些人甚至在幸災樂禍地等著看笑話。阿奈特相信自己的判斷，就像她所說的那樣：「我需要時間以便深刻體察事物。然而一旦作出決定，我就勇往直前。」事實證明阿奈特的判斷是正確的，這是一次巨大的成功。「孚斯特」帆船在一九七八年被評為最佳帆船，並且很快在國際市場上打開銷路。

阿奈特憑著女人的直覺，抓住理想時機，在顧客意識到自己未來的口味之前推出新產品，進而使貝納多船廠成為世界一流的遊艇製造企業。

第三十六術　智者貴陰

【原文】

《鬼谷子・謀篇》曰：「聖人之道陰，愚人之道陽……智用於眾人之所不能知，而能用於眾人之所不能見。」

【註解】

就是說，聖智之人做事的措施外軟而內硬，暗用功夫；而愚蠢之人做事的措施卻外硬而內軟，咋咋唬唬，而沒有實際內容，沒有畏人的招數。所以說，智者處世，在於暗中用手段，在於想出一些、使用一些別人不能知道、不能發現的招數，去處理事情，去對付別人。

【踐履】

楊雲才巧增城牆高度

荊州楊雲才攻於心計，善用巧術，在荊州（今湖北江陵一帶）辦了一些「巧事」，備受稱道。其中最有代表性的一件事是他設法暗增城牆高度的事。

這一年，荊州城拓展改建，錢糧用度都已計算完畢，磚石來源也已定好。突然，朝廷傳下公文，要求城牆高度再增加兩尺。負責此項工程的官吏去找太守請示，要求再增加糧錢開支。楊雲才聽後，對太守說：「此事不用增加開支，一切包在我身上，我能讓城牆增高。」太守素知楊雲才智謀超人，便命他自行方便。第二天，楊雲才來到燒製磚瓦的工廠，問工頭：「製磚模子製好了沒有？」工頭忙說好了，拿來讓楊雲才看。楊雲才一量，假裝大怒，把模子摔在地上，說：「這樣的模子能製出磚來建城牆用嗎？」當場命令把所有磚模子全部毀掉，而使用自己讓手下人運來的磚模子。工頭看了一下楊雲才的磚模，與自己原先製作的磚模也沒有什麼兩樣，心中感到委屈。但那時官大壓死人，所以也不敢說什麼，只有照辦。等到城牆按原設計的層數建好後，一量，正好比原來預計的增高了兩尺。太守等人大惑不解，問楊雲才使了什麼計謀。楊雲才笑了笑說：「我設計的磚模比工廠原來的磚模厚了兩分，一般人是看不出來的。磚厚了，還照原層數砌起來，不就高了嗎？」大家一聽，佩服得不得了。

楊雲才在使用智謀時，不過略施了一點小小的欺騙手段而已。欺騙手段使用到恰當之處，確可以成其事。

狄青撒錢激士氣

宋仁宗皇祐年間，廣源州（今越南高平省廣淵）儂智高起兵造反，攻擾邕州、橫州、廣州（今越南北部及中國西南地區），聲勢浩大，宋軍屢屢進剿，皆失敗。

這時，能征善戰的大將軍、樞密副使狄青自請出戰。皇上封他為宣撫使，統領嶺南諸軍，征剿儂智高。大軍進發到桂林一帶時，道路阻險，易中埋伏，加上宋軍又屢遭失敗，故士卒們心中惶惑，士氣低落，極不宜行軍作戰。狄青看在眼裏，心生一計。嶺南一帶，當時十分迷信鬼神，做任何事情都要占卜問鬼神意志，那些當地的宋軍士兵也都相信這個。

一天，到一空闊地帶，狄青當著數萬軍士的面，對天設香案祝禱，取百枚銅錢在手，禱告說：「若此次進剿大捷的話，當令這百枚銅錢全是錢面朝上。」那時用的銅錢，只一面有字，稱「錢面」。百枚銅錢全部錢面朝上，在概率中只有很小很小的可能，所以左右之人急忙勸諫：「大將軍慎重！倘若萬一不盡人意，會喪失軍心。」狄青不聽，執意撒錢。數萬軍士也知道這種可能性極小，非有神靈保佑，不可能出現奇蹟，故對這一關係自己性命前途的行動十分關注，屏住呼吸盯著看。只見狄青口中念念有詞，將百枚銅錢拋上天空。等落地後眾人仔細看去，果然是全部錢面朝上！頓時萬眾歡騰，歡呼聲震耳欲聾，士氣大震。狄青命人取來百隻大鐵釘，將那百枚銅錢釘在地上，外建小屋保護起來，門上貼了封條。狄青許願：「待凱旋歸來，當取下銅錢，祭謝天神。」於是，大軍浩浩蕩蕩進發，夜渡崑崙關，大破儂智高。

回師撤錢處，狄青讓僚屬們取下銅錢一看，原來使用的是一種兩面都是錢面的銅錢。狄青就這樣暗中用手段激發了士氣。

膠麥杆縛虎

宋代，世居於忻州（今山西忻州市一帶）、代州（今山西代縣一帶）的種氏家族世代都出名將，這與種氏子弟講武練武有關。他們經常聚在一起，討論韜略，比試武藝。

一天，一夥種氏子弟又到山邊的一座田莊比武。田莊主人迎出來說：「最近有隻老虎每晚都來麥場草地上搔癢打滾玩耍，公子們還是過一會兒等它走了再去吧！」大夥一聽，這正是露臉出風頭的好機會，哪個肯放過？有人出主意用箭射，有人想單個去捕殺。一位種氏子弟聽了之後笑道：「哪裡用得著費那麼大勁兒？只要給我準備一斗多木膠，我就會粘住它。」大家都笑他吹牛。他正色與眾人賭下酒席，約下第二天看他來此作法。

第二天，田莊主熬下一斗多木膠，那位種氏子弟把木膠塗在老虎常打滾的麥稈上，又在旁邊拴了一隻活羊為誘餌。夜色降臨，那老虎又來玩耍，老遠見了活羊，飛撲上來，吞吃下去，洋洋得意，在麥場上打起滾來。一滾，身上粘上了不少麥稈，十分難受，想再滾掉，哪知越滾越多，把老虎包裹起來。虎是暴躁之物，哪裡受過這種委屈，頓時大發雷霆，弓身趴下，長嘯一聲，猛力向上一竄，跳起有幾丈高來。可是騰空之後，四肢上的麥稈與身上的麥稈攪粘在一起，妨礙了它的行動，一下子重重地摔在地上，一動也不動了。過了一會兒，見老虎沒動靜，眾人擁過去觀看，那老虎已經摔死了。大家都十分佩服那位種氏子弟的智謀，會巧使手段。

女中人傑碧麗·克利曼

傑碧麗·克利曼，一個格萊汀公司原總裁的妻子，放著闊太太的清閒日子不過，竟跑到公司裏當上了一名普通女工。

傑碧麗·克利曼原先在音樂學院讀書時，曾有一手絕妙的鋼琴彈奏技巧，熟悉她的人都說她必將會成為一個鋼琴家。可是，畢業後，她卻和格萊汀公司的總裁肯茲·安格爾結了婚，除陪丈夫外出應酬外，在家裏過起了「少奶奶」的生活，還生了一個男孩。她在家相夫教子，是一個典型的賢妻良母。然而，天有不測風雲，當他們的孩子十歲時，安格爾先生卻不幸逝世。他給她們母子兩人留下了該公司三分之一的股權。

憑她這份股權和原公司總裁夫人的身份，她在這個公司幹什麼或掛個什麼頭銜，都是不成問題的。但是她沒有這樣做，卻執意在公司生產釣魚線的工廠當了女工。

這個釣魚線工廠，是公司最低一級的工廠。因此，工人們都奇怪，這位少奶奶為什麼不在家裏享福，反到這兒受罪？許多逆耳之言不斷地吹進她的耳朵。但毫不介意，也不洩氣。她不怕困難，認真地學習，很快就成了一名合格的工人。

一年過去了，她和工人們都熟了，情況也瞭解清楚了。然後，她又到倉庫管理部門幹了一年。

在這兩年的時間裏，她看到了公司內部管理鬆懈、浪費嚴重、工人吊兒郎當的情況，她對生產、銷售等各個環節心中有了數，也對這些環節存在的問題有了認識。

原來她是想真正進入公司，瞭解內情，以便對症下藥。

她的丈夫原公司總裁安格爾去世之後，她常聽到公司一些不好的消息，甚至有的人說，格萊汀公司的大股東，自然關心倍至，非要解決不可。

但是，她非常清楚，要解決這個問題，必須抓住要害，一針見血。而要做到這一點，就必須十分瞭解內情。而要想瞭解內情，一般無非是查帳，她非常清楚，查帳不是上策，因為這樣做，就是跟負責人直接作對了。她決定不走此路，唯一的辦法，就是打進去，摸個詳細，對症下藥。

因此，當她摸清了問題的癥結之後，便當機立斷，提出加薪，聲稱格萊汀公司應改善員工的待遇，這樣一來，她贏得了員工和家長們的歡心，但招來了格萊汀公司總經理羅吉斯的責難。

羅吉斯親自去找碧麗質問：你身為公司的大股東，為什麼帶頭鬧加薪，跟公司為難？拆公司的台？你居心何在？

當碧麗說明情由，公司總經理羅吉斯才明白了她的用心之妙。碧麗把幾個領班找來，巧妙地把他們的思路引入了自己思想的軌道：

一、要加薪，就得有錢。

二、要想有錢，就要有效率。

三、目前的效率不好，主要是因為浪費嚴重。

四、浪費嚴重的原因，在於管理不善，制度不嚴。

五、管理不善，制度不嚴，其關鍵在於「人情」和「情面」。她說，各位都知道，這個鎮子只有三五〇人，其中一半以上在公司工作，不少都是為了糊口，對於工作和公司好壞，他們從不多想。由於都是鄰里鄉親，礙於「人情」和「情面」，誰也不好意思嚴管。問題的產生緣於「人情」和「情面」，解決問題還要利用「人情」和「情面」。

她的話如一石投水，在領班們的腦海中激起了層層波瀾。領班們早已深深感到「人情」困擾之苦，因此，非常贊成碧麗的這番分析。碧麗見時機成熟，便拋出了她的實施方案：

一、通過選舉在工人中產生管理組織，擬訂管理章程和賞罰標準，包括給工人的工作獎金和分紅辦法。二、將新管理辦法向工人家屬公佈，使他們知道，要想改善待遇，就只有鼓勵子女好好做，否則，子女就不能加薪，甚至還有可能扣薪，那時家長出面說情，將毫無用處。方案公佈後，領班們無條件同意，工人家長們也雙手贊成。

於是，這個歷史悠久、曾趨衰退的公司，又振興起來，出現了一片新景象。新管理方法顯示了它的威力，工人們兢兢業業，生產迅速好轉，產量增長了五〇％，倉庫的存貨也越來越滿了起來。

推銷與語言

有個人十年來始終開著一輛車，未曾換過。有許多汽車推銷員跟他接觸過，勸告他換輛車，甲推銷員說：「你這種老爺車很容易發生車禍。」乙推銷員說：「像這種老爺車，修理費相當可觀！」這些話觸怒了他，他固執地拒絕了。有一天，有個中年推銷員到他家拜訪，對他說：「我看你那輛車子還可以用半年；現在若要換輛新的，真有點可惜！」事實上，他心中早就想換輛新車，經推銷員這麼一說，遂決定實現這個心願，次日他就向這位與眾不同的推銷員購買了一輛嶄新的汽車。

第三十七術　為事貴智

【原文】

《鬼谷子・謀篇》曰：「智者事易，而不智者事難。以此觀之，亡不可以為存，而危不可以為安，然而無為而貴智矣。」

【註解】

就是說，智者做事，善於動腦筋，想辦法，故其事易成，而不智者做事，不善於動腦筋，不善於想辦法，生打硬上，故其事難成。從這點出發去看一個國家，若不智者掌權的話，便很快就會面臨危機，很快就會滅亡，無論誰也難以遏止這種危機和滅亡。所以說，處理任何事情，都貴在運用智謀。

【踐履】

諸葛亮草船借箭

中華民族一向以足智多謀著稱於世，其中有位最受稱道的人物——諸葛亮。在民眾口傳中，他簡直是智慧的化身、智者的代名詞。提起諸葛亮的智慧，最可稱道的是他的「草船借箭」。

那是三國初年，曹操統一北方之後，揮師南下，進襲江東，想一舉滅吳，那麼劉備等弱小軍閥便不在話下，很快就會剿滅，統一全國。諸葛亮分析了形勢，必須幫助東吳，保住東吳，以牽制曹操，劉氏集團才不會被滅掉，於是他力主孫劉聯合抗曹，便到東吳去遊說。經過舌戰群儒，駁倒張昭等「降曹派」言論，堅定了孫權的抗曹決心後，與東吳都督周瑜共定敗曹大計時，兩人在手中同寫了一個「火」字。心往一處想，勁才能往一處使，這本是一件好事，但氣量狹小的周瑜容不得別人比他強，因此嫉妒諸葛亮，想借機除掉他。

這一天，周瑜會集大將，並請來諸葛亮共議實戰措施。兩人都認為江上作戰，需多置弓箭。周瑜便說：「如今軍中正缺箭用，想請先生監造十萬支箭，不知可以否？」

諸葛亮已明白周瑜要幹什麼，但為了抗曹大局，他還是答道：「都督委派，我當效力。不知這十萬支箭何時用？」

周瑜說：「十天怎樣？」

諸葛亮說：「大戰在即，十天太晚了，三天就可造好。」周瑜一見諸葛亮上鉤，大喜過望，緊盯一步，說：「軍中無戲言。」諸葛亮正色道「願立軍令狀。三日造不出，殺罰隨都督。」周瑜十分高興，忙取來筆墨，讓諸葛亮立下軍令狀，又暗中吩咐在原料供應上做文章，讓匠人拖延時間，單等三日後懲治諸葛亮。

東吳謀士魯肅怕就此破裂了孫劉聯盟，十分著急，便去諸葛亮處探聽虛實。哪知諸葛亮滿不在乎，悠然自得。魯肅問計，諸葛亮別的沒說，只請魯肅幫忙準備二十艘大船，每船三十名軍士，船上用青布作幔，再紮上千餘個草人，布在船兩邊，並準備進軍鼓號。且叮囑魯肅，萬萬不可讓周瑜知道，魯肅不解其用，但卻認真做了準備，也未告知周瑜。

第一日沒有行動，第二日沒有行動，第三日魯肅沉不住氣了，正要前去詢問。晚上四更時分，諸葛亮派人來請魯肅去取箭。魯肅蒙在鼓裏，隨諸葛亮來到江邊。諸葛亮指揮二十艘大船，用繩索連在一起，向江北進發。魯肅見這麼幾個人去曹營，嚇得不得了，問諸葛亮幹什麼？諸葛亮笑而不答。到了江上，大霧彌漫，對面不見人。諸葛亮令人準備了酒菜，與魯肅小酌。魯肅心裏跳個不停，哪裡品得出酒味！

五更時分，船近曹軍，諸葛亮命船隻一字兒擺開，貼進曹軍城，然後擂鼓吶喊。魯肅嚇得面如土色，制止不住。

曹軍聽到吶喊，飛報曹操。曹操見大霧甚重，怕有埋伏，便不讓軍士出擊，只令手下人放箭射去，阻擋敵軍進攻。又命從軍營調弓箭手來支援，共集合了萬餘名弓箭手，放起箭來，箭如雨注般飛向諸葛亮的船隻，不一會兒便把一面射成了「刺蝟」。

諸葛亮又令船隊調過頭來，讓另一面靠近曹軍水城，加勁擂鼓吶喊。曹軍弓箭手見狀，又忙射箭，把這一面兒也射滿了。

諸葛亮便令軍士拔錨開船，高喊：「謝曹丞相送箭！謝丞相送箭！」直把曹操氣得吹鬍子瞪眼，懊悔不及。

來到東吳水城，天色大亮，諸葛亮便向周瑜交差。周瑜自歎智慧不及諸葛亮。

巧換物用

還有一類「為事貴智」的辦法，叫作「巧換物用」。

明朝正統年間，皇宮裏準備粉刷繪師宮殿，需牛皮膠萬餘斤。朝廷派人傳旨江南，限期購買，速送京師，催得十萬火急。

當時，巡撫江南的工部右侍郎周忱進京面君，半路上碰到往江南傳旨的使者。使者說皇宮內急用牛膠，望周忱返回去一同催辦，否則怕過了期限，皇上怪罪下來吃不消。周忱問明情況，對使者說：「你慢慢去江南傳旨，不用急催。我到京師自有辦法。」

來到京城，公事辦完，周忱又上了一道奏章說：「京中府庫所存牛皮因年歲長久，早已腐朽不堪用，可用來煎熬牛膠。待江南徵來牛皮，再充府庫。」皇上一聽大喜。這樣一來，既救了皇宮內粉飾之急用，還可將庫中舊牛皮換成新的，真是一舉兩得；而江南人民也免受急催火逼之苦，可從容交納。這就是智者巧換物用的故事。

明朝宣德年間，交趾（今越南）反叛，朝廷派大軍征剿。

某日，幾十萬大軍路過江陵（今湖北江陵），急需幾百架火爐和爐架，當夜烤火用。急切問哪裡去製這幾百隻火爐呢？江陵縣令張愷一拍腦門，計上心來，傳令湊集方木桌子，令工匠將木桌腿鋸矮，桌中間鑿上一洞，放上一個鐵鍋，便成了有架子的火爐。軍隊統帥大喜，又令張愷急辦一千隻馬槽。張愷召集裁縫和婦女，用厚棉布縫成馬槽形，四角拴上繩子，吊在四個木樁上，便成了好馬槽。不用時，一抖划料，捲起來帶走，甚是方便。統帥一見，大喜過望，上奏為張愷請功。

自此之後，騎兵出征，都用這種方便馬槽了。

要做「大哥大」的諾基亞

一提起芬蘭的諾基亞，許多人都非常熟悉，因為它與美國的摩托羅拉、瑞典的易立信同為世界行動電話的三巨頭，然而就在一九九七年，當新任總經理的魯瑪·奧里拉剛上任時，諾基亞還是債臺高築，業務混亂，其經營狀況尚陷於空前的困境之中。

由於傳統大市場蘇聯的快速崩潰，芬蘭的經濟深受打擊，諾基亞公司也一落千丈。從一九九一年至一九九三年，該公司僅電子工業一個部門就虧損二．七億美元。面對殘酷的現實，奧里拉痛下決心，為了生存下去，作出了「最無情的決斷」。

這其中最大的決斷就是捨棄公司的其他產業，全力投入以行動電話為主的通信市場。

無疑，這一明智的決策讓他們抓住了千載難逢的好機會。近十多年來，世界行動電話通信市場發展迅猛，一九八四年時，全世界行動電話的銷量僅為三〇〇萬台，而且十年後的一九九四年已一躍突破二五

○○萬台。而性能卓越的數位式行動通信電話正取代固有的蜂窩式行動電話，這恰恰是諾基亞的技術優勢所在。

事實證明奧里拉的決策是對的。正是他毅然決定全力從事行動電話生產，並且為了籌措巨額研究開發費用，他對公司進行了大規模整頓。

首先調整的是公司的家電產業，諾基亞賣掉了長期虧損的映像管廠，一下子就辭退了二千名員工。接下來奧里拉又拿設在赫爾辛基舊銀行大樓裏的總部開了刀，那些上了年紀而又業績平庸的老職員全部被請走，取而代之以充滿活力的年輕人才。

奧里拉還積極採納年輕職員的革新建議，使諾基亞公司迅速擺脫了困境。

在科學技術日新月異的今天，諾基亞並未滿足於目前的成功。他們正與美國的電腦公司合夥開發高速的行動電話通信網路。低成本的數式音聲傳遞服務已成為傳統的蜂窩式行動電話通信的強勁對手。在這一領域，技術優先的諾基亞的交換機和手機的市場佔有率已達七五％。

福特首創的大量生產方式

亨利．福特不但首創了福特T型車，還首創了大量生產方式，所以，他製造的汽車能夠做到價廉物美。

福特有他獨特的經營思想。他認為，浪費和貪求利潤妨礙了買方的切身利益。浪費是指在完成某一工作時花費了多於這項工作所需精力，而貪圖則是由於目光短淺。應該以最小的物力和人力的損耗來進行生產，並以最小的利潤將貨銷出去，以達到整個銷售額的增加。即：「薄利多銷」。

為了實現這一經營理念、福特運用不同的經營手段，對產品的標準化、生產過程、勞資關係，成本等進行了一系列改革，創立了一套獨特的「薄利多銷」的經營模式，使他在本世紀二〇年代同行業中獨佔鰲頭。大量生產方式居於這一獨特經營理念的核心，而大規模裝配線是實現大量生產的主要手段。

福特的構想是：建立一條輸送帶，把裝配汽車的零件放到轉動的輸送帶上，送到技工的面前。換言之，負責裝配汽車的工人，只要站在輸送帶的兩邊，所需要的零件就會自動送到面前，用不著再自己費事去拿。

這一設計非常好，節省了技工們來往取零件的時間，裝配速度自然加快了。可是，實際使用之後，發現了一個很大的缺陷。

由於輸送帶是自動運輸的，在前半段比較簡單的裝配手續，非常適用：到了後半段，像是車身上安裝零件時，手續比較麻煩，技工們趕不上輸送的速度，往往把送過來的零件錯過了。而這些在輸送帶上沒有來得及取下的零件，都堆積在最後的地板上，妨礙了輸送的轉動。

沒有多久，福特想出了改進的辦法，建立了一種新的生產線。

他挑選一批年輕力壯的人，拖著待裝配的汽車底盤，通過預先排列好的一堆堆零件，負責裝配的工人就跟在底盤的兩邊。當他們經過堆放的零件前面時，就分別把零件裝到汽車車底盤上。

這一改進，使裝配速度大大的提高。以前要十二個半小時才能裝配好一部車，現在則只需要八十三分鐘就完成了。這一驚人的改進效果，不僅使T型車加快了普及率，也成為其他汽車製造廠改進生產線的範本。

福特被譽為：「把美國帶到輪子上的人」，就是從這時候開始的。他改進了裝配速度，降低了成本，各公司的廉價車不久都紛紛出籠，這是造成美國汽車工業真正起飛的重要因素。

輸送帶的設立，使任何一個負責裝配的工人都沒有偷懶的機會。因為經過多次的試驗，福特把輸送帶轉動的速度固定好了，在兩邊的工人，每人只負責一件工作，只要不停手地做，一定可以做得好；可是，你稍微一偷懶，要用的零件就轉過去了，只好等下一個。如果你負責的零件與下一個人的工作有關聯性，由於你沒有裝上，下面的人也就無法工作。

在這種情形下，走上生產線的人都要全神貫注，所以他們都自稱「機械人」。實際上，他們也真像輸送帶兩邊的機器，配合轉動的節奏，把零件裝到車上，動作是千篇一律的，時間快慢也是一定的。

福特的經驗是進行大量的生產，首先要零件具有通用的性能，就是產品的標準化。無論在外型、大小、顏色上完全一致。這樣，在快速裝配線運轉時，不會因零件的大小不同而浪費時間，同時顧客也容易保養。

在實現產品標準化的基礎上大量生產，以連續不停的傳送帶裝配線組織作業，創造出極高的勞動生產率。在福特的自傳裏寫道：「在我們最初進行裝配時，只不過是在地板上找塊地方把一輛車安裝起來，工人們按順序安裝零件，和蓋房子的方法很相像。」他很快認識到這樣效率太低。「無人指揮的工人在走來走去選擇材料和工具方面花去很多時間，超過了他實際操作時間。工人們得到的報酬不高，因為這種『步行鍛鍊』不是按高額付酬的裝配線。」

為了改變以上這種情況，用運輸機器，使材料、零件儘快抵達作業人員處，造成最高效率作業的環境。其後再發展為運輸帶「流」動的作業組織。到了這個階段，作業速度的快慢節奏，由運輸帶「流」動的速度加以控制。

這種生產方式對提高工作效率，降低產品成本產生了很大的作用。

第三十八術　積弱為強

【原文】

《鬼谷子・謀篇》曰：「為強者積於弱也，為直者積於曲也，有餘者積於不足也。此其道術行也。」

【註解】

就是說，世間事物中，柔弱的東西往往是最具生命力的東西。正如《老子》所說：「人之生也柔弱，其死也堅強。萬物草木之生也柔脆，其死也堅強。萬物草木之生也柔脆，其死也枯槁。故堅強者死之途，柔弱者生之途。」這其中包含了許多深刻的辯證思想。在社會事件中，政治鬥爭中暫時處於劣勢的弱者只要善於思考用計、善於調動內部的積極因素，去勵精圖治，去發展壯大自己，社會從弱變強，戰勝對手。

【踐履】

朱常洛弱時低頭得登帝位

柔弱者在處於「弱」勢時，要用「軟」手段，必要時要低聲下氣。正所謂：「人在屋簷下，不得不低頭。」

明神宗時，鄭貴妃得寵。她勾結太監，希望能讓神宗皇帝冊立自己生的兒子朱常詢為太子。可是，朝廷大臣們依照立嫡長子的慣例力爭，終於使神宗立長。朱常洛為太子，朱常詢被封為福王。但鄭貴妃寵勢不減，朱常詢亦留在京城不赴封地，東宮太子卻勢單力薄，資用匱乏，明顯處於「弱」者的地位。後來，經朝臣力爭，福王朱常詢終於離開京城去封地洛陽，鄭貴妃傾其所有相送，珠寶玉器等裝了大小箱無數。這時，某些阿諛之臣見朱常詢離京，東宮太子勢力將要強盛，便想借機依附太子，將押送隊伍中最後的十箱財寶扣下，送到太子東宮門前。王安聞知，忙告誡太子：「此非太子所宜為之事，萬不可因此而惹怒鄭貴妃。」並讓人從東宮中找出十隻與截留的箱子相同樣式的箱子，裝上財物，連同那十隻箱子一併送到福王那兒，告訴鄭貴妃：「剛才把箱子停在東宮門口，是想仿照其樣式，選擇贈禮的箱子。」鄭貴妃聽後十分高興，神宗也很喜歡。

由於朱常洛運用了「積弱為強術」，注意在「弱」時用「軟」手段，所以順利地登上皇位，他便是後來的光宗皇帝。

韓信胯下之辱

處於「弱」勢時，不但要用「軟」手段，有時還必須忍辱負重，含冤受屈，以成大業；萬不可因小失大，一時意氣用事，誤了大事。

漢初名將韓信，早年家境貧寒，又缺乏謀生手段，靠依附別人施捨吃飯度日，但仍身帶長劍，讀書學習，以求大展鴻圖。他的這種作法為時人所不理解，那幫地痞流氓更是看不慣他這股窮酸清高的樣子，常找碴兒污辱他。

一日，他在大街上走，碰到一青年屠夫迎面撞來，當眾高喊：「韓信，你白長了個大個兒，可骨子裏卻膽小如鼠！」韓信不理他。他更得意起來，當著圍過來觀看的眾人之面大叫：「不是嗎？你若不膽小怕事，就拔出劍來殺了我。你若不敢這麼做，就從我胯下鑽過。」這樣的侮辱確實叫人難以接受，可韓信審視了那屠夫一會兒，竟慢慢從他的胯下爬了過去。圍觀的人都哈哈大笑。

後來，韓信幫劉邦打完天下，衣錦還鄉時，把那屠夫找來，非但沒有責備他，反任他為捕盜賊的中尉。韓信把受辱的經過講給手下將士們聽後說：「我當時也可以把他殺掉。但逞一時之強，哪裡有今天呢？」

董摶霄巧運軍糧計

在處於「弱」勢時，除了要勵精圖治，要隱忍外，還要注意運用智謀，由弱變強，反弱為強。

元順帝至正年間，海寧（今浙江海寧）一帶戰事頻繁，需要運送大批軍糧。但此地水路不通舟船，旱路車輛難行，靠人力運糧，費人費時。這種情況，顯然使運糧處於「弱勢」。

大臣董搏霄上書朝廷，出了一條計謀：選派三六〇〇名強健軍士，每人間隔十步，便可排到百里之外。每個人每次扛米四斗，米用雙層布袋裝好封好，蓋上官印，以防偷盜，人不歇肩，米不著地，逐個傳遞。每人每天往返五〇〇次，行程二十八里，其中負重十四里，空走十四里，也不太累。但一天之內，卻可將二〇〇石米運到百里之外。

這樣，反「弱」為「強」，很快解決了軍隊的運糧問題。

小產品裏的大生意

打火機是個簡單產品，但也可賺錢。打火機是個簡單產品，但也不易生產。

日本東海精品公司的新田富夫總裁，是經營打火機業務的，但他的產品一直銷路不好。在七〇年代的一個晚上，他在看電視節目時看到一條消息，說當時世界拳王阿里將要進行一場世界最頂級挑戰賽，屆時全球一百多個國家將會現場直播。一語點醒夢中人，他覺得自己的打火機打不開銷路，主要是牌子不響，廣大消費者不認識自己的「蒂爾蒂．米蒂爾」牌子。

他反覆思考後，決定不惜一切代價，要在拳王阿里比賽時播出自己的電視廣告。經過聯繫，在這場比賽中播出兩次，需要五千萬日圓，多麼大的一筆開支啊！幾乎等於其當年該產品營業額的全部。但新田富夫毫不猶豫，做了這次廣告。結果，效果非常明顯，因為當時全球有超過一千萬的觀眾在收看這場世界頂級拳擊比賽，在比賽中間插入的廣告節目，而且是兩次出現，使得大家對「蒂爾蒂．米蒂爾」牌子有了一定的認知，特別是日本的觀眾。知道該牌子能與世界級相提並論，因此，大家紛紛購買這種用完即丟的打火機。這樣，一下使東海精品公司的打火機由滯銷變暢銷，並且要不斷擴大生產才能滿足需求。

溫柔的搬家仙子奪田千代乃

奪田千代乃是日本的阿托搬家中心總公司的創始人和總經理。該公司在創辦後，僅用九年的時間，年營業額就增加了三四七倍達到一四〇多億日圓，並從一個地區性的小型企業，發展成在全國近四十個城市擁有分公司或聯營公司的中型企業。美國和東南亞一些國家都購買它的搬家技術專利。奪田千代乃也因她在事業上的成功，被評為日本最活躍的女企業家之一。

搬家市場雖然相當大，但如何把成千上萬分散的用戶吸引過來，卻是一件不容易的事。奪田千代乃首先想到的是電話。誰要搬家，一定會在電話號碼簿上找運輸公司的電話。於是她決定利用電話號碼簿為自己的公司作不花錢的廣告。她瞭解到日本的電話簿是按行業分類的，在同一行業，企業的排列順序以日語的字母為序。所以她把自己的公司取名為阿托搬家中心，使她在同一行業中名列首位，查找時容易被發現。接著千代乃在電話局的空白號碼，選用了一個又醒目又容易記的號碼——「〇一二三」。

公司開張後，阿托搬家中心根據顧客的需求，開展了許多服務專案，對搬家技術進行了一系列的改革。針對顧客珍惜家財和怕家財暴露的心理，設計了搬家專用車，把家用器物裝在這種車上，既安全可靠，又不會為路人所見。她又針對日本城市住宅多是高層公寓，專門設計了搬家的集裝箱和搬家專用吊車，高層公寓居民搬家時，只要用吊車把集裝箱送到窗前，即可進行作業。這家公司還提供其他與搬家有關的服務三〇〇多項。比如消毒、滅蟲、清掃服務；代辦因遷居而發生的變更戶籍、改換電話、學生轉學、汽車註冊、報刊投遞、水電供應、結算帳目等手續；還提供室內設計、調試鋼琴、裝修房屋等服務。

面對著資訊時代的到來，奪田千代乃認為，要想與同行競爭，必須採用影響最大的電視媒體進行宣傳。但電視廣告費用很貴，五秒鐘的廣告就要二千萬日圓。因而風險很大，若達不到預期的效果，一大筆資金就付諸東流。千代乃想盡方法籌措到這筆資金。廣告播出後，果然出現了奇蹟，營業額直線上升。

奪田千代乃還動腦筋打破了日本以往「行李未到，家人先到」的搬家習慣，決心把過去那種給人留下煩惱回憶的搬家，變成終生難忘的旅行。為此，她特地向歐洲最大的一家轎車生產廠家，定做一種命名為「二十一世紀的夢」的搬家用車，這種車全長十二米，寬二・五米，高三・八米，前半部分為上下兩層，下層是駕駛室上層是一個可以容納六人的豪華客廳，裏面有舒適的沙發、供嬰兒專用的搖籃，還裝有答錄機、電視機、立體組合音響設備，電冰箱、電子樂器等設施。後半部分是裝運行李的車廂，載重量為七噸。這種新型專用車通過電視廣告向日本全國廣播，搬家業務預約蜂湧而至。特別是好奇的孩子們，搬家時非要父母乘坐「二十一世紀的夢」不可。

千代乃把優質服務作為增強競爭能力的措施之一。該公司每完成一項搬家業務，都要請顧客填寫「完成證明書」。它的背面是「賠償請求書」。作業人員如果連續十次向公司交回「完成證明書」，則有總經理親自獎勵一萬日圓，如果出現索賠事故或受到顧客批評，就要受罰，做到獎懲分明。

正是由於體貼周到的經營措施和嚴格的內部管理制度，使得奪田千代乃的搬家公司深受廣大用戶的喜愛，成為大多數人們搬家時的首選公司。她的公司也因此在激烈的市場競爭中，脫穎而出，一枝獨秀。

經營高手坪內壽夫

坪內壽夫是日本企業界一位傳奇式的人物。他的所作所為雖為世人所不解，但是他所完成的事業卻是舉世矚目的。他的事業隨著戰後日本經濟的發展而發展，並為日本的經濟繁榮劃下了重要一筆。

第二次世界大戰後的日本，經濟一片蕭條，人們連溫飽都不能完全解決。剛剛從西伯利亞戰俘營回國的坪內壽夫雖然胸懷大志，卻無計可施，只能協助父母經營一家小電影院。然而，少得可憐的觀眾使電影院入不敷出，一家人的生計相當困難。針對這一情況，坪內壽夫略施「吃小虧，占大便宜」的小計，把一場電影只放一部片子改為放兩部片子。觀眾在佔便宜心理的驅動下，紛至遝來，使票房收入大為提高。不久，坪內壽夫便賺進了一筆可觀的收入。隨著日本經濟的好轉，文化事業也是百廢待興。坪內壽夫看準了這一趨勢，傾其所有興建了一座現代化的電影大廈。它為坪內壽夫帶來了豐厚的利潤。口袋裏有了足夠的錢，取得了社會的承認，坪內壽夫再也按耐不住在企業界一試身手的衝動。

一九五二年的時候，日本四國島漁業生產習慣上是以夫妻為單位的家庭捕魚方式，船小利薄，生產效率低下，遠遠不能滿足市場需求。當時的漁民很窮，但渴望能打更多的魚，這就需要更換更好的漁船。

坪內壽夫看準了這一形勢，欣然接受了住友財團的建議，購下了已經荒廢三年的來島造船廠。他希望能在三井、三菱這些大企業無暇顧及的夾縫中打出去——生產小型漁船。為了避開日本政府對五〇〇噸級以上船隻的種種苛刻規定，坪內壽夫把漁船的噸位定在四九九噸。僅一噸之差，既免去漁民諸多的繁雜手續。又使漁船具備了足夠的噸位，這正是漁民們想要的那種船。

船造出來了，針對漁民們對買船心有餘而力不足的實際情況和日本漁民淳樸老實的性格，坪內壽大大膽地對這些漂泊在水上的家庭實行以分期付款的方式賣船。為了擴大宣傳，坪內壽夫動員全體員工，趁新年漁民在家過年的時機大力宣傳來島漁船的優越性。這一招使不少漁民欣然買船，而這些買船漁民獲得的經濟效益，也使更多的漁民加入到買船者的行列。僅僅八年，來島造船如異軍突起，一躍成為日本第五大造船廠。佔據世界造船業第十二位的位置。

坪內壽夫事業的成功，使他成為日本企業家中佼佼者。他的「願成為社會最信賴的經營者」的信條也深深地留在人們的記憶中。

第十一章 決篇

第三十九術　成事五術

【原文】

《鬼谷子·決篇》曰：「聖人所以能成其事者有五：有以陽德之者，有以陰賊之者，有以信誠之者，有以蔽匿之者，有以平素之者。」

【註解】

就是說，聖智之人處理事務，依據實際情況制定相應的策略措施。有些事情道理分明，真理在自己一邊，這類事，可用大張旗鼓的表面手段去處理。有些事情並非理直氣壯，有難言之隱，就應暗中作手腳去處理。有些事情，單靠自己的力量難以解決，需要借助別人的力量，這時，就要與別人訂立盟誓，靠信譽的力量促使盟友幫自己處理此事。有些問題，不宜公開或全部公開，就連對參與其事的某些人也不宜把底細透出去，這時，就要用隱瞞手段去解決問題。有些問題在處理中，要借助別人的思維定勢，讓他按常規方式去做、去提防你，而你卻打破常規，一反往常做法，出奇制勝，取得成功。

【踐履】

陽德術

當真理在你一方時，你可用「陽德」手法解決問題，理直氣壯，公開斥責。

西元前五〇〇年夏，魯定公和齊景公在夾谷（即祝其，今山東萊蕪東南）相會，魯國由孔丘相禮。會盟前，犁彌對齊景公說：「孔丘是個文人，只懂得禮，而缺乏能氣，如果派當地的萊夷人用武力威脅魯君一定可以如願以償。」齊景公聽他的計謀，會盟時讓當地的萊夷人上場手持武器，表演原始的武力舞蹈。孔丘看出齊國的目的，站出來斥責齊侯說：「戰士應該用到戰場上，兩國君主會盟，讓夷人表演這樣的舞蹈，攪亂會盟，用意何在？再說，夷族人不能攪和華夏人的事，武力不能逼迫友好，否則，神靈便不保佑，德行道義便會喪失，這不是明君的作法。」齊景公聽後無言以對，只好讓萊夷人走開。這就是用公開手段處理問題。

應該說，「陽德術」還有一種含義，即在公開場合做手腳，而達到暗中的目的。

東漢桓帝時，宦官張讓把持朝政，權傾朝野，很多達官貴人都爭相巴結他。有位富商叫孟佗，來到京師，打聽到張府上有位主持家務的管家，很得張讓信任，故有不少人走他的門路。孟佗設法與他交往，將自己帶來的全部金銀珠寶都花在他身上，使這位管家很過意不去。管家感激不盡，便問孟佗有什麼事需要自己辦理，到時候一定盡力。孟佗說：「我別無他求，只希望你在人多時對我一拜。」管家本是奴才出身，拜了不知有多少人，花了人家這麼多錢，只是一拜，那有何不可？故而滿口答應。這天，孟佗來到張讓門前，但見人頭攢動，擁擠不堪，根本過不去。管家望見孟佗到來，不食前言，忙撥開眾人，率領手下人跪下迎接，將孟佗請進府裏說話。門外的達官貴人見狀大驚，心想：往日鼻孔朝天的管家今天卻對孟佗這般恭敬，那孟佗肯定與張讓義情不淺，否則哪能有此殊榮。於是，投張讓之門不得進的那些人便紛紛來找孟佗，送來大批金銀。沒幾天，孟佗便回收了自己帶來京師的十倍財寶。

待屬下以禮，用公開手段收買人心，也屬於此「陽德術」的範疇。三國蜀主劉備堪稱這方面的楷模。劉備、關羽、張飛桃園結拜，形成了劉備集團的核心。劉備三顧茅廬，以赤誠之情感動了諸葛亮，出山輔助劉氏集團，做了軍師。其他大將，如趙雲、馬超、黃忠、姜維等，劉備都是以「仁德、誠心」感化他們，使他們自願為劉氏集團賣命。所以在後代人的傳說中，便有了曹操占「天時」、孫權占「地利」、劉備占「人和」的說法。這種「動之以情、結之以誠」的「陽德」領導術，確實值得當今領導者吸取。

陰賊術

有些事情不宜公開處理，就要使用「陰賊術」，暗中使手段去解決問題。

東晉時，盧循的姐夫始興太守徐道履與盧循密謀起兵反晉，準備籌集木材以備建造戰艦之用，於是派人到南康山（在今廣東韶關）上砍伐樹木。這木材的用途不好公開宣揚，便說伐木材運到下游販賣。等到砍伐了一大批之後，又說人手少，無力運到下游，便在當地減價出售。當地人貪圖便宜，爭相購買，貯在家中以備用。如此反覆了幾次，當地人家中便貯下足夠建造相當數量戰艦的木材。後來，徐道履與盧循起兵造反，徐道履便命手下人按售出木才時的票券按戶收取木材，命人打造戰艦，只用了十天功夫，便造出了所需要的戰艦。

以詐術對詐術，以暗手段對付暗手段，也是「陰賊術」的一種。宋仁宗時，趙元昊稱帝，建立西夏國（今寧夏銀川一帶）。趙元昊手下有兩名心腹將領野利王和天都王，能征慣戰，對宋王朝威脅很大，守邊宋將種世衡決心除掉他們。

野利王為了竊取宋軍情報，便派浪里、賞乞、媚娘三人打入宋軍內部。種世衡知道他們是奸細，便決心利用他們一下，於是讓他們為官，讓他們負責監稅。自此，種世衡便留意物色打入敵方的人物。不久，便找到一位叫法嵩的和尚。種世衡命他前去詐降野利王，而放口風讓浪里他們知道。走前，種世衡寫了一封約野利王投降的密信，讓法嵩藏在身上，又畫了一幅紅棗和烏龜的書讓法嵩送給野利王。他人沒到野利王那裏，消息早由奸細傳給了野利王。野利王張下羅網等侯，法嵩一到便把他抓了起來。見了那幅畫野利王不知其中寓意，為邀功，便把他押到趙元昊那裏。趙元昊一見，是暗喻野利王「早歸」，便追問還帶來了什麼東西。法嵩假說沒什麼。趙元昊便動用酷刑，法嵩也沒招認，直到最後說要殺了他，才假裝怕死，交出了種世衡給野利王的信。趙元昊見他受了這麼多苦才交出，便不認為其中有詐，反而懷疑野利王有二心。為了慎重起見，他派親信冒充野利王的人，秘密到種世衡那邊去探聽虛實。使者到了宋營，種世衡先讓人把他們安排住下，然後派擒獲來的西夏兵從門縫中辨認。等確認他們是趙元昊的人後，種世衡便佯裝不知，把他們當作野利王的使者招待，並與他們密謀了造反計畫。這批使者回去後，趙元昊便把野利王殺掉了。

種世衡又在宋、夏邊境上設祭壇，書寫祭文於木板上，上寫野利王、天都王有意降宋，結果功敗垂成，故十分可惜，弔祭亡靈云云。西夏將領聽說種世衡在邊境上有事，便率兵殺宋。種世衡裝作慌慌張張，將祭文木板夾在紙錢中焚燒，迅速撤離。西夏兵趕來，撲滅紙錢火，將木板呈獻給趙元昊。不久，天都王也被殺掉了。

信誠術

「信誠術」是靠信譽獲取成功。信譽是商品銷售的「生命」，所以，各廠家都拼命抓商品信譽，保商品信譽。而擊敗競爭對手，也有用破壞對手的商品信譽為手段的。

「信誠」還有一個範圍問題，對某些人「信誠」，必對某些人欺詐。三國時，曹軍與孫、劉聯軍在赤壁對陣，孫、劉聯軍一方需要一個前去曹營詐降以點火燒船的人。但曹操以多疑著稱，一般詐降是不會被接受的。故忠心向吳的孫吳將領黃蓋與周瑜密謀下「苦肉計」。第二天，周瑜升帳議事，要各將領取三十天軍糧，以破曹操。黃蓋出隊答道：「曹軍人多勢眾，莫說三十日，三十月也破不了，倒不如投降。」周瑜大怒，以惑亂軍心罪令人推出去斬首。眾將求請，才減為一百軍棍，直把黃蓋打得皮開肉綻，昏死過去，回帳便派使者去曹營約降。曹操半信半疑，直到接著打入孫吳大營的奸細蔡中、蔡和的密信，才相信了，與黃蓋約下投降日期。投降那天，黃蓋軍隊駕著裝滿硫磺、火種的船以投降為名，得以順利接觸曹操的戰船，演出了「火燒赤壁」的歷史性一幕。

黃蓋以「信誠」為名，實對曹操欺瞞、用詐。黃蓋表面上背叛東吳，不「信誠」，實是忠心耿耿，十分信誠。這就是「信誠術」的活用。

蔽匿術

「蔽匿術」，即用欺騙手段把事情辦成功。

明朝時，一位御史得罪了某位屬員，這位屬員懷恨在心，圖謀報復，便派了一位乖巧的童子前去服侍這位御史，乘機把御史的大印偷走了。御史發現丟了大印，大吃一驚。古代社會中，官吏丟了印是要被處以死罪的。御史琢磨來琢磨去，懷疑是那位屬員幹的，但又苦無證據，不好貿然審問；又怕張揚出去，讓上司知道了要治罪。於是便施展緩兵之計，託病暫不理事。一位以智謀著稱的朋友來看他，他講出真情，請這位朋友幫忙。依朋友謀劃，當天晚上。御史派人到廚房放了一把火，一瞬間，火映紅了半邊天，屬員們見狀忙去前廳集合救火，御史乘機把空印盒交給所懷疑的那位屬員保管，其他人都去救火。等救完火回來看時，印盒中已有大印了。這就是用欺騙手段制服竊賊的例子。

用欺騙手段還可治病。唐代，京城中有位名醫，醫術高明，藥到病除。某日，一位從嶺南回來的官員前來請他至家中為夫人治病。嶺南一帶氣候溫暖，蟲子很多。這位夫人吃飯時吃下了一隻蟲子，自此便懷疑肚子中生蟲子，常噁心嘔吐，吃不下飯，請了多少名醫也未治好。京城名醫看後，說：「一劑藥就可以治好。」於是他開了一劑吐藥，派人去抓來，並找來夫人身邊的貼身丫環，告訴她，夫人是心病，要治好，必須如此如此。於是，藥煎好後，丫環把預先抓來的一隻小蛤蟆藏在袖子中，等夫人嘔吐時，遞上痰盂，趁夫人嘔吐不注意時，把那隻小蛤蟆放入痰盂中。夫人吐完，瞥了痰盂一眼，見嘔吐物中有東西在動，便以為肚子裏的蟲子吐出來了，病立刻就好了。

平素術

「平素術」，是利用人們的思維方式來做成事情。

宋真宗行將駕崩，宰相李迪與其他執政大臣守候在宮中，一來等待處理後事，二來為年幼的太子保駕。這時，頗有權勢、素懷二心的八大王趙元儼也守在宮中不走，想等皇上駕崩後乘機左右太子，獨攬國事。大臣們很是憂慮，但又不能明言趕他走。

這天，翰林院的人捧著一金盂開水進宮。李迪問幹什麼？那人說八大王要開水喝。李迪心生一計，拿起書案上的毛筆把金盂中的開水攪黑，並教給那人應對之辭。八大王見開水送來，剛要喝，卻見水已變色，便疑心有人要暗害他，害怕留在這裏有生命危險之虞，忙上轎離宮，回府去了。這是用人們「水變色必有毒」的思維模式以成事。明武宗時，甯王朱宸濠叛亂，王守仁前去平叛。兩軍交戰，明軍失利。王守仁督軍死戰，兩軍混戰成一團，分不出敵我。王守仁心生一計，命人高高掛起一塊牌，上面寫者：「甯王已被擒獲，我軍切勿濫殺。」明軍見了，士氣大振，叛軍見了，以為主帥被擒，軍心渙散，無心戀戰，被王守仁打得大敗。這是用人們「反叛主謀必嚴懲，協從多被赦免」的思維模式，製造假情況，擾亂敵人的軍心。

第十二章　符言

第四十術　符言

【原文】

《鬼谷子．符言》曰：「名當則生於實，實生於理，理生於名實之德，德生於和，和生於當。」

【註解】

就是說，世間身為人君的人，要接受以上所說十一策的集中的攻擊，但是君主為了防身就不得不對此加以利用，並且為了完成作為君主的治理業績，又必須就位、明、聰、賞、問、因、周、參、名而努力。

【踐履】

根據所求而給與

在「莊子」和「列子」兩部古典中，有「朝三暮四」這樣一則寓言故事。

有一個很喜歡猴子的人養了很多猴子，他非常瞭解猴子的心理，而猴子也跟主人很親密。然而主人家非常窮，甚至節省自食來餵猴子，但是最後仍然不得不減少猴子所吃的橡實。「假如減少猴子的飼料，那猴子一定會發怒，如此就會發生嚴重後果。」正當主人絞盡腦汁研究說服猴子的方法時，某日主人就毅然決然集合猴子來商談：

「早晨給你們三粒橡實，晚上給你們四粒橡實，你們能不能忍耐呢？」

當主人戰戰兢兢說出這話之後，猴子們就一齊站起來發怒，這時主人大驚失色的說：「那麼就早上給你們四粒橡實，晚上給你們三粒橡實吧！」經主人如此「讓步」以後，猴子們都很高興的接受了。人類豈不是跟這猴子相同嗎？

賓士：無可匹敵的品質優勢

著名的世界十大名牌之一的賓士汽車，其創始人卡爾．賓士生於一八四四年，他是世界上最早的汽車發明人之一。

一八六六年七月三日，他發明的汽車第一次開上馬路，一八九三年起正式生產與銷售。一百多年來，賓士汽車以無可匹敵的品質優勢，成為地位、權力的象徵。

賓士車的品質表現在賓士車的各方面，甚至每一顆螺絲釘。以其座位用料為例、羊毛是專門從紐西蘭進口的，其粗細必須在二三至二五微米之間，細的用來織造高檔車的座位面料，以保持柔軟舒適；粗的則用來織造中檔車的座位面料。紡織時，根據各種面料的不同要求，還要摻入從中國的真絲以及從印度的羊絨。而製造皮革座位則選用全世界最好的皮革。為此，他們先後到世界各地考察、選擇。最後，認為南德地區的公牛皮質最好。確定皮革供應點後，賓士公司又要求在飼養過程中防止出現外傷和寄生蟲，既要保持飼養場地良好的衛生狀況，又要防止牛皮受到傷害。座椅製成後，還要由工人用紅外線照射器把皮椅上的皺紋熨平。賓士公司為了保持其長盛不衰的世界名牌地位，真是煞費苦心，一絲不苟。

二、豐田：勇敢地面對機遇與挑戰

自一九七〇年代中期以來，日本汽車工業以空前強大的步伐迅猛崛起，如今已躍升為世界汽車工業第一大國。這本身就是一部日本汽車廠商勇敢面對機遇與挑戰、自強不息的奮鬥史。

正如日本最大的汽車製造商豐田汽車公司第三代總經理豐田章一郎所言：「企業的勃然生機與活力在於挑戰與奮進，坐失良機或躊躇不前，企業的生命就會終止。豐田汽車的生產方式正是挑戰與奮進的產物。」事實正是如此。

五十多年前，當豐田章一郎的祖父和父輩開始著手研製汽車時，美國已是平均每四人就擁有一輛汽車的國家了。但豐田公司的創業者們卻執著地認為：日本遲早得普及到每十人擁有一輛汽車的水準。豐田汽車公司於一九三七年正式設立。

當時，公司僅有一二〇〇萬日圓資金和四〇〇〇名員工。到第二次世界大戰結束前夕，工廠遭到轟炸，約有四分之一的廠房被嚴重破壞，員工感到工廠恢復無望，但公司主導者卻斷定：「日本要從戰爭廢墟中重起爐灶，就必須有足夠的卡車。」

因此，戰後第二天公司便召開員工大會，提出「豐田汽車公司應成為和平產業的旗手」的口號，激勵員工奮進。歲月流逝了半個世紀，日本今天的汽車普及率已達每三人一輛。確實超過了當時的美國，而豐田公司也已擁有一三四億日圓的資金，員工已擴大到六．八萬人，銷售額近五年來平均年增長二二％以上，到二〇〇四年，豐田公司超過「GM」躍升為世界第三大企業。

金利來：無形資產奪市場

香港著名實業家曾憲梓先生創造了「金利來」領帶這一著名品牌。但鮮為人知的是，這一品牌開始並不叫「金利來」而是叫「金獅」。

一次，曾憲梓拿出兩條「金獅」領帶送給他的一位親戚。不料，親戚非但不領情，反而滿臉不高興地說：「我才不戴你的領帶呢，金輸金輸，什麼都輸掉了。」

原來，香港話「獅」與「輸」讀音相近，加上香港參與賭博的人多，很忌諱「輸」字。親戚的不滿給曾憲梓極大的啟發。經過一夜絞盡腦汁的思考，他終於巧妙地將「金獅」的英文「GOLDLION」改為意譯與音譯結合，即「GOLD」意譯為「金」。

「LION」諧音讀為「利來」，便成為今天幾乎無人不知的「金利來」。這個名字一上市就為消費者認同、接受，竟一叫即響。

如今，「金利來」不僅成了領帶大王，而且陸續推出了皮帶、皮夾、襯衫、運動服、西裝、襪子以及領結、領帶夾、鑰匙圈等男士服裝及飾品、用品，甚至還推出了男士皮鞋。

正如曾憲梓先生所言：「事實上，『金利來』不需要為每一個產品開設一間工廠，進而投入大筆獎金。我們有一大部分產品是委託歐洲名廠生產的，出了名的牌子再加上名廠的精工製作，照樣受到市場的歡迎。創造了一個名牌，不論你推出何種產品，只要你保證品質，就會同樣受到歡迎。一個名牌的價值，真是難以衡量。」這便是經營無形資產的成果。

第十三章　本經陰符七篇

第四十一術　分威伏熊

【原文】

《鬼谷子・本經陰符七篇》曰：「分威法伏熊；分威者，神之覆也。」

【註解】

就是說，分散敵手的威勢時，首先要像猛熊撲人前那樣靜伏靜藏，我們早有準備而讓敵手毫無防備。這是第一步。敵人像瞎子一樣什麼也看不見，毫無防備，我們像猛熊那樣猛撲過去，像猛熊那樣把獵物坐在屁股底下，壓倒獵物，壓死獵物。這是分人之威的第二步，以自己之威壓倒對方之威。分人之威而制人的關鍵在於迷惑對手，使對手看不透我們，折服在我們的威勢之前。

【踐履】

元禎設宴威震南蠻

南北朝時，北魏元禎膽氣過人，文武雙全，被任命為南豫州（今安徽壽縣一帶）刺史。當時，南豫州附近大胡山的少數民族常到附近州縣搶掠騷擾。進山圍剿，花費太大；聽任不管，又苦了百姓。元禎苦思良策，想起了古人講的「分威伏熊術」，便按計行事。先派人去大胡山請一些少數民族的頭領來赴宴，並請他們觀看射箭比賽。

元禎預先從侍衛中選出二十名神箭手，又讓一名死囚穿上軍服，混在其中。宴會開始後，傳令從兵士中隨便叫二十餘人來射箭比賽助興。少數民族一向自恃箭術高明而瞧不起漢兵射箭，於是頭領們都冷笑著準備看笑話。哪知漢兵們個個舉弓射出，箭箭中標，把那些頭目看得大驚。只有最後那個囚犯，當然一箭也未中。元禎裝作大怒，喝道：「平時不多練，拖出去殺死！」頭領們一見元禎治軍這麼嚴，認為他手下軍士必定個個是射箭能手，心中十分害怕。元禎又預先提出十來個死囚，換上少數民族服裝，把他們押到遠處。在宴會間，一陣微風吹來，元禎嗅了嗅，說：「這風中有兇氣，必定是有歹人在搶掠侵擾。」又嗅了嗅說：「不遠，就在西南方十里處，有十來個。」令快騎去捕，不一會兒果然抓來了那十多個穿了少數民族服裝的囚犯。元禎當著那些喝酒的少數民族頭領的面，下令把那十來個「入侵者」殺掉。那些少數民族首領見元禎這般料事如神，心中畏服，自此，再也不敢帶人下山搶掠了。

元禎就這樣設計迷惑敵手，製造自己的威勢，嚇住了敵手。

馬隆用計伏鮮卑

西晉初年，正當晉武帝準備大舉伐吳，統一中原時，涼州鮮卑首領禿發樹機能起兵反晉，攻陷涼州治所武威（今甘肅武威），使武帝有所憂慮。

軍將馬隆請戰，被任命為武威太守，募集了三五〇〇名士兵西征。但鮮卑士兵卻十分驍勇，個個穿著重裝鐵鎧，刀箭難以穿透。馬隆苦思良策，想起了「分威伏熊術」，便命一部分將士在一狹窄的山間谷道兩旁偷偷堆下許多磁礦石，然後命令另一部分將士換上皮製的甲胄前去誘敵，只准敗不准勝，引敵來追。將士們分批依計而行，負責誘敵的將士跑進一條狹谷。禿發樹機能眼見煮熟的鴨子又要飛掉，十分不甘心。可要追進狹谷吧，又怕中了埋伏。但又一想，我的將士都穿重鎧，中了埋伏也不怕箭射槍刺，於是揮軍進入狹谷。兩旁伏軍沒有射箭，只是流下許多磁礦石來。磁礦石把鮮卑兵牢牢吸住，跑也跑不掉。穿皮甲的晉兵返回頭來，一刀一個，統統把他們砍斷脖頸，消滅了這股鮮卑兵。

軍將馬隆用「分威伏熊術」，使鮮卑首領再也不敢小瞧中原，歸順了晉武帝。

牽著敵人的鼻子走

春秋時期，吳越交兵，隔江對峙。黃昏時刻，越王把自己的軍隊分為三股，一股去上游乘船鳴鼓順流而下；一股從下游乘船鳴鼓逆流而上；主力藏在正面大營中。時辰一到，上下游的越軍鳴鼓進發，裝作要包抄吳軍。吳軍見狀，兵分兩路，分頭迎擊。待吳軍船隊走遠，越軍主力悄然殺過江，佔據了吳軍大營，再分兩路殺到吳軍屁股後，前後夾擊，大敗吳軍。越軍就這樣設計使吳軍自己分散了兵力，減弱了威勢，取得了勝利，戰勝了強大的吳軍。

散敵之威的關鍵在於牽著敵人的鼻子走，使敵人落入我們的圈套，自己分散了自己的威勢。

艾特兵分六路大揚己威

在銷售遇到困境的時候，你必須記住一句古話「窮則變，變則通」，你有勇氣去改變，你將受益無窮。

艾特是坎培拉一家中上規模廚具公司的老闆，在各類新產品風起雲湧的時候，他的產品似乎失去了原來的銷售量，這件事非同小可，他希望能儘快將這問題解決掉。

他分派了一部分人到市場上作了半個月的調查，他發現了幾個問題，最關鍵的就是同行並非比他的產品品質好，而是靠新式樣取勝的。

於是，他在本市內又加設了四個銷售點，又在郊區甚至遠一點的農村去推銷產品，分派了很多人去，總部裏每個辦公室幾乎只留下一個人，另一方面，艾特開始透視，佔用黃金時間進行大力宣傳。經過兩個月的努力，銷售總額開始回升，並成直線上升趨勢。

艾特並不滿足於這一點，他又應徵了一大批專業維修人員，進行免費維修，送貨上門的服務制度。他這一新招果然更加奏效，他的銷售量不但恢復了元氣，而且還遠超過了原來的數量。

在眾多廚具公司的競爭中，艾特將每一個人派上用場，並實行「撒天網」的辦法，在郊區和農村地帶，人們漸漸熟悉了他的產品，不僅在坎培拉，而且在整個澳大利亞，他的產品都像暴風一樣刮滿了每個月有能力購買這類產品的家庭。

就這樣，艾特以「分威伏熊」的老辦法度過了低谷期，走上了大展鴻圖的康莊大道。

借法律之威行壟斷之實

早在本世紀四〇年代，威爾遜就從父親的手裏繼承美國塞洛克斯公司，一天，一位德國藉發明家約翰·羅梭來訪向威爾遜談到了自己還在研究的乾式影印機。兩人一拍即合，同意雙方合夥合作。

經過反覆研製，塞洛克斯公司終於製造出乾式影印機成品——塞洛克斯九一四型影印機。當時市面上所有的影印機都是濕式的，這種影印機在使用前必須用專門塗過感光材料的複印紙，印出的是濕漉漉的紙，需要它乾了才能取走，用起來麻煩極了。對比之下，乾式影印機則便利多了。

威爾遜決定把此產品作為「主力產品」推出。起初，威爾遜打算把首批貨以成本價推銷，以圖開拓市場。他的律師提醒他：這是傾銷，是法律不允許的。威爾遜於是將賣價定為二·九五萬美元。其實，乾式影印機的成本僅二四〇〇美元，他卻喊出了相當於十多倍的高價。這可把副總經理羅梭嚇呆了。

當時，法律是禁止高價出售商品的，威爾遜卻信心百倍，他解釋道：「我不出售成品，而是出售品質和服務，這就夠了。」

不出威爾遜所料，這種新型影印機因定價過高被禁止出售。但由於展銷期間已經向人們展現了它獨特的性能，消費者莫不渴望能用這種奇特的機器。

威爾遜早已獲得了影印機的專利權，「只此一家，別無分店」。所以當威爾遜把新型影印機以出租服務的形式重新推出時，顧客頓時蜂擁而至。儘管租金不低，由於受以前定價很高的潛意識的影響，所以仍然認為值得。

到了一九六〇年，威爾遜的黃金時代到了。乾式影印機一下子流行起來，雖然公司拼命生產，產品仍然供不應求。

由於產品被塞洛克斯公司獨家壟斷，加上原有的高額租金，所以塞洛克斯九一四型影印機以高價出售，大量的利潤像潮水一樣滾滾而來。

一九六〇年，公司營業額就高達三三〇〇萬美元，而市場佔有率已達一五%：五年以後，公司營業額上升至四億美元，市場佔有率達到六六%，超過了濕式影印機；到了一九六六年，營業額上升到五．三億美元，塞洛克斯公司也被美國的《財富》雜誌評為十年內發展最快的公司，從此邁入了巨型企業行列。

威爾遜的成功在於他成功運用了「分威伏熊術」，表面上是法律禁止了威爾遜高價出售，實際上是威爾遜借法律威勢，封死了消費者購買之門，把他們逼向威爾遜為其準備的租借之路，同時威爾遜還訂了超出平常的高租金，斷了消費者廉價租用的念頭，並為以後高價出售做好了準備。

第四十二術　散勢鷙鳥

【原文】

《鬼谷子．本經陰符七篇》曰：「散勢法鷙鳥用之，必循間而動。威肅、內盛，推間而行之，則勢散。」

【註解】

就是說，要分散敵手的威勢，變不利之局勢為有利之局勢，就必須效法那捕食的鷙鳥。兇猛的鷙鳥在撲向獵物時，必定看準局勢，抓住時機，瞅準獵物，一下子俯衝下去，一舉成功。聰明人在分散敵手的威勢時也應如此，一定要掌握好時機，抓住對手有了漏洞再動手，這樣才能一舉分散敵手的威勢，轉變局勢而克敵制勝。

【踐履】

范雎的遠交近攻計

戰國後期，秦國在商鞅變法之後，推行法家「耕戰政策」，賞有功，獎耕作，充分調動了士兵、百姓的積極性，因而國勢大盛，大有吞併關東六國之勢，嚇得關東六國聯合起來，合眾弱以對付一強，這便是「合縱」之術。但是，這「合縱」聯合陣線並非鐵板一塊，而是各有打算，唯利為求，見利忘義。秦國看準了這一漏洞，便施展出「遠交近攻」的「連橫」策略，破壞六國合縱，散其聯合威勢，而各個擊破之。

出此計者是策士范雎。范雎是魏國人，受大夫須賈迫害，折臂摺齒，裝瘋賣傻，靠朋友幫助，逃出魏國，又躲過了善猜忌的國相穰候的搜查，終於來到秦國，抓住機會，見到秦昭襄王。他分析了秦國地理上的優勢和軍事上的優勢，又分析了多年未能藉此優勢取勝的原因是在於戰略上的錯誤。秦國不應去盲目攻打遠國，嚇得那些遠國向秦的近國求救，使它們都心懷恐怖，聯合起來，而是應執行「遠交近攻」策略，與遠國聯好，使它安於現狀，覺得我們對他鞭長莫及，遂苟且偷安，我們再去攻打近國，那遠國暫時又無威脅，故近國向它求救時，它也不會真賣力。這樣，我們就能分散六國合縱的威勢，而各個擊破之，最終取得天下了。

秦昭襄王聽後大喜，堅定不移地執行這一策略，經過幾代努力，終於統一了全中國。

秦國遵從縱橫策士之計，破壞六國聯合之勢，轉不利局勢為有利局勢，就是採用了「散勢鷙鳥術」，看準六國聯合的縫隙去動手的。

張遼的分化瓦解計

東漢末年，曹操平定了袁紹、袁術之後，派張遼去長社（今河南長葛東）屯兵，以防備荊州劉表。張遼會集手下眾將，集合出發。但是出發的頭天晚上，軍營中有人謀反，一時火光沖天，人聲吶喊，聲勢驚人。張遼沈著地分析了形勢，決定用分化瓦解之術破叛兵威勢。他高聲大喊：「肯定是少數人謀反，不反的都老實坐下！」頓時坐下了不少人。陸陸續續，兵士大多坐下了，少數謀反的主使者便被孤立起來，張遼派親信把他們一個個綁起來正法了。

散敵之勢，分化瓦解之，要抓住一個關鍵：敵人並非鐵板一塊，而是各有各的利益。利益不同，故可分其為左、中、右派。區別左、中、右三派，利用左派，拉攏中派，孤立打擊右派，才能分化敵人，瓦解敵人，制服敵人。

司馬懿的固守待時計

三國時期，諸葛亮兵出祁山，率兵北伐，行至五丈原，遇曹兵。

兩軍對壘，司馬懿料定蜀軍遠出征戰，糧草難以接濟，必定速戰速決，以其兇猛之勢打敗自己，便令手下堅閉營壘，不與交戰，以挫蜀軍銳氣。諸葛亮多次派人出陣挑戰叫罵，司馬懿就是不上當，堅閉不出戰。後來，諸葛亮派人送來婦人衣帽，以此譏諷司馬懿縮手縮腳，不敢交戰。氣得司馬懿的部將大怒，就要殺出去。司馬懿哈哈大笑，接過婦人衣帽穿戴起來，就是不出戰。諸葛亮終於技窮，無奈退兵。

堅閉固守，等待時機，也是一種散敵威勢的好辦法。此法尤其適於對付那些因形勢所迫急於速戰速決的敵人。

長榮海運的張榮發

張榮發是長榮海運公司的創始人和董事長。

「長榮」在張榮發的苦心經營下，創造了一系列的顯赫戰果：它是臺灣第一家開闢中東定期航線的輪船公司；是第一家跑中美洲定期航線的輪船公司；也是貨輪貨運量居世界第一位的海運大王。這個公司的總資產高達數十億美元，張榮發與王永慶一起列名於臺灣富豪前幾名。

張榮發，一九二七年出生於基隆市。他的家世並不顯赫，而是靠他自己的奮鬥創下了驚人的事業。他的父親是個木匠，專門在漁船上幫人做木匠，張榮發十八歲時父親就去世了，兄弟姐妹七個完全仰賴母親撫養。

就在他父親去世的那年，他從實踐商學科畢業，到一家日本商船公司工作。他先當辦事員，後改做船邊理貨員，升做船員，最後考上了船長的執照。

張榮發長期生活在海港，自幼耳濡目染，嚮往日後自己組織一個船隊，航行在世界各地。因此，平常他就精心研習經營輪船公司的基本知識，探討航運事業的奧秘，鑽研輪船構造、機器、航行等知識。他不但有在船上實際作業的本領。還對各大輪船公司的經營管理制度、發展航運業的訣竅也瞭若指掌。十多年船上工作，為他日後開創自己的事業打下了良好的基礎。

六〇年代，他曾與一位朋友合資開辦了新台海運公司，力求突破當時的航運格局，除去航行近洋的日本、香港、東南亞各地和遠洋的美國外，還力圖開闢各條新航線。因見解不一致，很快他們便拆夥了。

一九六八年，他毅然辭去新台海運公司的副總經理之職，自創了長榮海運公司。第一年他買了一艘中古輪「長信號」，第二年一口氣就買了三艘，很快發展到六艘。

長榮海運公司在創辦後的十年間，就發展到了二十二艘全新的貨輪。張榮發開闢了臺灣至東南亞、香港、美國東西海岸、地中海海岸、中南美洲及西亞的七條航線，其中五條是首次開闢的。它是第一家開闢遠洋定期航運的公司，還率先開闢至中東的定期航線。一九八五年七月，完成了雙向行駛的環球航線。據英國《環球貨櫃雜誌》當時的統計，「長榮」的貨運量已名列世界第十四名，船隻數為第七名。

張榮發之所以能創下自己的事業王國，重要有下列幾點：

一、慎密的籌畫。每一個新步驟的採取，每一條航線的開通，他都要經過慎密的思考與籌畫。比如，會遇到什麼困難，可能虧損多少，如何彌補，預計多長時間好轉，他事先都已經考慮到了。他在作出「長榮」投資貨運這一決策時，派人到每個港口實地勘察，具體瞭解作業方式、貨物來源、營業狀況，以及開航後的一切細節等情況。僅準備工作就用了二年，花了一〇〇多萬美元。

二、信譽第一。海運界在他之前一般採取不定期航線。不定期航線可以保證不跑空船，保證在經濟上不虧本。但什麼時候開船，什麼時候交貨，貨主都不知道，很不方便。張榮發認為，現代航運事業必須要講究信譽，把顧客的利益放在第一位。貨輪必須定期，不論貨物裝得夠不夠，必須按期開船，才不致延誤貨主的日期。「長榮」的海輪，能裝一萬噸的，只裝了三千噸，明知要虧本，但為了維護公司的信譽，還要按期開船。有的公司多爭取裝運熱門貨，攬取臨時性的業務，「長榮」不眼紅這些生意，仍然按規矩辦事，不因有臨時生意而耽擱開航。這樣一來，「長榮」雖少賺了一些錢，但贏得了貨主們的信任，經營業務一天天興旺發達起來。

三、採用先進技術和設備。「長榮」的船隻不斷更新。由舊式的透平機貨輪，到柴油機貨輪，到新建的多用途貨輪，再到最新型的全貨櫃船，一連經過了四個階段的更新。在臺灣，「長榮」是第一家採用電腦控制的航運公司。從一九七五年十月起，就逐步將貨櫃管制、貨櫃裝船的文件發行、船員薪水計算、資料管理、利潤計算、船價償還計算、公司職員考績等，改由電腦控制，五十位以上職員的工作量，只要十個人就能承擔了。

四、一流公司要使用一流人才。在用人哲學方面。張榮發一慣主張，一流公司必須使用一流人才，一流人才要付給一流薪水，在發掘人才方面，他不像有的公司喜歡從別的公司「挖牆腳」，「挖」來現成的有成套經驗的人。張榮發喜歡用新人。每年九月，公司公開招募、考試人才，不搞人情、裙帶關係。他還從學校畢業生中選拔人才。這些畢業生進公司後，經過一段訓練、培養，在公司制度下養成習慣，往往能夠長期做下去，表現比較好。

長榮海運公司從最初的一艘船變成擁有六十艘貨輪的龐大船隊，發展速度之快令人咋舌。到一九八六年，「長榮」就被世界公認是最大的貨櫃船公司。

《鬼谷子》後記

《鬼谷子》乃古今中外天下第一陰謀家書。何出此言？——通觀其書即可知也。

然《鬼谷子》說的是大陰謀，不是小伎倆。大陰謀可以成大事，小伎倆卻只能壞大事，這是讀《鬼谷子》的人應該特別注意的。

「人心惟危，道心惟微，惟精惟一，允執厥中」。對於這十六字心傳，《鬼谷子》一書的作者，體會是相當深刻的。確實，人心深不可測，充滿危險，但不能因此就不去探索它了。因為人生在世，除了「人心」（你的「人心」，我的「人心」，他或她的「人心」）之外，還有什麼大問題更值得去研究呢。可以這樣說，懂得了人心，你就懂得了一切。

通過什麼途徑來弄懂人心呢，那就惟有道心了。

所謂道者，非常道也。以非常道之心去揣摩探求人心，乃《鬼谷子》一書之宗旨也。

然而非常道，亦即常道。愈是平常之極的道理，你只有愈加深刻體之，你才能明白。

《鬼谷子》開篇即曰：「聖人之在天地間也，為眾生之先，觀陰陽之開闔以命物……」

什麼叫「在天地之間」，以天地為家，不以窮巷陋室或花街高樓為家是也。

什麼叫「為眾生之先」，先知先覺，啟萌後知後覺之眾生是也。什麼叫「觀陰陽之開闔以命物」所謂一陰一陽之謂道，「陰陽」乃道之開闔，懂得道心之妙用，惟精惟一，允執厥中，亦可明白人心之機。

從開篇我們即可看出，《鬼谷子》的意思是：唯有聖人之博大胸懷（在天地間），能先知先覺、懂陰陽之變易者，才能通曉大謀大術，而「守司其門戶」。

大謀無謀，大術無術，此乃《鬼谷子》權謀術數之最高境界也。

昔者孔丘何以對三皇五帝推崇備至，以其行王道也；王道者，無道之道也，以無道之道君臨天下，而不心服者，未之有也。

言及此，對「陰謀家」一詞，有必要正一正名了。

「陰」乃陰柔，乃水德。老子曰：天下之至柔，馳騁天下之至堅；又曰：上善若水，水善利於物而不爭，處眾人之所惡，故幾於道。於「陰」，應作如是觀。

而「謀」，應理解為謀國謀天下謀民眾之大利，勿理解為謀一己之私利也。大利中自有私利存焉，而私利中必無大利容身之地也。

由此看來，最大之陰謀家，乃以水德取天下者也，非汲汲於小名小利，成日與人勾心鬥角，身死國滅而不悟者也。

編完《鬼谷子．縱橫天下四十二術》一書後，鄙人乃遽然驚覺：《鬼谷子》豈但並無四十二術，並一術也無！真是一本無字天書。

附錄

附錄一：《鬼谷子》原文及譯文

第一章 捭闔

粵若稽古，聖人之在天地間也，為眾生之先。觀陰陽之開闔以命物，知存亡之門戶，籌策萬類之終始，達人心之理，見變化之朕焉，而守司其門戶。故聖人之在天下也，自古及今，其道一也。變化無窮，各有所歸。或陰或陽，或柔或剛，或開或閉，或弛或張。

是故聖人一守司其門戶，審察其所先後，度權量能，校其伎巧短長。夫賢不肖、智愚、勇怯，仁義有差，乃可捭、乃可闔，乃可進、乃可退，乃可賤、乃可貴，無為以牧之。審定有無以其實虛，隨其嗜欲以見其志意，微排其所言，而捭反之以求其實，貴得其指，闔而捭之以求其利。或開而示之，或闔而閉之。開而示之者，同其情也；闔而閉之者，異其誠也。可與不可，審明其計謀，以原其同異。離合有守，先從其志。

即欲捭之貴周，即欲闔之貴密。周密之貴，微而與道相追。捭之者料其情也，闔之者結其誠也，皆見其權衡輕重，乃為之度數，聖人因而自為之慮。其不中權衡度數，聖人因而自為之慮。故捭者，或捭而出之，或捭而納之；闔者，或闔而取之，或闔而去之捭闔者天地之道。捭闔者，以變動陰陽，四時開閉以化萬物、縱橫、反出反覆反忤必由此矣。

捭闔者，道之大化說之變也；必豫審其變化。口者心之門戶也，心者神之主也。志意、喜欲、思慮、智謀、皆由門戶出入，故關之以捭闔，制之以出入。捭之者開也、言也、陽也；闔之者，閉也、默也、陰也。陰陽其和，終始其義。故言長生、安樂、富貴、尊榮、顯名、愛好、財利、得意、喜欲為陽，曰「始」。故言死亡、憂患、貧賤、苦辱、棄損、亡利、失意、有害、刑戮、誅罰為陰，曰「終」。諸言法陽之類者，皆曰「始」，言善以始其事；諸言法陰之類者，皆曰「終」，言惡以終其謀。

捭闔之道，以陰陽試之，故與陽言者依崇高，與陰言者依卑小，以下求小，以高求大。由此言之，無所不出，無所不入，無所不可。可以說人，可以說家，可以說國，可以說天下。為小無內，為大無外。益損、去就、倍反，皆以陰陽御其事。陽動而行，陰止而藏；陽動而出，陰隨而入。陽還終始，陰極反陽。以陽動者，德相生也；以陰靜者，形相成也。以陽求陰，苞以德也；以陰結陽，施以力也陰陽相求，由捭闔也。此天地陰陽之道，而說人之法也，為萬事之先，是謂「圓方之門戶」。

譯文

從歷史上來看，知道聖人在天地之間，乃是平民大眾的先知先覺。觀察陰陽二氣的開合來給萬物命名，進而知道生死存亡之理，謀劃萬物的始終，通達人心的道理，觀察變化的徵兆，以便鎮守門戶救亡圖存。所以聖人是處於天地之間的，從古到今，聖人的行為只有一個，那就是通往救亡圖存之道。陰陽的變化雖然是無窮盡的，所幸世間有一個都服從陰陽的一貫之道。有時是陰氣，有時是陽氣；有時是柔弱，有時是剛強；有時是開放，有時是閉藏；有時是鬆弛，有時是緊張。

所以聖人專心致志鎮守門戶，以便審察誰先誰後的順序。先測度對方的權謀，其次考驗對方的才幹，然後再比較技術方面的優缺點。說到聖賢和不肖、智者和愚者、勇者和懦弱等等，在才質上各有差別，其中可以開啟可以閉藏、可以前進可以後退、可以卑賤可以尊貴，一切都仰仗無為來進行調查。審定對方的有無和虛實，按照對方的嗜好和欲望來觀察對方的志向和意念。略為排斥對方所說的話，開啟之後再加以反對，以便偵察出對方的實情。實際上如果能得到宗旨，閉藏之後再加以開啟，進而檢討對方所說的利害關係。或者開啟而加以表示，或者閉藏而加以封鎖。開啟而表示的，是由於同情對方的緣故；閉藏而加以封鎖的，是由於誠意不同的緣故。所謂「可以」和「不可以」，就是觀察清楚對方的計謀，以便探討其中的同異。計謀有「跟自己相合的」和「不相合的」兩種，但是必須分別加以遵守，而且要先按照對方的志向。

假如想要開啟，最重要的就是作周詳考慮；假如想要閉藏，最重要的就是作萬全保密。可見周、密二事非常重要，無形中與道相通。所以要逼令對方說話，是為了偵察對方的實情；所以要誘導對方說話，是為了爭取對方的合作。都要觀察對方的權衡輕重，也就是要測量對方的度數，聖人為此而有所憂慮。假如不能測中權衡度數，聖人因此就自行考慮。因此所謂開啟，有的開啟之後送出去，有的開啟之後收進來。至於所謂閉藏，有的閉藏之後而加以爭取，有的閉藏之後而加以排除。因此所謂「開啟與閉藏」的現象，乃是天地化育萬物的方法。所謂「開啟與閉藏」的現象都是用來變動陰陽的，按照四季的開閉來化育萬物，不論縱橫，反覆都必須經由開閉。

所謂「開啟與閉藏的現象」，乃是天地之道的化育，以及遊說之士的變化，必須事先詳細觀察對方的變化。口是心的門戶，心是人靈的主宰。意志、情欲、思慮、智謀，所有這些都由口出入。因此用捭闔來封鎖對方，用出入來控制對方。所謂「捭之」，就是開啟、言論、陽氣（君道）；所謂「闔之」，就是閉藏、緘默、陰氣（臣道）。陰氣（臣道）和陽氣（君道）兩者中和，開閉（權力的收發）就會有節度，而陰陽處理（君臣之道）也會適當。所以說長生、安樂、富貴、尊榮、顯名、嗜好、財貨、得意、情欲等，都屬於陽氣（君道），叫作「始」。所以說死亡、憂患、貧賤、羞辱、毀棄、損傷、失意、災害、刑戮、誅罰等，都是屬於陰氣（臣道），叫作「終」。凡是那些說遵循陽氣（君道）之類的人，都叫作「始」，以談論「善」作為事情的開端；凡是那些說遵循陰氣（臣道）的人，都叫作「終」，以談論「惡」作為謀略的結果。

關於開啟閉藏之道，都要用陰陽（君臣）之言試行。因此跟陽氣（君道）談論的要依據崇高，跟陰氣（臣道）談論的要按照卑小。用低下來要求卑小的，用崇高來要求龐大的。由此觀之，沒有地方不能出去，沒有地方不能進來，沒有地方不可以的。能用這種道理遊說人、遊說家、遊說國、遊說天下。所有損益、去就、背叛等等，都是運用陰陽來處理事情。陽氣（君道）活動前進，陰氣（臣道）就停止收藏；陽氣活動出去，陰氣就隨著進入；陽氣如果回來結束開端，陰氣到極點就回反陽氣。以陽氣（君道）而活動的人，道德就會互相增長；以陰氣（臣道）而安靜的人，形勢就會互相助長。以陽氣來追求陰氣，就要用道德來包容；以陰氣來結納陽氣，就要用力量來施行。陰陽（君臣）的互相追求，是根據開啟和閉藏（政權和治權）之理。這就是天地陰陽的道理，也就是向人遊說的基本方法。是萬事萬物的先知先覺，這就叫作「天地之門」。

第二章 反應

古之大化者。乃與無形俱生。反以觀往，覆以驗來；反以知古，覆以知今；反以知彼，覆以知己。動靜虛實之理，不合來今，反古而求之。事有反而得覆者，聖人之意也，不可不察。

人言者動也，己默者靜也。因其言，聽其辭，言有不合者，反而求之，其應必出。言有象，事有比。其有象比，以觀其次。象者象其事，比者比其辭也。以無形求有聲，其釣語合事，得人實也，其猶張網而取獸也，多張其會而司之。道合其事，彼自出之，此釣人之網也。常持其網驅之，其言無比，乃為之變，以象動之，以報其心，見其情，隨而牧之。己反往，彼覆來，言有象比，因而定基，重之襲之，反之覆之，萬事不失其辭，聖人所誘愚智，事皆不疑。

古善反聽者，乃變鬼神以得其情。其變當也，而牧之審也。牧之不審，得情不明；得情不明，定基不審。變象比，必有反辭，以還聽之。欲聞其聲反默，欲張反斂，欲高反下，欲取反與。欲開情者，象而比之，以牧其辭，同聲相呼，實理同歸。或因此或因彼，或以事上，或以牧下，此聽真偽、知同異、得其情詐也。動作言默，與此出入，喜怒由此以見其式，皆以先定為之法則。以反求覆，觀其所托。故用此者，己欲平靜，以聽其辭，察其事，論萬物，別雄雌。雖非其事，見微知類，若探入而居其內，量其能射其意也，符應不失，如螣蛇之所指，若羿之引矢。

故知之始己，自知而後知人也。其相知也，若比目之魚；（其伺言也，若聲之與響也），其見形也，若光之與影；其察言也不失，若磁石之取針，如舌之取燔骨。其與人也微，其見情也疾。如陰與陽，如陽與陰；如圓與方，如方與圓。未見形，圓以道之，既見形，方以事之。進退左右，以是司之。己不先定，牧人不正，事用不巧，是謂「忘情失道」；己審先定以牧人，策而無形容，莫見其門，是謂「天神」。

譯文

古代教化眾生的聖人，跟無形共同生存。折返以後觀察既往，回來以後驗證未來；折返以後知道古代，回來以後知道現在；折返以後知道他們，回來以後知道自己。動靜虛實的道理，假如跟未來和現在都不合，那就要回到古代去尋求。事情有折返以後又能回來的，這是聖人的意思，不可以不詳細觀察。

人家所說的話是動態的，自己的保持緘默是靜態的，所以要根據他的話來聽他的詞令。假如語言有不合理的，那麼就回來探求，對方的答應必然出現。語言有法象，事情有比例；既然有法象和比例，那就要觀察下一步行動。所謂象就是模仿事情，所謂比就是比較詞令，然後用無形來尋求有聲。引誘對方發言的語詞，能合乎事情的發展，所以才能得到對方的實情。就像拉網捕捉野獸一般，要多拉幾張網來看管才行。假如方法能合乎實情，對方必然自己出來，這就是人的網。常拿著網引誘敵人的話，如果不能進行比較，敵人就會有所改變。用法象來使敵人受感動，進而核對敵人的思想觀察實情，最後更進行調查加以闡明。自己又回去，敵人再度來，所說的話有法象和比較，因而奠定了基礎。對敵人一再進攻，並且加以襲擊，經過反覆的攻勢，一切事情都沒有喪失說詞。聖人誘惑愚者和智者，那麼事情都沒有懷疑的餘地。

古代善於反過來聽敵人言論的人，就改變鬼神來刺探實情。敵人的變化是適當的，要對此加以詳細調查。假如調查不夠詳明，那所得的情報就不夠明確；假如所得的情報不夠明確，那所打的基礎就不夠紮實。假如改變法象和比例，那就一定會有叛逆的言論，這時還要回來詳細探聽。想要聽對方的聲音反倒沈默，想要使對方張開反而收斂，想要使對方升高反而低下，想要奪取對方反而施與。凡是想要打開心扉敘述觀念的人，就要先按形象比對再進行活動，以便誘導對方發言。這時相同的聲音就會彼此呼應，相同的道理就會有相同歸宿。或者因為這種道理，或者因為那種道理；或者用來事奉君主，或者用來教化人民。這就是聽取真假，知道同異，以便刺探敵人的情詐之術。言談舉止都跟這有關係，喜怒哀樂都以此作為模式。都是用事先所決定的作為法則。用相反的來追求回覆的，觀察對方感情的寄託，所以就使用這種權術。自己想要平靜，以便聽取對方的詞令，目的是觀察事情、討論萬物、辨別雄雌。雖然不是對方的事，可是卻能根據輕微的預兆，探索有關聯的重大事物。就像刺探敵情而深居敵境一般，要首先估計敵人的能力，其次再刺探敵人的意向，像合符契一般來回應，也就像螣蛇所指一般的神奇，更像后羿拉弓射箭一般的準確。

所以瞭解敵情要先從瞭解自己開始，只有瞭解自己然後才能瞭解敵人。他們彼此之間的和睦，就像比目魚一般的相親相愛。他們的觀察言論，就像聲跟響的關係一般；當看到敵人的形象時，就像光跟影的關係一般。常觀察敵人言論時，不可有所疏忽，就像磁石的吸鐵針、舌頭的吸焦骨。當他潛伏敵境時形跡隱密，當他發現敵人時行動快速。就像陰氣（臣道）和陽氣（君道），也像陽氣和陰氣；就像圓形（天道）和方形（地道），也像方形和圓形。還沒發現敵人的形勢之前，就用天道（君道）來引導；在發現敵人形勢之後，就用地道（臣道）來事奉。不論進還是貶退，或者是左遷還是右調，一切都要用上面的方法管理。假如自己用人時不先建立完整的獎懲升遷的人事制度，那就不能把人才的進退管理得很好。假如對事情運用的技巧不夠，這就叫作忘懷感情喪失正道。自己先審定好一種政治制度用來統治人民，但是畫書之後既無形式也無內容，根本看不見整個制度的重點所在，這就叫作使這個統治者喪失政權的「天意」。

第三章　內揵

君臣上下之事，有遠而親，近而疏，就之不用，去之反求。曰進前而不御，遙聞聲而相思。事皆有內揵，素結本始。或結以道德，或結以黨友，或結以財貨，或結以采色。用其意，欲入則入、欲出則出、欲親則親、欲疏則疏、欲就則就、欲去則去、欲求則求、欲思則思，若蚨母之從其子也，出無間，入無朕，獨往獨來，莫之能止。

內者進說辭，揵者，揵所謀也。欲說者務隱度，計事者務循順。陰慮可否，明言得失，以御其志。方來應時，以合其謀。詳思來揵，往應時當也。夫內有不合者，不可施行也。乃揣切時宜，從便所為，以變求其變。以變求內者，若管取揵。言往者，先順辭也；說來者，以變言也。善變者，審知地勢，乃通於天，以化四時，使鬼神，合於陰陽，而牧人民，見其謀事，知其志意。事有不合者，有所未知也。合而不結者，陽親而陰疏也。事有不合者，聖人不為謀也。故遠而親者，有陰德也；近而疏者，志不合也。就而不用者，策不得也；去而反求者，事中來也。曰進前而不御者，施不合也；遙聞而相思者，合於謀，待決事也。故曰：「不見其類而說之者見逆，不得其情而說之者見非。必得其情，乃制其術。此用可出可入，可揵可開。」故聖人立事，以先知而揵萬物。

由夫道德、仁義、禮樂、計謀，先取「詩」「書」，混說損益，議論去就。欲合者用內，欲去者用外。外內者必明道數，揣策來事，見疑決之，策無失計，立功建德。治名人產業，曰揵「而內合」。上暗不治，下亂不寤，揵而反之。內自得而外不留，說而飛之。若命自來，己迎而御之若欲去之，因危與之。環轉因化，莫知所為，退為大儀。

譯文

君臣上下之間的事情，有的距離很遠卻很親密，有的距離很近卻很疏遠。任命一位臣子卻不重用他，免職一位臣子反而又徵召他。雖然每天都晉見君主卻不受歡迎，雖然遙遠只能聽到聲音卻相思。凡事都有堅持己見的，原來平日早就和原始的相結合。有的要用道德的方式來結合，有的要用政黨的方式來結合，有的要用財貨的方式來結合，有的要用封地的方式來結合。假如使用對方的意見：想要進入就進入，想要出來就出來，想要疏遠就疏遠。就像土蜘蛛率領子女一般，出去沒有時間，進來沒有徵兆，一向自己出去自己回來，誰也沒辦法制止它。

所謂「內」，就是獻策給君主；所謂「揵」，就是堅持自己謀略。想去遊說君主時，就必須暗中揣度君主的心意。出謀劃策時，也必須順應君主的意願。暗中考慮我們的決策是否符合時宜，公開講清此決策的得失優劣，以迎合君心。否則，若其中有不合君意之處，這決策就難以付諸實踐。若出現這種情況，就要重新揣摩形勢需要，以利於君主改變決策。讓君主接受經過這樣變更後的決策，就要像用鑰匙開鎖那樣一碰即開。談歷史事件時，要用「順辭」，即充分肯定君主所作所為但討論未來事件時，卻要用「變言」，即講些有變通餘地的話。運用自如地改變決策的人，必須審知地理形勢，明於天道，又有改變固有順序、善於應變的能力，並能含於陰陽變化規律，進而再去考察君主心意，觀察他需要處理的事務，掌握他的意願志向。若我們的決策不合君意，那是因為君主的某種心意，某些情況我們還沒有掌握起來，若表面上同意我們的決策，但實際上並不施行，是因為君主表面上跟我們親近了，但實際上卻疏遠得很。若決策不合君意，聖智之人也難以將決策付諸實踐。所以距離遠而親近的人，是由於積有陰德的緣故；距離很近而疏遠的人，是由於志不同道不合的緣故。雖然就職卻不重用，這在政策上就不算得體；在革職以後反而又起用，那是由於事情中間有變化的緣故。所以說：「還沒看見對方的情況，就採取行動的人，就會被認為是背道而馳；還沒等得到對方的情報，而就進行遊說的人，就會被認為是胡作非為」。假如能得到敵人的情報，就可以箝制住敵人的戰術。用這些既可封鎖也可開放。所以聖人的立身處世，就用這些來先瞭解和鞏固萬物。

根據道德、仁義、禮樂、計謀，先考證「詩經」和「書經」，然後研究時事，最後才能議論去就。要想合作的人就在內部努力，要想離開的人就往外邊發展。當處理內外大事時必須先說明道理，而且又能揣摩策劃未來的事情，發現可疑之處時就下決定。在政策方面並無施計之處，所以應該建立功勳累積德政。治理人民使他們擁有產業，就叫作「安定民生，精誠合作」。君主昏庸不理國家政務，臣民混亂而不知覺悟，所以人民自然就會揭竿而起造反。對內自鳴得意，對外不注意新思想，如此等於拒絕外來學說的進入。假如有朝廷的詔命頒下來給我，那我就親自出去跪地迎接。要想排除一個人的話，就要利用環境給對方以虛偽的錯覺。要依據我們面臨的情況來決定我們的策略，變換我們的手法，讓外人摸不透，難知情，這就是保全自己的秘訣。

第四章　抵巇

物有自然，事有合離；有近而不可見，有遠而可知。近而不可見者，不察其辭也；遠而可知者，反往以驗來也。巇者，罅也。罅者，澗也。澗者，成大隙也。巇始有朕，可抵而塞、可抵而卻、可抵而息、可抵而匿、可抵而得，此謂抵巇之理也。

事之危也，聖人知之，獨保其用，因化說事，通達計謀，以識細微，經起秋毫之末，揮之於太山之本。其施外，兆萌芽孽之謀，皆由抵巇。抵巇之隙，為道術用。

天下分錯，上無明主，公侯無道德，則小人讒賊，賢人不用，聖人竄匿，貪利詐偽者作，君臣相惑，土崩瓦解而相伐射，父子離散，乖亂反目，是謂「萌芽巇罅，聖人見萌芽巇罅，則抵之以法。」世可以治，則抵而塞之；不可治，則抵而得之。或抵如此，或抵如彼；或抵反之，或抵覆之。五帝之政，抵而塞之。三王之事，抵而得之。諸侯相抵，不可勝數。當此之時，能抵為右。

自天地之合離，終始必有巇隙，不可不察也。察之以捭闔，能用此道，聖人也。聖人者，天地之使也，世無可抵，則深隱而待時。時有可抵，則為之謀。此道可以上合，可以檢下。能因能循，為天地守神。

譯文

萬物都有它們自然生滅的道理存在，事情都有它們自然離合的道理存在。雖然距離很近卻看不見，雖然距離很遠卻能知道距離近的所以看不見，那是由於不觀察對方詞令的緣故距離遠的所以能知道，那是因為經常來往進行偵察的緣故。所謂「巇」就是「瑕罅」，而罅就是裂痕，裂痕會變成大瑕罅。假如裂痕一開始就有預兆，就應該設法加以抵抗堵塞，可以抵抗到敵人退卻，可以抵抗到敵人消滅，可以抵抗到敵人隱遁，一直抵抗到勝利為止，這就叫作抵抗外敵的方法。

當事情發生危險時，只有聖人才能知道，而且能單獨維護其功用。利用化育之功說明事情的原委，並且能通達各種計畫謀略，以便觀察敵人的一舉一動。萬物開始時都是從秋毫之末作為起點，但是成功之後卻能在泰山之麓揮動顯威風。當這種聖人的德政推行到外方以後，那麼奸邪小人的一切陰謀詭計，都可由於抵抗敵人的方法而被消滅，可見抵抗敵人就是一種道術。

天下紛亂，朝中沒有明君，公侯缺乏道德，如此小人囂張狂妄；忠良放逐，聖人逃匿，如此小人就會胡作非為。結果君臣互相猜疑，以致國家網紀土崩瓦解，人民之間互相攻擊殺伐，最後弄得民不聊生流離失所，骨肉乖離夫妻反目，這就叫作「輕微裂痕」。當聖人看見奸邪之徒造反之後，就用國法來鎮壓他們。聖人認為：「國家可以治理，就對叛徒進行抵抗加以消滅；反之國家不可以治理，就對叛徒進行抵抗而取得國家。」或這樣抵抗，或那樣抵抗；或抵抗到使叛徒反正，或抵抗到使叛徒滅亡。五帝時代的政治，可以對叛徒進行抵抗而加以消滅；三王時代的政治，可以對叛徒進行抵抗而取得政權。至於諸侯之間的互相征伐，其次數之多簡直無法統計。當這個天下混亂撓攘時代，以能抵抗叛徒的人最佔優勢。

自從天地有離合與終始，就必然有逆亂事件的發生，這是為政者不可不審慎觀察的。要想觀察這些問題，就要用「捭闔之術」，能用此道的就是聖人。原來所謂聖人，乃是天地所派遣的特使。假如世間沒有叛徒應該抵抗的，那麼就深溝高壘等待時機；假如當時有應該抵抗的叛徒，那就挺身而出為國家謀劃。如此往上既可以跟君主合作，對下也可以治理人民。既能有所根據，又能有所遵循，這就是天地的守護神。

第五章 飛箝

凡度權量能，所以徵遠來近。立勢而制事，必先察同異之黨，別是非之語，見內外之辭，知有無之數，決安危之計，定親疏之事，然後乃權量之。其有隱括，乃可徵、乃可求、乃可用。引鉤箝之辭，飛而箝之。鉤箝之語，其說辭也，乍同乍異。其不可善者，或先徵之而後重累，或先重累而後毀之；或以重累為毀，或以毀為重累。其用，或稱財貨、琦瑋、珠玉、白璧、采色以事之，或量能立勢以鉤之，或伺候見澗而箝之，其事用抵巇。

將欲用之於天下，必度權量能，見天時之盛衰，制地形之廣狹，阻險之難易，人民財貨之多少，諸侯之交，孰親孰疏、孰愛孰憎，心意之慮懷。審其意，知其所好惡，乃就說其所重，以飛箝之辭鉤其所好，乃以箝求之。

用之於人，則量智能、權材力、料氣勢，為之樞機。以迎之隨之，以箝和之，以意宣之，此飛箝之綴也。

用之於人，則空往而實來，綴而不失，以究其辭。可箝而從，可箝而橫；可引而東，可引而西；可引而南，可引而北；可引而反，可引而覆，雖覆能復，不失其度。

譯文

大凡揣度人的計謀和測驗人的才幹，就是為了網羅遠近天下人才。建立賞罰制度和考試制度時，首先必須觀察他們之間的異同，以便區別他們言論的是非。要觀察敵人內外辭令，以便瞭解他們內部的虛實。要先決定國家安危的基本大計，並且決定君臣間的親疏關係。作完上面這些事情以後，就可以揣度計謀和測驗才幹，假如其中有需要矯正的地方，就可以徵召、就可以拔擢、就可以重用。引用足可誘使敵人發言的詞令，然後加以褒獎推崇而給對方以某種程度的控制。引誘敵人言論歸順己方的話，在外交詞令上忽同忽異。對於那些即使以鉤箝之術仍無法控制的敵人，或者首先對他們進行威脅利誘，然後再給他們以反覆的考驗。或者首先給敵人以反覆的考驗，然後再對他們發動攻擊加以摧毀。有的人認為，反覆考驗就等於是對敵人進行破壞；有的人認為，對敵人的破壞就等於是反覆考驗。準備要重用某些人時，或者先賞賜財貨、珠寶、玉石、白璧、美物，以便考驗他們。或者考驗對方的才幹，或者給對方以賞罰，以便誘導他們的言論。或者派遣地下工作人員乘機箝制敵人加以逮捕，在進行這項任務時要使用攻擊敵人弱點的戰術。

當把「飛箝之術」推廣到全天下時，必須揣摩權謀考驗才幹，觀察天時的盛衰，測量地形的寬窄和山川險要的難易，以及人民財富的多少。至於諸侯之間的交往，彼此之間的親疏關係，究竟誰跟誰親密？誰跟誰疏遠？誰跟誰要好？誰跟誰有仇？也必須同時調查清楚。要想詳細知道對方的意向和希望等等，就必須要瞭解對方的好惡，然後按照對方所最重視的進行遊說。再運用飛箝之辭，引誘出對方的愛好，最後用特殊控制術控制住對方。

如果把這種外交權術運用到其他國家，就可以揣摩對方的智慧、度量對方的實力、估計對方的士氣，然後以此為樞紐對敵人展開攻勢，以便迎戰敵人和追蹤敵人，進而再用特殊的控制術跟敵人講和，最後便用友好態度跟敵人建立邦交，這就是「飛箝之術」的秘訣。

假如把這種外交權術用在其他諸侯，那麼只要使用言詞讚美歌頌對方，對方自然就會表示心悅誠服來歸順。並且跟對方保持緊密關係不可中斷，以便借機研究對方的軍政實情，進而加以控制使對方服從。如此加以控制之後，既可把對方引向橫、也可引向東、也可引向西、也可引向南、也可引向北、也可引向反、也可引向覆。然說於覆，但是還是要小心，不可喪失其節度。

第六章　忤合

凡趨合倍反，計有適合。化轉環屬，各有形勢。反覆相求，因事為制。是以聖人居天地之間，立身御世，施教揚聲明名也，必因事物之會，觀天時之宜，因之所多所少，以此先知之，與之轉化。世無常貴，事無常師。聖人常為無不為，所聽無不聽。成於事而合於計謀，與之為主。合於彼而離於此，計謀不兩忠，必有反忤。反於此忤於彼，忤於此反於彼。其術也。用之天下，必量天下而與之；用之國，必量國而與之；用之家，必量家而與之；用之身，必量身材能氣勢而與之。大小進退，其用一也。必先謀慮計定，而後行之以飛箝之術。

古之善背向者，乃協四海、包諸侯，忤合之地而化轉之，然後以之求合。故伊尹五就湯、五就桀而不能有所明，然後合於湯。呂尚三就文王、三入殷，而不能有所明，然後合於文王。此知天命之箝，故歸之不疑也。

非至聖人達奧，不能御世；不勞心苦思，不能原事；不悉心見情，不能成名；材質不惠，不能用兵；忠實無真，不能知人。故忤合之道，己必自度材能知睿，量長短遠近，孰不如，乃可以進、乃可以退、乃可以縱、乃可以橫。

譯文

大凡關於去就的問題，在計策上是適合的。在變化轉移方面，就像鐵環一般連接沒有裂痕，而且各有不同的形勢，彼此反覆相求，對事情一件一件的作適當處理。所以聖人生存在天地之間，他們的立身處世，都是為了教化世人，擴大聲譽，闡揚名分。而且他們必然根據事物的交會，觀察天時的合宜，不論國家多的地方或少的地方，都用這些來進行瞭解，以便移風易俗進行教化。世間沒有永遠高貴的事物，世上沒有永遠成為良師的人物。聖人所常作的事就是「無所不作」，所常聽的事就是「無所不聽」。假如事情必然能成功，而且又合乎計謀的原則，就應該以此作為主體。雖然合乎敵國君主的意思，可惜卻背離自己君主的原則，這就叫作「計謀不兩忠」。其中必有順逆的道理存在：既背叛自己君主，又忤逆敵國君主；既忤逆自己君主，又背叛敵國君主，這就是「反忤之術」。假如把這種「反忤之術」運用到天下，就必然衡量天下跟反忤並存；假如把這種「反忤之術」運用到國家，就必然衡量國家跟反忤並存；假如把這種「反忤之術」運用到家庭，就必然衡量家庭跟反忤並存；假如把這種「反忤之術」運用到身體，就必然衡量自身才幹氣勢而跟反忤並存。總而言之，不論大小進退，其功用是相同的。因此必須先用謀劃來決定一切，然後付諸實行以便運用「飛箝之術」。

古代那些善於反叛的人，就聯合全國各地軍民舉事，其中當然包括各諸侯王國，作成離叛的局面加以轉化，到最後才利用這種勢力開創新王朝。所以賢相伊尹五次臣事商湯王、五次臣事夏桀王，然後才決定一心臣事商湯王奉為真主。姜太公呂尚三次臣事周文王、三次臣事殷紂王，可是他對殷紂王卻無法理解，然後才決定一心臣事周文王奉為真主。這就知道了天命的規定，所以伊尹和呂尚才歸順商湯王和周文王而無所懷疑。

假如沒達到至聖之人那樣窮盡世理，就不能立身處世；假如不肯聚精會神苦思，就不能探討事物的真理；假如不全神貫注觀察實情，就不能功成名就；假如聰明才智不夠精絕，就不能領兵作戰；假如為人不夠忠實，就不能有知人之明。所以「忤合之道」，自己必須估量自己的聰明才智，看一看長短、遠近那一項不如他人。如此既可以前進，又可以後退；既可以使其成縱的，又可以使其成橫的。

第七章　揣篇

古之善用天下者，必量天下之權而揣諸侯之情。量權不審，不知強弱輕重之稱；揣情不審，不知隱匿變化之動靜。何謂量權？曰：「度於大小，謀於眾寡。稱貨財之有無，料人民多少，饒乏、有餘，不足幾何？辨地形之險易，孰利、孰害？謀慮孰長、孰短？揆君臣之親疏，孰賢、孰不肖？與賓客之知睿，孰少、孰多？觀天時之禍福，孰吉、孰凶？諸侯之交，孰用、孰不用？百姓之心，去就變化，孰安、孰危？孰好、孰憎？反側孰便、孰知？如此者，是謂量權。」

揣情者，必以其甚喜之時，往而極其欲也，其有欲也，不能隱其情；必以其甚懼之時，往而極其惡也，其有惡也，不能隱其情，情欲必知其變。感動而不知其變者，乃且錯其人，勿與語，而更問所親，知其所安。夫情變於內者，形見於外，故常必以其見者，而知其隱者，此所謂測深揣情。

故計國事者，則當審量權；說人主，則當審揣情；謀慮情欲，必出於此。乃可貴、乃可賤、乃可重、乃可輕、乃可利、乃可害、乃可成、乃可敗，其數一也。故雖有先王之道、聖智之謀，非揣情，隱匿無所索之。此謀之本也，而說之法也。常有事於人，人莫能先。先事而生，此最難為。故曰：「揣情最難守司」，言必時其謀慮。故觀蜎飛蠕動，無不有利害，可以生事。變生事者，幾之勢也。此揣情飾言，成文章而後論之。

譯文

古代善於統治天下的人，必然衡量天下的權勢所在，並且揣摩各諸侯的實情。假如衡量權勢而不夠詳細，就不能知道諸侯的強弱虛實。假如揣摩實情而不夠詳細，就不能知道全天下的時局變化。

什麼叫作「衡量權勢」呢？答案是：「要測量大小，要謀劃眾寡，估量一下財貨的有無，算計一下人民的多少和貧富，以及貧富之間的差距有多大？其次研究地形的險易，哪裡有利、哪裡有害？其次是謀略，哪個謀略好、哪個謀略壞？至於說到君臣的親疏問題，看看哪個臣子賢明、哪個臣子不肖？還有賓客的智慧，究竟哪個智慧低、哪個智慧高？再觀察天時的禍福，看看什麼是吉、什麼是凶？尤其是諸侯之間的親疏關係，看看哪個可用、哪個不可用？還有民心的向背變化也很重要，要觀察那一個地區的人民安穩或危險？人民喜愛什麼或討厭什麼？最後再調查一下叛徒在哪裡方便或對哪裡熟悉？能作到以上這些的統治者，就叫作善於「衡量權勢」的政治家。

所謂揣摩實情，必須在敵人最高興的時候，專程前往滿足他們的最大欲望，當他們剛一產生欲望時，就不能隱瞞實情；又必須在敵人最恐懼的時候，專程前往滿足他們的最大惡心，當他們剛一產生惡心時，就不能隱瞞實情；否則情欲必然喪失其中好惡的變化。雖然很受感動卻不知道自己好惡喜懼的人，就要暫時放下這個人不跟他說話，改而旁敲側擊調查他所愛好的東西和他引以為安的事情。至於情緒在內心發生變化的人，就會把行動表現在外，所以必須經常憑自己所觀察的來理解所隱瞞的，這就是所謂「刺探敵情」。

所以謀劃國事的人，就應當詳細衡量權勢：在向人君遊說獻策時，就應當詳細揣摩實情。凡是謀慮情欲，必然都用這種策略。就可尊貴，就可卑賤，就可尊重，就可輕視，就可有利，就可有害，就可成功，就可失敗，其中的揣術是相同的。所以雖然有古聖先賢的德行和智謀，假如不揣摩敵情也無法得到隱匿的情報，這是謀略的基本原則，並且是遊說的通用法則。經常有事求他人幫忙，可是他人卻不肯先幫忙。當事發生之前就到達，這是最難做的事。所以說揣摩敵情這件事最難，必須在適當時機偵察敵人的言論。因此當昆蟲蠕動時，都有它們自己的利害關係存在，如此就可以使事情產生變化。而事情的產生變化，是一種極微妙的自然現象。關於這種揣摩實情的事，要在粉飾言詞寫成文章之後討論。

第八章　摩篇

摩者，揣之術也。內符者，揣之主也。用之有道，其道必隱。微摩之，以其所欲測而探之，內符必應，其應也，必有為之。故微而去之，是謂塞窌、匿端、隱貌、逃情，而人不知。故能成其事而無患。摩之在此，符之在彼。從而應之，事無不可。

古之善摩者，如操鉤而臨深淵，餌而投之，必得魚焉。故曰：「主事日成而人不知，主兵日勝而人不畏也。」聖人謀之於陰，故曰「神」；成之於陽，故曰「明」。所謂「主事日成」者：積德也，而民安之，不知其所以利；積善也，而民道之，不知其所以然；而天下比之神明也。「主兵日勝」者，常戰於不爭、不費，而民不知所以服，不知所以畏，而天下比之神明。

其摩者：有以平，有以正，有以喜，有以怒，有以名，有以行，有以廉，有以信，有以利，有以卑。平者，靜也。正者，直也。喜者，悅也。怒者，動也。名者，發也。行者，成也。廉者，潔也。信者，明也。利者，求也。卑者，諂也。故聖人所獨用者，眾人皆有之，然無成功者，其用之非也。故謀莫難於周密，說莫難於悉聽，事莫難於必成，此三者，然後能之。

故謀必欲周密，必擇其所與通者說也。故曰：「或結而無隙也。」夫事成必合於數，故曰：「道數與時相偶者也。」說聽必合於情，故曰：「情合者聽。」故物歸類，抱薪趨火，燥者先燃；平地注水，濕者先濡。此物類相應，於勢譬猶是也，此言內符之應外摩也如是。故曰：「摩之以其類，焉有不相應者？」

乃摩之以其欲，焉有不聽者，故曰「獨行之道」。夫幾者不晚，成而不保，久而化成。

譯文

所謂「摩」，就是揣測的權術；所謂「內符」，就是揣測的主體。在運用這種揣摩之術時要有道，而且這種道必須要隱密起來。當略為揣摩這些時，必須要根據敵人的欲望，假如能進行偵察刺探，那情欲符驗必然呼應。當剛一呼應時，必然有所作為。因此略為揣摩而加以排除，這就叫作「堵塞地窖、隱匿痕跡、化裝躲藏、逃避情報」，可是敵人卻不知道，所以事情成功也不會惹禍。在這裏進行「揣摩之術」，對敵人進行「內符之術」，假如進一步和這些事兩相呼應，那就沒有什麼事不可以成功的了。

古代善於運用「揣摩之術」的人，就像拿著釣鉤而來到深淵釣魚一般，只要他把帶有魚餌的釣鉤投進深淵，就必然能釣到大魚，所以說：「所進行的事成功了還沒人知道，所指揮的兵勝利了還沒人畏懼。」聖人都是在暗中進行「揣摩之術」，所以才被稱為「神」；而且是在光天化日之下進行謀略，所以才被稱為「明」。所謂進行事能逐漸成功，就是積有陰德的具體表現；而人民對這件事抱有安全感，不過卻不知道其中的好處，這就是積有善行的具體表現，假如人民以此為正道，而不知其所以然的話，那就可以把天下比作神明。所謂指揮軍隊作戰而能獲得勝利的人，是說經常在不爭不費的情況下作戰，以致使人民不知所從、不知所畏，而且把天下比作神明。

在進行「揣摩之術」時，有用和平態度的，有用正義責難的，有用討好方式的，有用憤怒激將的，有用名聲威嚇的，有用行為逼迫的，有用廉潔感化的，有用信義說服的，有用利害誘惑的，有用謙卑套取的。和平就是安靜，正義就是直爽，討好就是取悅，憤怒就是恫嚇，名聲就是全譽，行為就是成功，廉潔就是清高，信義就是明智，利害就是追求，謙卑就是諂媚。因此聖人所單獨使用的「揣摩之術」，人民大眾也都能明瞭聖人的艱苦用心。然而假如沒有成功的，那就是聖人運用的不當。

因此謀略最難的莫過於作到周密，遊說最難的莫過於要對方全聽，作事最難的莫過於必然成功，這三者只有實際採取行動之後才能辦到。

所以謀略必須要作到周密，而且要選擇跟你通好的人遊說，所以才叫作「結交沒有嫌隙的人」。作到事情的成功，必然跟揣摩之術相合，所以說「道理、權術、天時三者合一才能成事」。所遊說的內容能被對方接受，必然是這種內容合乎情理，所以才說「合乎情理才有人聽」。所以萬物都各歸其類：例如抱著柴草往火堆跑，乾燥的柴火必然先燃燒；往平地倒水，濕的地方必然先進水。這就是物類互相呼應之理，在物性上必然會出現這種事實，而「內符的呼應外摩」也是如此。

第九章　權篇

説者，説之也；説之者，資之也。飾言者，假之也；假之者，益損也。應對者，利辭也；利辭者，輕論也。成義者，明之也；明之者，符驗也。言或反覆，欲相卻也。難言者，卻論也；卻論者，釣幾也。佞言者，諂而於忠；諛言者，博而於智；平言者，決而於勇；戚言者，權而於信；靜言者，反而於勝。先意承欲者，諂也；繁稱文辭者，博也；策選進謀者，權也。縱舍不疑者，決也；先分不足而窒非者，反也。

故口者，機關也，所以關閉情意也。耳目者，心之佐助也，所以窺間見奸邪。故曰：「參調而應，利道而動。」故繁言而不亂，翱翔而不迷，變易而不危者，觀要得理。故無目者不可示以五色，無耳者不可告以五音。故不可以往者，無所開之也；不可以來者，無所受之也。物有不通者，故不事也。古人有言曰：「口可以食，不可以言。」言者有諱忌也。眾口爍金，言有曲故也。

人之情，出言則欲聽，舉事則欲成。是故智者不用其所短，而用愚人之所長；不用其所拙，而用愚人之所工，故不困也。言其有利者，從其所長也；言其有害者，避其所短也。故介蟲之捍也，必以堅厚；螫蟲之動也，必以毒螫。故禽獸知用其長，而談者知用其用也。

故曰辭言有五：「曰病、曰怨、曰憂、曰怒、曰喜。」故曰：「病者，感衰氣而不神也；怨者，腸絕而無主也；憂者，閉塞而不泄也；怒者，妄動而不治也；喜者，宣散而無要也。」此五者，精則用之，利則行之。故與智者言，依於博；與拙者言，依於辨；與辨者言，依於要；與貴者言，依於勢；與富者言，依於高；與貧者言，依於利；與賤者言，依是謙；與勇者言，依於敢；與過者言，依於銳：此其術也，而人常反之。是故與智者言，將此以明之；與不智者言，將此以教之：而甚難為也。故言多類，事多變。故終曰言，不失其類，故事不亂。終曰不變，而不失其主，故智貴不妄。聽貴聰，智貴明，辭貴奇。

譯文

所謂「遊說」，就是對人進行遊說；要想說服人，就要幫助人才行。帶有粉飾性的說詞，都是不真實的謊言；所謂不真實的謊言，既有好處也有壞處。所謂進退應對，必須有伶俐的外交詞令；所謂伶俐的外交詞令，乃是一種輕浮的言論。所謂完成信義，就是對敵人肝膽相照；所以要對敵人肝膽相照，是為了驗明真偽。所謂難以啟齒的話，多半都是反對論調；所謂反對論調，就是誘導對方心中機微的話。說奸佞話的人，由於會諂媚而就變成忠；說阿諛話的人，由於會吹噓而就變成智；說平實話的人，由於能果決就變成勇；說憂愁話的人，由於能攬權就變成信；說穩重話的人，由於能反抗而就變成勝。在意念之先就完成欲望的就是諂媚，用很多美麗詞藻來誇張的就是吹噓，精選謀略而獻策的人就是攬權，放縱和捨棄都不懷疑的就是果決，自己不對而責備他人罪過的就是反抗。

所以口等於是政府機關，是用來宣佈或封鎖情報的器官。耳目是心的輔佐，是用來偵察奸邪的器官。所以說：「只要心、眼、耳三者調和呼應，那就會走向有利之路。」所以雖然有煩瑣的語言也不紛亂，雖然有翱翔的怪物也不迷惑，雖然有變化的騙局也不危險，原因就是能夠抓準要點掌握思路。所以沒有眼睛的人，不可以拿五色給他們看；同理，沒有耳朵的人，不可以奏五音給他們聽。因此不可以去的地方，那是沒有什麼情報可爭取；同理，不可以來的地方，那是因為沒有什麼情報可接受。可見事物有不通的，所以才不當作事來辦。古人有句話說：「嘴可以吃東西，不可以發言。」因為說話的人有忌諱，這就是所謂眾口爍金，因為言語會歪曲事實的緣故。

按照一般人的常態心理，只要自己把話說出去都希望有人聽，只要自己把事情作出來都希望能成功。所以一個聰明人，不用自己的短處，而用愚魯人的長處；不用自己的笨處，而用愚魯人的巧處，因此自己永遠遇不到困難。當說到對方有利於我的事情時，就採用對方的長處；當說到對方有害於我的事情時，就迴避對方的短處。所以甲蟲的防衛，必須用堅硬的甲殼；毒蟲的爬動，必須用有毒的螫針。可見禽獸也知道用它們的長處，而進言的人要知道用他該用的遊說術。

所以說外交詞令有五種：一是病言，二是怨言，三是憂言，四是怒言，五是喜言。所以說：「所謂病言，就是感於衰氣所說沒精神的話；所謂怨言，就是由於傷心所說無主見的話；所謂憂言，就是由於閉塞所說不能宣洩的話；所謂怒言，就是由於妄動所說不能控制的話；所謂喜言，就是由於散漫所說沒重點的話」。以上這五種外交詞令，精練之後就可以使用，便利之後就可以推行。所以跟智者說話時要以淵博為原則，跟拙者說話時要以強辯為原則，跟辯者說話時要以簡單為原則，跟貴者說話時要以勢利為原則，跟富者說話時要以高雅為原則，跟貧者說話時要以利害為原則，跟賤者說話時要以謙恭為原則，跟勇者說話時要以果敢為原則，跟過者說話時要以進取為原則。所有這些都是待人之術：然而很多人卻背其道而馳。因此跟智者說話就要用這些來加以闡明，跟不智者說話就要用這些來進行教誨；然而事實上卻很難做到。因此說話時有很多方法，做事時也有很多變化；可見即使整天在談論，也不要喪失說話的方法。如此事情也就不會混亂。雖然整天在變，可是卻不至於迷失他的做人原則，所以一個聰明人最重視的就是不胡作非為。聽話最重要的是耳朵要好，智慧最重要的是要明理，詞令最重要的是要出奇。

第十章　謀篇

為人凡謀有道，必得其所因，以求其情。審得其情，乃立三儀。三儀者曰上、曰中、曰下。參以立焉，以生奇。奇不知其所擁，始於古之所從。故鄭人之取玉也，必載司南之車，為其不惑也。夫度材、量能、揣情者，亦事之「司南」也。故同情而相親者，其俱成者也；同欲而相疏者，其偏成者也；同惡而相親者，其俱害者也；同惡而相疏者，其偏害者也。故相益則親，相損則疏，其數行也，此所以察同異之分類一也。故牆壞於其隙，木毀於其節，斯蓋其分也。故變生於事，事生謀、謀生計、計生議、議生說、說生進、進生退、退生制，因以制於事。故百事一道，而百度一數也。

夫仁人輕貨，不可誘以利，可使出費；勇士輕難，不可懼以患，可使據危；智者達於數、明於理，不可欺以不誠，可示以道理，可使立功；是三才也。故愚者易蔽也，不肖者易懼也。貪者易誘也，是因事而裁之。故為強者，積於弱也；為直者，積於曲也；有餘者，積於不足也，此其道術行也。

故外親而內疏者說內，內親而外疏者說外故因其疑以變之，因其見以然之，因其說以要之，因其勢以成之，因其惡以權之，因其患以斥之。摩而恐之，高而動之，微而證之，符而應之，擁而塞之，亂而惑之，是謂計謀。計謀之用，公不如私，私不如結，結而無隙者也。正不如奇，奇流而不止者也。故說人主者，必與之言奇；說人臣者，必與之言私。

其身內、其言外者疏，其身外、其言深者危。無以人之所不欲，而強之於人；無以人之所不知，而教之於人。人之有好也，學而順之；人之有惡也，避而諱之，故陰道而陽取之也。故去之者縱之，縱之者乘之。貌者不美，又不惡，故至情托焉。可知者可用也，不可知者謀者所不用也，故曰：「事貴制人，而不貴見制於人。」制人者握權也，見制於人者制命也。故聖人之道陰，愚人之道陽；智者事易，而不智者事難。以此觀之，亡不可以為存，而危不可以為安，然而無為而貴智矣。智用於眾人之所不能知，而能用於眾人之所不能見。既用見可否，擇事而為之，所以自為也；見不可，擇事而為之，所以為人也。故先王之道陰，言有之曰：「天地之化，在高與深；聖人之制道，在隱與匿。非獨忠、信、仁、義也，中正而已矣。」道理達於此義者，則可與言。能得此，則可與固遠近之義。

譯文

大凡替人家謀劃事情都要有一定方法，也就是必然要得到事情的因果關係，進而才能探索出對方的實情。假如能詳細得到敵人的實情，就要建立三儀。所謂「三義」，就是上智、中才、下愚，三者相輔相成才能產生奇蹟。而奇蹟並不知道他所擁有的東西，乃是開始於古代所尊崇的。所以鄭國人入山採玉，都是開著指南車去，目的是為了防範迷路。說到度才、量能、揣情等等，也就等於作事時的指南車，所以凡是觀念相同而又互相親密的人，必然是在各方面都很成功的人；凡是欲望相同而又互相疏遠的人，必然是只在一方面很成功的人。假如二人同時被君主憎恨，可是他們卻精誠合作，他們必然都會受到迫害；假如二人同時被君主憎恨，可是他們卻互相疏遠，只會有一個人受到迫害。所以假如能互相有好處就感情親近，反之，假如互相有壞處感情就疏遠，這都是常常發生的事情，同時這也就是判斷異同分類的方法。所以牆壁都是由於有裂痕才崩毀，而樹木都是由於蟲毀壞了節才折斷，這可說是理所當然的事。因此變故是由於事情而發生，事情是由於謀略而發生，謀略是由於計畫而發生，計畫是由於議論而發生，議論是由於遊說而發生，遊說是由於進取而發生。進取是由於退卻而發生，退卻是由於控制而發生，因此就用退卻來控制事情。可見萬般事物只有一個道理，萬般法則也只有一種權術。

一個有仁德的君子，自然會輕視財貨，所以不能用金錢來誘惑他們，反而可以讓他們捐出費用；一個有勇氣的壯士，自然會輕視災難，所以不能用憂患來恐嚇他們，反而可以讓他們鎮守危地；一個具有智慧的聰明人，他們通達一切事理，所以不能用誠實來欺騙他們，而是應該用道理跟他們相處，同時也可以使他們建立功業：這就是所謂仁人、勇士、智者的「三才」。因此一個愚魯的人容易被蒙蔽，一個不肖之徒容易受到恐嚇，一個貪婪之輩容易受到誘惑，所有這些都要根據事實進行巧妙的裁奪。所以一個強者是由衰弱累積而成，一個直者是由彎曲累積而成，一個富者是由貧窮累積而成，這就是道術的一種具體表現。

所以表面親密而實際疏遠的人就遊說實際，表面疏遠而實際親密的人就遊說表面。因而就要根據對方的疑惑來改變，根據對方的觀察來進行，更根據對方的說詞來歸納，根據對方的勢力來完成，根據對方的缺點來謀劃，根據對方的憂患來排斥。揣摩之後加以恐嚇，抬高之後加以策動；削弱之後加以證實，符瑞之後加以應驗；擁護之後加以堵塞，騷亂之後加以迷惑，這就叫作「計謀」。說到計謀的運用，公開不如保密，保密不如結黨，結黨不如和睦。正規策略不如奇策，而奇策實行起來就很難甘休。所以向人君遊說的人，必須先跟他談論奇策；同理向人臣遊說時，必須先跟他談私交。

他雖然是自己人，但是他卻把家醜外揚，這種人就會被家人疏遠；同理他雖然是外面人，但是他卻能深通內情，這種人就會陷於危險。不用人家所不喜歡的事物，來強迫人家接受；不用人家所不知道的事物，來教導人家接受。人家如果有什麼嗜好，就迎合他的興趣；人家如果有什麼厭惡，就加以避諱以免惹他的反感。因此所進行的是陰謀，而所得到的卻是陽謀。所以想求去的人就放他走，想放他走的人就讓他犯過。不論遇到任何事物，好事也不喜形於色，壞事也不怒目相待，這是屬於冷靜而不偏激的人，因此可以託付他重大機密的事。瞭解了對方心理，就可以重用他；不瞭解對方心理，一個有謀略的人就不重用他。所以說：「為政最重要的是控制人，絕對不可以被人控制。」控制人的人是手握大權的統治者，被人控制的人是唯命是從的被統治者。因此君子立身處世之道是屬於陰（光作不說），小人的立身處世之道是屬於陽（光說不作）。聰明人作事比較容易，愚魯人作事比較困難。由此看來，國家滅亡就很難復興，國家騷亂就很難安寧；然而無為和智慧最為重要。智慧是用在眾人所不知道的地方，才幹是用在眾人所看不見的地方。在使用之後才發現可以時，就要選擇事情來進行，這就是為自己的緣故；反之，假如發現不可以時，就要選擇事情來進行，這就是為人家的緣故。因此古聖先王所推行的大道是屬於陰，古語說：「天地的造化在於高和深，聖人的治道在於隱和匿。並非單純的講求仁慈、義理、忠誠、信守，僅僅是努力維護不偏不倚的正道而已。」假如能徹底認清此種道理的真義，就可以和他交談。假如雙方談的很投機，就可以培養遠近的關係。

第十一章　決篇

為人凡決物，必托於疑者，善其用福，惡其有患，害至於誘也，終無惑。偏有利焉，去其利則不受也，奇之所托。若有利於善者，隱托於惡，則不受矣，致疏遠。故其有使失利，其有使離害者，此事之失。

聖人所以能成其事者有五：有以陽德之者，有以陰賊之者，有以信誠之者，有以蔽匿之者，有以平素之者。陽勵於一言，陰勵於二言，平素樞機以用四者，微而施之。於是度以往事，驗之來事，參之平素，可則決之。公王大人之事也：危而美名者，可則決之；不用費力而易成者，可則決之；用力犯勤苦，然而不得已而為之者，可則決之；去患者，可則決之；從福者，可則決之。故夫決情定疑萬事之機，以正亂治決成敗，難為者。故先王乃用蓍龜者，以自決也。

譯文

大凡替人解決事情時，必然托詞懷疑的人，就是善於運用對方的優點，而排斥對方的缺點，即使災害已經到達受引誘的地步，也不至於陷於迷惑。假如一方面有利益，一旦除去這種利益，對方就不會接受，這就是奇策所出之處。假如有一個對善有利的人，實際上卻在暗中作壞事，那我們就可以不接受他的言行，如此就會使雙方的關係疏遠。所以有使對方喪失權利，和使對方遠離災害的人，這就是在決定事情上的失敗。

聖人所以能夠完成大事業的因素有五：有用道德來感化人民的，有用法律來懲罰人民的，有用信義來教化人民的，有用愛心來袒護人民的，有用廉潔來淨化人民的。君道是為守常而努力，臣道是為進取而努力；君道無為而以平民為主，臣道有為而以機要為主，所以必須運用這四者小心謹慎進行。於是就猜測以前的舊事，以便和未來的新事互相驗證，再參考平素的言行，如果可以就能作出決定。說到王公大臣的事：崇高而享有美名的，如果可以就能作出決定；不用費力氣而輕易成功的，如果可以就能作出決定；用力氣而又辛苦，但是不得已而為的，如果可以就能作出決定；能消除憂患的，如果可以就能作出決定；追求幸福的，如果可以就能作出決定。因此解決事情斷定疑慮，就變成了萬事的關鍵所在，因為此事足可澄清治亂預知成敗，實在是一件很難做到的事。就因為「澄清治亂，預知成敗」的事很難做到，所以古聖先王就用蓍草和龜甲來為自己決定一切大事。

第十二章　符言

安、徐、正、靜，其被節無不肉。善與而不靜，虛心平意，以待傾損。右主位。

目貴明，耳貴聰，心貴智。以天下之目視者，則無不見；以天下之耳聽者，則無不聞；以天下之心慮者，則無不知。輻輳並進，則明不可塞。右主明。

聽之術曰：「勿望而許之，勿望而拒之。」許之則防守，拒之則閉塞。高山仰之可極，深淵度之可測；神明之位術，正靜其莫之極歟！右主聽。

用賞貴信，用刑貴正。刑賞信正，驗於耳目之所見聞，其所不見聞者，莫不暗化矣。誠暢於天下神明，而況奸者干君？右主賞。

一曰天之，二曰地之，三曰人之。四方、上下、左右、前後，熒惑之處安在？右主問。

心為九竅之治，君為五官之長。為善者君與之賞，為非者君與之罰。君因其所以來，因而與之，則不勞。聖人用之，故能掌之。因之循理，故能久長。（因求而與，悅莫大焉。雖無玉帛，勸同賞矣。）右主因。

人主不可不周，人主不周，則群臣生亂。寂乎其無常也，內外不通，安知所開？開閉不善，不見原也。右主周。

一曰長目，二曰飛耳，三曰樹明。千里之外，隱微之中，是謂「洞」。天下奸，莫不暗變更。右主參。

循名而為，按實而定；名實相生，反相為情；故曰：「名當則生於實，實生於理，理生於名實之德，德生於和，和生於當。」右主名。

轉丸、胠亂二篇皆亡。

譯文

假如一個人能安、徐、正、靜（淡泊明志，寧靜致遠）的話，那麼他的人格自然能達到應有的節度是毫無問題的。假如善於合作而不能安靜，就要心平氣和的等待變化恢復安靜。

眼睛最重要的就是明亮，耳朵最重要的就是靈敏，心神最重要的就是智慧。為人君的，假如用天下的眼睛來看，那就沒有什麼看不見的，假如用天下的耳朵來聽，那就沒有什麼聽不見的；假如用天下的心神來思慮，那就沒有什麼不知道的。假如像車輪一般並肩前進，那麼君主的眼睛就不會被蒙蔽，可見君主要明察天下瞭解民生疾苦才行。

採納進言的原則是：「不要遠遠看見就答應對方，也不要遠遠看見就拒絕對方！」假如答應對方就要遵守，假如拒絕對方就要封閉。仰望高山可以看到山頂，測量深淵可以測到淵底；然而神明的位術是正靜的，所以是絕對沒辦法測出高深的，可見君主必須廣泛採納臣民的言論。

對臣民進行獎賞時，最重要的是必須守信；對人民處以刑罰時，最重要的是必須公正。刑罰和獎賞既然必須講守信和公正，就要驗證耳目所見聞的事物，即使無所見聞也都能收到潛移默化之功效。既然誠心要發揚天下神明的造化德意，又何懼乎奸邪之徒的冒犯君主呢？所以君主一定要信賞必罰。

一叫作天時，二叫作地利，三叫作人和。四方、上下、左右、前後，火星的位置究竟在哪裡呢？可見君主的發問必須針對天時、地利、人和。

心是九竅的統治者，君主是五官的首長。作好事的臣民，君主會給他們賞賜作壞事的臣民，君主會給他們懲罰。君主根據臣民來朝見的動機，斟酌實際情形而給予賞賜，如此就不會勞民傷財。聖人重用這些臣民，因此才能好好掌握他們。並且遵循道理，可見君主最重要的是服膺真理，所以才能長久。

為人君的必須廣泛知道世間的一切道理，假如君主不通人情道理，那麼君臣就會發生騷亂。人間寂寞，人生無常，對內對外都沒有來往，又怎能知道天下大事的演變呢？採行開放政策或封鎖政策都不好，因為如此就無法發現善政的根源所在，可見為人君者必須普遍通曉物理。

一叫用天下之眼來觀察，二叫用天下之耳來判斷，三叫用天下之心來思索。在一千里之外的地方，也就是在隱隱約約渺渺茫茫之中，這就叫作「洞」。天下的奸邪，在黑暗中也不變更，可見君主所用來觀察天下的就是千里眼、順風耳、萬靈心。

遵循名分去作事，按照事實來決定。名實相互助長之後，反而互相有感情。所以說：「名分適當就是誕生於實在，實在是誕生於真理。」真理是誕生於名實相符的道德之中，而道德是誕生於和平之中，和平誕生於富庶之中，可見君主必須採取恰如其分的技術。

關於「轉丸」「胠亂」兩篇，都早已經失傳。

第十三章　本經陰符七篇

一、盛神

盛神法五龍；盛神中有五氣，神為之長，心為之舍，德為之人。養神之所，歸諸道。道者，天地之始，一其紀也。物之所造，天之所生。包容無形化氣，先天地而成，莫見其形，莫知其名，謂之「神靈」。故道者，神明之源，一其化端。是以德養五氣，心能得一，乃有其術。術者，心氣之道所由舍者，神乃為之使。九竅、十二舍者，氣之門戶、心之總攝也。生受之天，謂之真人。真人者，與天為一。而知之者，內修煉而知之，謂之聖人。聖人者，以類知之。故人與生一，出於化物。知類在竅。有所疑惑，通於心術，術必有不通。其通也，五氣得養，務在舍神。此之謂化。化有五氣者，志也、思也、神也、德也，神其一長也。靜和者養氣，養氣得其和，四者不衰，四邊威勢，無不為，存而舍之，是謂神化歸於身，謂之真人。真人者，同天而合道，執一而養產萬類，懷天心、施德養，無為以包志慮思意，而行威勢者也。士者通達之，神盛乃能養志。

譯文

在使神明威靈盛大時，就要效法五龍。在使神明威靈盛大時，總共有心肝脾肺腎等五種髒氣；精神是五氣的總帥，心靈是五氣所住的地方，道德是五氣使人成為人的根源。培養精神的地方，就是天地真理萬物根源。所謂道術，乃是天地的開始，而本源是天地的綱紀。創造萬物的地方，就是天所生的地方。包容無形的化氣，在天地形成之前就已經形成，可惜卻看不見它的形狀，誰也不知道它的名稱，不得已只好把它叫作「神靈」。所以道術就是神明的源泉，而綱紀是道術變化的開端。因此品德才能養住五氣，而心最能掌握綱紀，於是這種道術自然產生。所謂道術，乃是心氣之道所居住的地方，而魂魄就派心氣作使者。九種器官和十二種住處，都是所謂髒氣的出入口，也就是心的總帥。這些東西都是與生俱來的，所以叫作「得道成仙之人」。所謂「得道成仙之人」，能跟大自然的天道合而為一。至於明白道術的這些人，只要內部進行修煉就會明白道術，這就叫作「有學問的人」。所謂有學問的人，能以此而明白一切道術。所以人類都是誕生於天地的開始形成，而生存在無為自然的天地萬物之間。人之所以能知道事務，完全在於九種器官的接受刺激反應。假如對事物有所疑惑時，就要通於心術，而心術必然有不通的時候。當心術溝通之後，五種髒氣就得到培養，而且務必使精氣住下，這就叫作「從神而化」。所謂「從神而化」必須有五氣，主要是指志、思、神、德、四者而言，其中神是五氣總帥。假如寧靜就能養氣，養氣就能得到寧靜，而志、思、神、德四者又都不衰微，那四邊的威脅就都想請神常住，這就叫作「從神而化」。至於屬於身體的，就叫作「得道成仙的人」。所謂「得道成仙的人」，跟自然相同，跟道術相合，兼守無為法則來化育萬物。他內懷自然之心，運用品德來培養五氣，本無為法則包容智、慮、思、意，可見他是一位能施展威風的神。假如知識份子能上通得道成仙的人，那神威盛大之後就能培養心志。

二、養志

養志法靈龜；養志者，心氣之思不達也。有所欲，志存而思之。志者，欲之使也。欲多則心散，心散則志衰，志衰則思不達也。故心氣一則欲不偟，欲不偟則志意不衰，志意不衰則思理達矣。理達則和通，和通則亂氣不煩於胸中。故內以養氣，外以知人；養志則心通矣，知人則分職明矣。將欲用之於人，必先知其養氣志。知人氣盛衰，而養其氣志，察其所安，以知其所能。志不養，心氣不固；心氣不固，則思慮不達；思慮不達，則志意不實；志意不實，則應對不猛；應對不猛，則失志而心氣虛，志失而心氣虛，則喪其神矣。神喪則彷彿，彷彿則參會不一。養志之始，務在安己；己安則志意實堅，志意實堅則威勢不分。神明常固守，乃能分之。

譯文

在培養心志時，就要效法靈龜。培養心志的人，是由於心氣之思不能上達的緣故。假如有欲望，就在心中去思想。所謂心志，乃是欲望的使者。欲望多，心神就會散漫；心神散漫，志氣就消沉，思想就不通達。所以心氣能夠統一，那麼欲望就不會多；欲望不多，意志就不會消沉；意志不消沉，那麼思想理路就會通達。因此在內以培養五氣為主體，在外以瞭解他人為主體。培養志氣，心就會通暢；瞭解他人，職分就會明朗。假如想要重用一個人，必定先知道他的養氣工夫，因為只有知道一個人五氣和心志的盛衰之後，才能繼續養他的五氣和心志。其次再觀察他感到安心的事，以便瞭解他的才幹。假如心志得不到培養，那麼心氣就不堅定；假如心氣不穩固，那麼思慮就不通達；假如思慮不通達，那麼志意就不實在；假如志意不實在，那麼應對就不周到；假如應對不周到，那麼就喪失了志意而使心氣空虛；假如志意喪失而使心氣空虛，那就喪失了一個人的神魂。一個人一旦喪失神魂，他的精神就會陷入恍惚狀態：精神一旦陷入恍惚狀態，那麼志、心、神三者的交會就不合一。養志的首要任務，在於安定自己；自己安定，意志就堅定；意志堅定，威勢就不分散；神明經常鎮守，如此才能加以詳細劃分。

三、實意

實意法螣蛇；實意者，氣之慮也。心欲安靜，慮欲深遠；心安靜則神明榮，慮深遠則計謀成；神明榮則志不可亂，計謀成則功不可間。意慮定則心遂，安則其所行不錯，神者得則凝。識氣寄，奸邪得而倚之，詐謀得而惑之，言無由心矣。故信心術，守真一而不化，待人意慮之交會，聽之候之也。計謀者，存亡樞機。慮不會，則聽不審矣，候之不得。計謀失矣，則意無所信，虛而無實。無為而求安靜，五臟，和通六腑，精神魂魄固守不動，乃能內視、反聽、定志，思之太虛，待神往來。以觀天地開闢，知萬物所造化，見陰陽之終始，原人事之政理；不出戶而知天下，不窺牖而見天道；不見而命，不行而至，是謂「道」。知以通神明，應於無方而神宿矣。

譯文

當堅定意志時，就要效法螣蛇。堅定意志，就是五氣的思慮。心都是要求安靜，慮都是要求深遠。心能安靜，那精神就會爽朗；慮能深遠，那計謀就能成功。精神能爽朗，那心志就不會紊亂；計謀如果能成功，那功勞就不可抹殺。意慮如果能安定，那心氣就會安定，所作的事就不會錯。假如五氣只是暫時寄住，那奸邪就會乘虛而入，這時就會有言不由衷的現象發生。所以想使心術開朗堅守純一而無所變化，就要靜待的意慮交會，並聽從他們。計謀是國家存亡的關鍵所在，思慮不交會，那所聽的事就不詳明，即使等候也得不到。計謀一旦喪失，那在觀念上就無所相信，而變成空虛不實的東西。無為要求安靜五臟和通六腑，對精神跟魂魄都嚴加鎮守而不動，如此才不致使心外散，回來之後靜靜的聽，再寧神定志一想原來是太虛幻境，於是就等待神魂的往來。於是就觀察開天闢地的道理，明白大自然生成萬物的造化之功，看見陰陽變化的周而復始循環不已，最後再探討人間治國安邦的政治哲學。因此，不出門就可以明白天下，不開窗就可以看見天道。沒看見人民就發出命令，沒推行政令就天下大治。這就叫做「道」，可以用來通神明，應各方之請而請神住下。

四、分威

分威法伏熊；分威者，神之覆也。故靜固志意，神歸其舍，則威覆盛矣。威覆盛，則內實堅；內實堅，則莫當。莫當，則能以分人之威而動其勢，如其天。以實取虛，以有取無，若以鎰稱銖。故動者必隨，唱者必和，撓其一指觀其餘次，動變見形，無能間者。審於唱和，以間見間，動變明，而威可分。將

欲動變，必先養志，伏意以視間。知其固實者，自養也。讓己者，養人也。故神存兵亡，乃為之形勢。

譯文

當使威勢盛大時，就要效法伏熊。使威勢盛大，是神的外表。所以要想穩固一個人的意志，就必須能使神住下，那神的威勢就更盛大了。假如威勢能盛大，那內部就會堅實；假如內部能堅實，那就有萬夫莫當之勢。有萬夫莫當之勢，就能用壯大人威風的活動有如天一般壯闊。用實來取虛，用有來取無，就等於是用鎰來稱銖。因此假如活動就必須跟隨，假如歌唱就必然附和。屈其中一指，觀察其餘的各指，假如能看見活動的變形，就沒有能掌握時機的人。對於唱和很詳明，假如用時機來觀察時機，那麼變動就很明朗，威勢也可壯大。如果想要有所變動，必須先用養志和假意來觀察時機。凡是能知道固實的人，就是能知道自己養氣的人。凡是自己知道謙讓的人，就是能替人養氣的人。因此神存兵亡，於是就以此為形式。

五、散勢

散勢法鷙鳥；散勢者，神之使也。用之，必循間而動。威肅、內盛，推間而行之，則勢散。夫散勢者，心虛志溢。意失威勢，精神不專，其言外而多變。故觀其志意為度數，乃以揣說圖事，盡圓方、齊短長。無則不散勢，散勢者待間而動，動勢分矣。故善思間者，必內精五氣，外視虛實，動而不失分散之實，動則隨其志意，知其計謀。勢者，利害之決，權變之威。勢敗者，不以神肅察也。

譯文

在分散勢力時，要效法鷙鳥的作風。分散勢力的人，乃是神的使者。假如使用這種分散勢力的人，必須遵循時機活動。威風嚴肅而內部強盛，假如再推演時機來實行，那麼勢力就會分散。說到分散勢力的人，都能包容一切和決定一切。意念一旦喪失威勢，精神就會陷於渙散，他的言論外露而多變化。因此觀察其意志作為度數，也就是用揣說來謀劃事情，進而儘量求圓方而劃一長短。假如沒有就不分散勢力，凡是分散勢力的人，都是等待適當時機採取行動。一旦採取行動，威勢就會壯大。因此一個善於思考時機的人，必然在內精通五氣，在外觀察虛實，即使活動也不至於喪失分散的事實。一旦活動就追隨對方的意志，並且瞭解對方的計謀。威勢是利害的決定，也就是權變的強化。勢力一旦衰微，就不用神來肅察。

六、轉圓

轉圓法猛獸；轉圓者，無窮之計。無窮者，必有聖人之心，以原不測之智，以不測之智而通心術。而神道混沌為一，以變論萬類，說義無窮。智略計謀，各有形容，或圓或方、或陰或陽、或吉或凶，事類不同。故聖人懷此之用，轉圓而求其合。故興造化者為始，動作無不包大道，以觀神明之域。

天地無極，人事無窮，各以成其類。見其計謀，必知其吉凶、成敗之所終也。轉圓者，或轉而吉，或轉而凶。聖人以道先知存亡，乃知轉圓從方。圓者，所以合語；方者，所以錯事；轉化者所以觀計謀；接物者；所以觀進退之意。皆見其會，乃為要結，以接其說也。

譯文

要想使智慧像轉圓珠一般操縱自如，就必須效法猛獸的作風。所謂轉動圓珠，乃是一種永恆的計畫。而所謂永恆計畫，必然有聖人的胸懷，以便探討不能測量的智慧，再用不能測量的智慧來溝通心術。神道氣沌之後形成一種固體，用來討論萬物生成之理，所說的道理無窮無盡。不論是智略還是計謀，都各有各的形態和內容，有圓略、有方略、有陰謀、有陽謀、有吉智、有凶智，每一種事類都各不相同。所以聖人就抱著這種用途，施轉圓珠以謀求合作。因而就以興起造化的人為開端，他的動作都包括大道在內，藉以觀察神明的領域。天地是廣大無邊的，人事是沒完沒了的，分別各成一類。假如觀察其中的計謀，就必然能明白吉凶成敗的結果。所謂旋轉圓珠，有的旋轉之後變成吉，有的旋轉之後變成凶。聖人先用道來瞭解存亡，然後才知道轉圓是為了就方之禮。所謂圓就是用來使語言自由旋轉，所謂方就是使四角確立之後趨於安定。而轉化就是為了觀察計謀，接物就是為了觀察進退。都看見了他們的會合，於是就作成重要的結論，以便連接他們的學說。

七、損益

損益法靈蓍；損益者幾危之決也。事有適然，物有成敗。幾危之動，不可不察。故聖人以無為待有德，言察辭合於事。益者知之也，損者行之也，損之說之，物有不可者，聖人不為辭也，故智者不以言失人之言。故辭不煩，而心不慮；志不亂，而意不邪。當其難易，而後為之謀，自然之道以為實。圓者不行，方者不止，是謂「大功」。益之損之，皆為之辭。用分威散勢之權，以見其兌威其機危，乃為之決。

故善損益者，譬若決水於千仞之堤，轉圓石於萬仞之谿。

譯文

要想知道損益吉凶，就要效法靈蓍。所謂損益，是機微的決定。事情有很合適的，物類有成有敗，即使是很輕微的活動，也不可以不細心觀察。所以聖人用無為來對待有德之人，當對方說話時就觀察他的詞令，並且考核對方所作的事。所謂益就是加深認識，所謂損就是決心執行。有了雜念再進行說服，假如物類有不可以的，聖人就不多加辯論。所以聰明人不以自己的言論而改變他人的言論，詞令避免煩瑣，心中毫無雜念，意志也不會混亂，如此邪念自然不會產生。當事情遇到難或易時，就要為這件事進行謀略，並且用自然之道作為內容。圓的計謀不進行，方的計謀就不停止，這就叫「大功」。不論是增加認識或決心執行，都是用這些話作為托詞。使用壯大聲威分散勢力的權柄，以便觀察權威和機微，並且以此為標準來作決定。所以善於作損益的人，就等於是在千丈的堤防上決堤，又像在萬丈的溪流中旋轉圓石。

第十四章　持樞

持樞謂春生、夏長、秋收、冬藏，天之正也，不可干而逆之。逆之者，雖成必敗。故人君亦有天樞，生養成藏，亦復不可干而逆之，逆之雖盛必衰。此天道，人君之大綱也。

譯文

所謂持樞，就是指春季的耕種、夏季的生長、秋季的收割、冬季的儲藏，乃是天時的正常運作。不可以干涉而反對這種四時運作之理，凡是反對的人，雖然成功也必然失敗。所以君主也有這種天樞，對人民負責生聚、教養、收成、儲藏的重大任務。尤其不可侵犯這種天樞而加以反對，假如反對的話，雖然興盛也必衰亡，這是天道，也是人君治國的基本大綱。

第十五章　中經

中經，謂振窮趨急，施之能言厚德之人。救拘執，窮者不忘恩也。能言者，儔善博惠；施德者，依道；而救拘執者，養使小人。蓋士，當世異時，或當因免闐坑，或當伐害能言，或當破德為雄，或當抑拘成罪，或當戚戚自善，或當敗敗自立。故道貴制人，不貴制於人也；制人者握權，制於人者失命。是以見形為容，象體為貌，聞聲和音，解仇鬥郤，綴去郤語，攝心守義。本經紀事者經道數，其變要在「持樞」「中經」。

見形為容，體象為貌者，謂交為之主也，可以影響、形容、像貌而得之也。有守之人，目不視非，耳不聽邪，言必「詩」「書」，行不僻淫，以道為形，以德為容，貌莊色溫，不可像貌而得也；如是隱情塞郤而去之。

聞聲和音，謂聲氣不同，則恩愛不接。故商、角不二合，徵、羽不相配。能為四聲主者，其唯宮乎？故音不和則不悲，不是以聲散傷醜害者，言必逆於耳。雖有美行盛譽，不可比目合翼相須也，此乃氣不合、音不調者也。

解仇鬥郤，謂解贏微之仇。鬥郤者，鬥強也。強郤既鬥，稱勝者，高其功，盛其勢。弱者哀其負，傷其卑，汙其名，恥其宗。故勝者聞其功勢，苟進而不知退。弱者聞哀其負，見其傷則強大力倍，死為是也。郤無極大，禦無強大，則皆可脅而並。

綴去者，謂綴己之繫言，使有餘思也。故接貞信者，稱其行、厲其志，言可為可復，會之期喜。以他人之庶，引驗以結往，明疑疑而去之。

卻語者，察伺短也。故言多必有數短之處，議其短驗之。動以忌諱，示以時禁。然後結以安其心，收語蓋藏而卻之，無見己之所不能於多方之人。

攝心者，謂逢好學伎術者，則為之稱遠；方驗之，驚以奇怪，人繫其心於己。效之於人，驗去亂其前，吾歸於誠己。遭淫色酒者，為之術音樂動之，以為必死，生日少之憂。喜以自所不見之事，終可以觀漫瀾之命，使有後會。

守義者，謂守人以義，探心在內以合也。探心深得其主也。從外制內，事有繫幅而隨也。故小人比人則左道，而用之至能敗家奪國。非賢智，不能守家以義，不能守國以道。聖人所貴道微妙者，誠以其可以轉危為安，救亡使存也。

譯文

所為「中經」，就是解決窮困救濟危難，而且是以能言善辯品德敦厚的人為對象。假如是救濟被捕的人，那麼被救的罪人就不會忘恩。巧於雄辯的人最能解決糾紛，能成為善人好朋友的人就廣施恩惠。能夠對他人廣施恩惠的人，他們的言行都是本乎正道。至於救濟被捕的人，可以收養這些貧民而加以利用。

因為士大夫生不逢辰，或者僥倖免於兵亂溝壑，或者戕害能言善辯之士，或者迫害有德之人以逞雄，或者被拘捕而變成罪人，或者悶悶不樂獨善其身，或者遭遇失敗而自立。所以制敵之道最重要的是控制敵人，絕對不可以被敵人控制；控制敵人的人要手握兵馬大權，被控制的敵人就會喪失生機。所以看見外形就作為內容，模仿身體就作為相貌，聽到聲音就隨聲唱和，解除仇恨就好勇鬥狠，補綴過去就排斥語言，攝取內心就恪守正義。本經的記載是紀錄道數，其變化都在「持樞」和「中經」兩篇。所謂「看見外形就作為內容，模仿身體就作為相貌」，是指狡偽的主體而言。可用影響、形容、相貌來獲得敵人的情報。一個有守有為的人，眼睛不看非禮之物，耳朵不聽邪惡之言，每當說話必然都是口出《詩經》《書經》中的章句，而行為更無乖僻淫亂之處。他們以道為形式，以德為內容，外貌在莊嚴肅穆，表情溫文儒雅。可見不能從相貌來刺探情報，像這種情形就應該隱其情、解其仇，離開敵境。所謂聽到聲音就唱和，是指聲氣不相同，恩愛就不相接，所以才有商、角二音不調和跟徵、羽二音不相配的現象。能成為四聲之主的，恐怕就只有「宮」吧！所以音如果不和，就沒有悲哀的韻調產生，這並不是用聲音來解決醜陋的，所說的話必然很難入耳。雖然有高雅的言行和很好的名譽，也不能像比目魚和比翼鳥那樣恩愛異常，這就叫作「五氣不合，聲音不調」。所謂解仇，就是當兩個弱小國家不和時，就為他們調解；所謂鬥郤，就是當兩個強大國家不和時，就使他們戰爭。換言之，解仇是消解輕微仇恨的小敵，鬥郤是消滅深仇大恨的強敵。

強敵既然已經消滅，那麼以勝利者自居的人，就會使自己的勢力強大。因此一個弱者，就會哀傷他的敗北，痛惜他的微賤，汙損他的名氣，羞辱他的宗族。所以勝利者就誇耀自己的戰功和勢力，只要能前進就不知道後退。從弱者那裏所聽到的，是他哀傷自己的敗北，如果再看到他所負的創傷，就會使他加倍強大，而覺悟視死如歸的道理。敵人雖然有弱點卻不是最大的，雖然有防禦卻不是最強的，如是者，則以兵威脅令從已，而並其國也。所謂「挽留求去的人」，就是指說出自己挽留的話，以便使對方詳細考慮。所以在跟對方偵探接觸時，就稱讚對方的行為，鼓勵他的志氣，說出應該作的和應該恢復的，以及和對言會面暢談的日期。利用他人的希望，引驗之後結合既往，假如能闡明疑惑，在疑惑之中就可剷除疑惑。駁斥敵人的言論，目的是在於偵察敵人的缺點。所以敵人的話如果說多了，必然會有失言的地方，因此就討論敵人的失言加以驗證。每當敵人有所行動，就告訴他們一些忌諱，並且告訴他們宵禁的時間。

然後結納敵人來安撫他們疑慮之心，其次再收回以前所使用的威脅利誘言詞，對敵人進行籠絡。

不要把自己所不會作的事情讓很多人知道。所謂「攝心」，就是一旦遇到好學技術的人，就要為他宣傳遠近各方加以驗證。假如人們都感到驚奇，那麼這個人的心就被你所籠絡。這種事對人有貢獻，如果跟歷史上的賢人行為對照，這樣你才能掌握賢人的心。一旦遇到沉湎酒色的人，就要用音樂等樂事來感動他，其次再用戕害身體等憂事來提醒他。

用對方所不會看的事業使對方高興，最後終於可以觀察無限遙遠的命運，以便使對方有一種後會有期的感覺。所謂「守義」就是指遵守人的義理而言，進而探求內心以求合作。

假如刺探內心，就能深入到他的主體。假如從外面來控制內心，事情就會無往而不利。所以用小人來跟君子相比，那麼邪道就會當權，如此可使國破家亡。假如不是聖賢和智者，就不能用義來治家，也不能用道來治國。因為聖人所以特別重視道的微妙，那是因為道是可以救亡圖存轉危為安的緣故。

附錄二：鬼谷子篇目考

△《隋書》「經籍志」縱橫家：《鬼谷子》三卷（皇甫謐注：「鬼谷子，周世隱於鬼谷。」），《鬼谷子》三卷（樂一注）。

△《舊唐書》「經籍志」：《鬼谷子》二卷（蘇秦撰），又三卷（樂一注），又三卷（尹知章注）。

△《新唐書》「藝文志」：《鬼谷子》二卷（蘇秦），樂一注《鬼谷子》三卷，尹知章注《鬼谷子》三卷（尹知章不著錄）。

△柳宗元《鬼谷子辯》曰：「元冀好讀古書，然甚賢《鬼谷子》，為其指要幾千言。《鬼谷子》要為無取，漢時劉向、班固錄書，無《鬼谷子》。鬼谷子後出，而險峭薄（音戾），恐其妄言亂世，難信，學者宜其不道。而世之言縱橫者，時葆其書。尤者晚乃益出『七術』（《鬼谷子》下篇有『陰符七術』謂盛神法五龍、養志法靈龜、實意法騰蛇、分威法伏熊、散勢法鷙鳥、轉圓法猛獸、損兌法靈者七章是也），怪謬異甚，不可考校。其言益奇，而道益狹（張云：『狹音洽，也。』），使人狙狂失守（狙，子

餘反），而易於陷墜幸矣。人之葆之者少。今元子又文之以指要。嗚呼！其為好術也過矣。」

△《中興書目》：《鬼谷子》三卷，同時高士，無鄉里、族姓、名字，以其所隱自號「鬼先生」。蘇秦、張儀事之，授以「捭闔」下至「符言」等十有二篇，及「轉圓」「本經」「持樞」「中經」等篇，亦以告儀、秦者也。一本始末皆東晉陶宏景注，一本「捭闔」「反應」「內揵」「抵巇」四篇，不詳何人訓釋，中下二卷與宏景所注同。

△《宋史》「藝文志」：《鬼谷子》三卷。

△晁公武《讀書志》：《鬼谷子》三卷，鬼谷先生撰，按史記：戰國時隱居潁川陽城之鬼谷，因以自號。長於養性治身，蘇秦、張儀師之，受縱橫之事「敘」（王伯厚「漢書藝文志考證」引晁氏「讀書志」云尹積壓章敘），謂此書即授秦、儀者，「捭闔」之術十三章（「考證』引注云：「一云十二章。」），「本經」「持樞」「中經」三篇（「考證」引注云：「一云受轉丸、胠亂三章。」），梁陶宏景注（按；馬氏「通考」「經籍志」引「讀書志」，此下有「隋志」以為蘇秦書，「唐志」以為尹知章注，未知孰是？陸龜蒙詩謂：「鬼谷先生，名詡，不詳所從出三十五字。」）柳子厚嘗曰：「劉向、班固錄書無《鬼谷子》後出，而險盭峭薄，恐其妄言亂世，難信。尤者，晚乃益出「七術」，怪謬異甚，言益隘，使人狙狂失守。」來鵠亦曰：「鬼谷子昔教人詭紿、激訐、揣測、獪猾之術，悉備於章學之者，惟儀、秦而已。

如『捭闔』『飛鉗』，實今之常態，是知漸漓之後，不讀《鬼谷子》書者，其行事是自然符契也。」昔倉頡作文字，鬼為之哭，不知鬼谷作是書，鬼何為耶？世人欲知《鬼谷子》者，觀二子言略盡矣，故掇其大要著之篇。

△鄭樵《通志》「藝文略」：《鬼谷子》三卷（皇甫謐注：「鬼谷先生，楚人也，生於周世，隱居鬼谷。」），又三卷（樂一注），又三卷（唐尹知章注），又三卷（梁陶宏景注）。

△馬端臨「通考」「經籍志」：《鬼谷子》三卷。

△王應麟《玉海》引「史記正義」：鬼谷，谷名，在雒州陽城縣北五里。「七錄」有蘇秦書，樂一注云：「秦欲神秘其道，故假名鬼谷也。」《鬼谷子》三卷，樂一注。樂一，字正，魯郡人，有「陰符」七術，有「揣」及「摩」二篇。《戰國策》云：「得『太公陰符之謀』伏而誦之，簡練以為揣摩，期年揣摩成。」按《鬼谷子》，乃蘇秦書明矣。……東萊呂氏曰：「戰國遊說之風，蘇秦、張儀、公孫衍實倡之，秦，周人也；儀與衍，皆魏人也：故言權變辯智之士，必曰『三晉』『兩周』云，」石林葉氏曰：「蘇秦學出於揣摩，未嘗卓然有志天下。反覆無常，不守一道，度其隙，苟可入者則為之，此揣摩之術也。故始求說周，周顯王不能用；則去而之秦，再求說秦，秦孝公不能用：則去而之燕，足燕文侯適合，而從說行。其所以說周者，吾不能知，若秦孝公而聽之，則必先為衡說以嗤六國，何有於周？此蘇秦所以取死

也。」「太平御賢》引蘇秦曰：「天子坐九重之內，樹塞其門，旅以翳明，銜以隱聽，纊以抑馳。」《後漢》《王符傳》注引蘇子曰：「人生一世，若朝露之宅於桐葉耳，其與幾何？」《禦賢》又引：蘭以芳自燒，膏以肥自焫，翠以羽殃身，蚌以珠致破。」（按「蘇子」三條，其文與《鬼谷子》不類，則「鬼谷」之非蘇秦書明矣。）劉氏涇曰：「老之翕張，儒之闔辟，其與鬼谷往來，如環鬼幽而顯者也，谷扣而應者也。藏幽露顯，一扣一應，信如其名哉。」（此條亦王伯厚「考證」所引，故附錄之。）

△高似孫《子略》：戰國之事危矣，士有挾雋異豪偉之氣，求騁乎用。其應對、酬酢、變詐、激昂，以自放於文章；見於頓挫、險怪、離合、揣摩者，其辭又極矣。《鬼谷子》書，其智謀、其數術、其變譎、其辭談，蓋出於戰國諸人之表。夫一辟一闔，易之神也；一翕一張，老氏之幾也。鬼谷之術，往往有得於闔辟、翕張之外，神而明之，益至於自放潰裂而不可禦。予嘗觀諸「陰符」矣，窮天之用，賊人之私，而陰謀詭秘有「金匱」「韜略」之所不可該者。而鬼谷盡得而泄之，其亦一代之雄乎？按劉向、班固錄書無《鬼谷子》，《隋志》始有之，列於縱橫家。《唐志》以為蘇秦之書，然蘇秦所記，以為周時有豪士隱者，居鬼谷，自號「鬼谷先生」，無鄉里、族姓、名字，今考其言有曰：「世無常貴，事無常師。」又曰：「人動我靜，人言我聽：知性則寡累，知命則不憂。」凡此之類，其為辭亦卓然矣。至若「盛神」「養志」諸篇，所謂中稽道德之祖，散入神明之賾者，不亦幾乎！郭璞《登樓賦》有曰：「揖首陽之二老，招鬼谷之隱士。」又《遊仙詩》曰：「青溪千餘仞，中有一道士，借問此何誰？云是鬼谷子。」可謂概想其人矣。徐廣曰：「潁川陽城有鬼谷，注其書者樂一、皇甫謐、陶宏景、尹知章（知章唐人）。」

△陳振孫《書錄解題》：《鬼谷子》三卷，戰國時蘇秦、張儀所師事者，號「鬼谷先生」，其地在潁川陽城，名氏不傳於世。此書「漢志」亦無有，「隋唐志」則直以為蘇秦撰，不可考也。「隋志」有皇甫謐、樂一二家注，今本稱陶宏景注。又云：按《唐書藝文志》作二卷。

△錢曾《讀書敏求記》：陶宏景注《鬼谷子》三卷，鬼谷子無鄉里、族姓、名字，戰國時隱居潁川陽城之鬼谷，故以為號。其「轉丸」「胠亂」二篇今亡，貞白曰：「或去即『本經』『中經』是也。」

海鴿文化出版圖書有限公司
Seadove Publishing Company Ltd.

古學今用 123

中國第一詐書
鬼谷子

作者　東方羽
美術構成　騾賴耙工作室
封面設計　斐類設計工作室
發行人　羅清維
企畫執行　林義傑、張緯倫
責任行政　陳淑貞

出版　海鴿文化出版圖書有限公司
出版登記　行政院新聞局局版北市業字第780號
發行部　台北市信義區林口街54-4號1樓
電話　02-27273008
傳真　02-27270603
e - mail　seadove.book@msa.hinet.net

總經銷　創智文化有限公司
住址　新北市土城區忠承路89號6樓
電話　02-22683489
傳真　02-22696560
網址　www.booknews.com.tw

香港總經銷　和平圖書有限公司
住址　香港柴灣嘉業街12號百樂門大廈17樓
電話　（852）2804-6687
傳真　（852）2804-6409

出版日期　2022年01月01日　四版十刷
特價　300元
郵政劃撥　18989626　戶名：海鴿文化出版圖書有限公司

國家圖書館出版品預行編目資料

中國第一詐書：鬼谷子／東方羽作.--
四版，-- 臺北市 ： 海鴿文化，2019.06
面 ；　公分. -- （古學今用；123）
ISBN 978-986-392-274-2（平裝）

1. 鬼谷子　2. 研究考訂　3. 謀略

121.887　　108007598

Seadove

Seadove